Bilinski · Rhetorik

Rhetorik – Das Trainingsbuch

Sicher und überzeugend auftreten bei jedem Anlass

Wolfgang Bilinski

Haufe Mediengruppe
Freiburg · Berlin · München

Bibliografische Informationen der Deutschen Bibliothek
Die Deutsche Bibliothek verzeichnet diese Publikation in der Deutschen Nationalbibliografie; detaillierte bibliografische Daten sind im Internet über http://dnb.ddb.de abrufbar.

ISBN 3-448-07281-8
ab 1.1.07 978-3-448-07281-5

Bestell-Nr. 00301-0001

Postanschrift: Postfach, 82142 Planegg
Hausanschrift: Fraunhoferstraße 5, 82152 Planegg
Fon (0 89) 8 95 17-0, Fax (0 89) 8 95 17-2 50
E-Mail: online@haufe.de
Redaktion: Stephan Kilian, Florian Rümmele
Lektorat: Ulrike Rudolph

Satz + Layout: AB Multimedia GmbH, 85445 Oberding
Umschlaggestaltung: Hermann Kienle Visuelle Kommunikation, 70199 Stuttgart
Druck: Schätzl Druck & Medien, 86609 Donauwörth

Zur Herstellung des Buches wurde nur alterungsbeständiges Papier verwendet.

Inhalt

Vorwort

Wer mit Menschen zu tun hat, braucht gute Redefähigkeiten. Rhetorisches Können entscheidet oft über Sieg oder Niederlage innerhalb eines Unternehmens, in der Wirkung nach außen und im privaten Umfeld. Sprachliche Kompetenz erhöht außerdem die Chance, „WIN-WIN“-Lösungen in der Diskussion mit anderen zu finden.

Bereits in der griechischen und römischen Antike hat die klassische Rhetorik ein System von Vorschriften dafür entwickelt,

- wie eine Rede aufgebaut wird,
- welche Wirkungsmittel eingesetzt werden und
- wie der erfolgreiche Redner auftreten soll.

Die Rhetorik hatte in der Antike einen hohen Stellenwert und wurde teilweise als eigene Wissenschaftsdisziplin gelehrt. Heute wird die Redekunst in unserem Kulturkreis oft zu gering geschätzt und entsprechend werden rhetorische Fähigkeiten ungenügend geschult.

Viele Menschen reden heute zu viel und ohne Kontrolle, sie reden an ihrem Gegenüber vorbei – statt den anderen zu überzeugen gelingt es ihnen höchstens, ihn zu überreden.

Wenige Menschen
- können selbstsicher frei reden,
- sprechen in einer nachvollziehbaren Struktur,
- gehen bewusst mit ihrem Wortschatz um,
- wissen, wie ihre Stimme klingt,
- können ihre Sprache gekonnt einsetzen,
- wählen Tempo und Rhythmus zuhörerorientiert,
- sprechen bewusst.

Die meisten reden unbewusst und unreflektiert.

Worum es in diesem Buch geht

Dieses Trainingsbuch richtet sich an all jene Menschen, die eine gute Sprechkultur zu schätzen wissen und ihre eigene rhetorische Kompetenz perfektionieren möchten.

In diesem Buch lernen Sie, mit möglichst wenig Worten möglichst viel zu transportieren – es geht um sprachliche Effizienz. Sie werden hier erfahren, wie Sie auf Ihre Zuhörer eingehen und sie überzeugen. Sie können Ihre Rhetorik schulen und Kontrolle über Ihre Sprache gewinnen. Sie werden lernen, wie Sie

- den *Kontakt* zum Publikum herstellen,
- die *Struktur* eines Statements klar gestalten und damit Ihre Erklärung nachvollziehbarer machen,
- die Qualität der Kommunikation und die *Verständlichkeit* erhöhen,
- bewusst mit *Sprache und Stimme* umgehen, die Vortrags-„Stimmung" glaubwürdig gestalten und dabei Ihre Stimme schonen,
- *Selbstoffenbarung und Transparenz* entwickeln, um bei Ihren Zuhörern Sympathie zu fördern und Orientierung zu ermöglichen,
- *Situation, Zuhörer* und deren *Werte* erkennen und erfolgreich in Ihren Redebeitrag einfließen lassen.

Wie Sie dieses Buch nutzen können

Dieses Buch ist als Trainingsbuch gedacht – ich lade Sie ein, es wie ein Seminar zu erleben. Im Unterschied zu einem „Live-Training" können Sie

- an jeder Stelle einsteigen,
- jederzeit Pausen machen und fortfahren, wann Sie wollen,
- an jedem beliebigen Ort weiterarbeiten,
- sehr kostengünstig an diesem Training teilnehmen[1].

Ich entwickle und leite seit 1990 Seminare zu Rhetorik und Kommunikation und biete Ihnen hier Ergebnisse und Erkenntnisse. Vertrauen Sie meiner Erfahrung – und lassen Sie sich auf möglichst viele Übungen ein! So optimieren Sie spielerisch Ihre rhetorischen Fähigkeiten.

---

1 Als langjähriger Trainer erinnere ich gleichzeitig daran, dass ein reales Seminar andere Vorteile hat, die wiederum ein Buch nicht bieten kann.

Die – in kleinen Dosen – eingeflochtene Theorie unterstützt diesen unbewussten Lernprozess mit sehr bewussten Denkansätzen, Beispielen und Ideen.

Den größten Nutzen bringt Ihnen dieses Buch, wenn Sie neu Gelerntes zwischendurch gleich in der Praxis ausprobieren. Beginnen Sie dabei in kleinen Schritten und steigern Sie sich bei Erfolg in angemessenem Tempo.

Um Ihnen diesen Lernprozess zu erleichtern, haben wir die Trainingslektionen alle ähnlich aufgebaut. Sie finden in jeder Lektion eine zweispaltige Tabelle mit einer Musterrede, die detalliert kommentiert wird. Nutzen Sie diese Anregungen für Ihre eigenen Entwürfe.

Jetzt bleibt mir noch zu wünschen:
Viel Erfolg beim überzeugenden Reden, das auch Spaß und Freude bereiten soll!

Ihr Trainer und Autor
Wolfgang Bilinski

Besser reden – aber wie?

Wer an seinen rhetorischen Fähigkeiten arbeiten will, muss sich von der Idee lösen, eine Technik zu erlernen. Zu guter Rhetorik gehört eine Vielzahl fundierter Basisfertigkeiten, die Struktur, die Sprache, die Körpersprache, der Wortschatz. All dies finden Sie in diesem Buch.

Mancher Leser wird sich fragen, wie und wo beginne ich meinen Verbesserungsprozess am besten? Um dies beantworten zu können, sollten Sie überlegen, welche Grundtalente Sie mitbringen, welche Erfahrungen Sie bisher gemacht haben und was Sie bereits können. Anschließend können Sie entscheiden, wo Sie Ihr persönliches Trainingsprogramm starten wollen.

Die folgende Checkliste und Selbstreflexion hilft Ihnen, die richtige Antwort zu finden. Für welche Redeanlässe wollen Sie rhetorisch gewappnet sein? Machen Sie sich bewusst, wohin Sie steuern wollen.

Wichtige Redeanlässe

Welche Redeanlässe spielen für Sie eine Rolle? Gehen Sie folgende Checkliste durch und notieren Sie, wie häufig welcher Redeanlass bei Ihnen vorkommen kann.

Redeanlass	oft	manchmal	selten	nie
Diskussion eröffnen				
Stegreifrede				
Projektpräsentation				
Standpunkt vertreten				
Statusbericht				
Tagung				
Statement abgeben				
Mitarbeiter motivieren				
Worte zu Festtagsfeier				
Begrüßung neuer Kollegen				
Abschied von Mitarbeiter				
Geburtstag				
Trauer				
Ehrung				
Vorstellung				
Fachvortrag				
Festakt				
Cocktailempfang				
Produktvorstellung				
Konferenzeröffnung				
...				
...				

Nachdem Sie die Häufigkeit der verschiedenen Redeanlässe notiert haben, markieren Sie mit einem Farbmarker jene Redesituationen, die Sie als besonders wichtig einstufen. Im Teil „Trainingslektionen" (ab Seite 75) in diesem Buch finden Sie all diese Anlässe ausführlich behandelt. Sie können nun ganz gezielt Ihren individuellen Bedarf bedienen – oder chronologisch weiterarbeiten.

Selbstreflexion: Erfahrungen mit Redesituationen

Betrachten Sie nun Ihre Notizen und notieren Sie in der Tabelle, wo Sie sich bei einer Rede bereits sicher fühlen und wofür Sie in Zukunft besser vorbereitet sein wollen:

Know-how, Rhetorik-Themenkreis	Dabei fühle ich mich sicher	Kann ich noch verbessern	Muss ich erst erlernen
Einstieg und erster Eindruck			
Zuhörer abholen und führen			
Körpersprache beim Sprechen			
Stimme und Sprache			
Gliederung und Aufbau			
Redepsychologie			
Verständlichkeit			
Vortrags-Fragetechniken			
Analogien, Beispiele, ...			
Audiovisuelle Unterstützung			
Umgang mit Störungen			
Reden vor Mikrofon/Kamera			
Vorbereitung			

Formulieren Sie daraus ihr Ziel, auf das Sie beim Durcharbeiten dieses Buches den Fokus legen. Filtern Sie aus den folgenden Kapiteln jenes Know-how, das für Ihre Situation maßgeschneidert ist. So werden Sie den größten Nutzen aus der hier angebotenen Werkzeugkiste ziehen.

Mein Ziel und Fokus für dieses Trainingsbuch:

Basislektion: Vorbereitung und Einstieg

Bevor wir mit dem Redetraining starten, zunächst etwas Grundlegendes zu Vorbereitung und Redeplanung sowie wichtige Überlegungen zum Einstieg und Kontaktaufbau mit den Zuhörern.

Bereiten Sie sich optimal vor

> „Entschuldige die Länge des Briefes, ich hatte nicht mehr Zeit."
>
> (Oskar Wilde)

Oskar Wilde brachte es auf den Punkt: Die Kunst, mit einem Minimum an Worten möglichst viel zu sagen, benötigt Zeit, Vorbereitungszeit nämlich, um den Inhalt optimal vorzubereiten. In der Redekunst liegt dem Vortragenden viel daran, mit effizienter Kommunikation beste Ergebnisse zu erzielen. Daher ist die Vorbereitung eine gut investierte Zeit.

Gute Vorarbeit führt zu guten Resultaten, schlechte Vorarbeit bewirkt das Gegenteil. Warum bereiten sich etliche Redner dennoch ungenügend vor?

Schlechte Vorbereitung führt zu schlechter Durchführung

Drei Faktoren führen zu unzureichender Vorbereitung. Sehen Sie sich diese Punkte gut an, um sich davor zu schützen. Wenn Sie eines der Verhaltensmuster bei sich erkennen, führen Sie sich dieses bewusst vor Augen, sobald Sie etwas vorbereiten müssen. Bewusstes Umgehen mit vorher unbewussten Mustern ist der Beginn der Besserung! Lassen Sie nicht locker und vergegenwärtigen Sie sich positive Muster immer wieder, bis sich langfristig eine Änderung zeigt.

1. Zeitmangel und Unterbewertung

Mangelhafte Vorbereitung aufgrund von Zeitmangel und Stress ist in der heutigen Zeit keine Seltenheit. Bedenken Sie: Es ist immer eine Frage der eigenen Bewertung, ob man sich für etwas ausreichend Zeit nimmt. Wer etwas wirklich wichtig nimmt, findet dafür auch Zeit. Vergessen Sie nicht: Eine Unterschätzung der Bedeutung gewissenhafter Vorarbeit bringt Sie in Gefahr, beim Vortrag „dumm dazustehen". Zumindest bringen Sie ohne gute Vorbereitung nicht Ihre optimale Leistung, Sie „verkaufen sich" unter Ihrem Wert.

2. Vorbereitungsfaulheit und Standardvorträge
Das Zurückgreifen auf Standardvorträge oder auf Redekonzepte, die Sie schon einmal bei anderen Rednern gehört haben, kann dieselbe Folge haben. Redner, die solche Vorlagen verwenden und sie nicht an ihre jeweilige Zielgruppe anpassen, zeigen nicht ihre wahren Fähigkeiten – und erleben schlimmstenfalls die böse Überraschung, nicht zu wissen, was auf den Folien der Standardvorträge steht.

3. Übertriebene Selbstsicherheit
Ein selbstsicheres Auftreten ist prinzipiell zu begrüßen. Aber Vorsicht: Zu selbstsichere Personen tendieren dazu, sich nicht oder unzureichend vorzubereiten. Sie sind zu sehr von sich eingenommen und glauben, alles frei gestalten zu können. Dieser Schuss kann leicht nach hinten losgehen und die vermeintliche Sicherheit entzaubern.

Wenn ein Publikum das Gefühl bekommt, eine Rede sei oberflächlich vorbereitet oder basiere auf einem Beitrag, der für eine andere Situation konzipiert wurde, fühlt es sich nicht wichtig genommen. Eine solche Verletzung des Selbstwertgefühls der Zielgruppe ist keine gute Basis für einen überzeugenden Auftritt.

Tipp: Passen Sie Ihr Redekonzept immer den Zuhörern an, denn der Inhalt von „Fertigprodukten" kann nicht für alle Zuhörergruppen in gleichem Maße passen.

Eine Produktinformation, die für den firmeninternen Vertrieb vorbereitet wurde, wird für externe Kunden kaum passen. Viele Informationen, die für die eigenen Mitarbeiter wichtig sind, werden die Kunden langweilen und die Position des Produktes innerhalb des Sortiments wird dem Kunden keinen Grund liefern, es zu kaufen. Oder eine Rede für die Werksarbeiter wird für Führungskräfte unpassend sein. Oder eine politische Ansprache vor Wählern einer Stadt wird nur bedingt für einen Parteitag taugen.

Informieren Sie sich über Zuhörer und Rahmenbedingungen

Rhetorikprofis machen sich schlau, vor wem sie sprechen werden. Sie planen ihren Redeaufbau empfängerorientiert und überlegen, wen sie wie ansprechen wollen. Darüber hinaus überlegen gute Redner, welche Rahmenbedingungen auf sie zukommen:

- wie das Umfeld ist,
- in welcher Situation,
- zu welchem Redeanlass und
- zu welchem Zeitpunkt sie sprechen werden.

Tipp: Informieren Sie sich immer über die Rahmenbedingungen und finden Sie so viel wie möglich über Zuhörer, Situation, Umfeld und Zeitpunkt heraus.

Es gibt keine falsche Rede

Exzellente Vortragende wissen: Es gibt keine falsche Rede, es gibt nur eine Rede vor den falschen Zuhörern, zur falschen Zeit, am falschen Ort, in der falschen Situation.

Sie können in die Vorbereitung einer „guten" Rede noch so viel Zeit investieren, erst wenn Ihre Worte zu Publikum, Umfeld, Situation und Zeitpunkt passen, wird Ihr Vortrag eine Chance haben, erfolgreich zu sein!

Unabhängig von Inhalten und politischer Gesinnung gilt Fidel Castro als hervorragender Rhetoriker in der jüngeren Geschichte. Seine Inhalte, das Anklagen reicher Klassen und die emotional kämpferische Art, mit der er redet, konnten ihn aber nur deshalb erfolgreich werden lassen, weil Publikum, Zeitpunkt, Situation und Umfeld passten. Würde heute jemand die gleichen Inhalte und diese Vortragsweise in einer erfolgreichen Demokratie an den Tag legen, in der die Bevölkerung mehrheitlich zufrieden ist, wäre ein Erfolg unmöglich.

Übung:
Recherchieren Sie Informationen über Zuhörer, Situation, Umfeld und Zeitpunkt für Ihre nächste Projektsitzung. Notieren Sie sich diese Informationen und überlegen Sie, ob und wie dies beim kommenden Projektmeeting gewinnbringend in Ihr nächstes Statement einfließen kann.

Auswertung:
Bereits scheinbar banale Informationen können das Eis brechen, wenn es darum geht, eine positive Grundstimmung in das Projektteam zu bringen, wenn Sie sich etwa auf den Geburtstag eines Kollegen beziehen oder wenn Sie herausgefunden haben, dass die meisten Projektmitglieder gerne Lebkuchen essen und sie diesen in der Kaffeepause anbieten.

Darüber hinaus kann komplexeres Wissen, das Sie sammeln konnten – wie neueste Entwicklungen von Unternehmen und Branche – wichtige Details für den Sachinhalt Ihres Statements bei der nächsten Projektsitzung darstellen.

Hinterlassen Sie einen positiven Eindruck

Schon Cicero (106-43 v. Chr.) wies darauf hin, wie ein Sprecher einen positiven Eindruck hinterlässt: Er muss unterhalten, überzeugen, Sympathie gewinnen und zu etwas bewegen (motivieren und Gefühle wecken).

Der Zusammenhang von Zuhörer, Umfeld und Situation findet sich im Dreieck des Eindrucks wieder, es zeigt, wie der Eindruck des Redebeitrages von Sache und Gefühl beeinflusst wird.

- Wie ist der Inhalt, was sagt der Sprecher über die Sache?
- Wie ist die Emotion des Redners? Wie setzt er sich zu seinem Publikum in Beziehung? Wie empfinden dies die Zuhörer?

Je nachdem, wie das Publikum diese Fragen für sich beantwortet, reagiert es auf den Vortragenden positiv oder negativ.

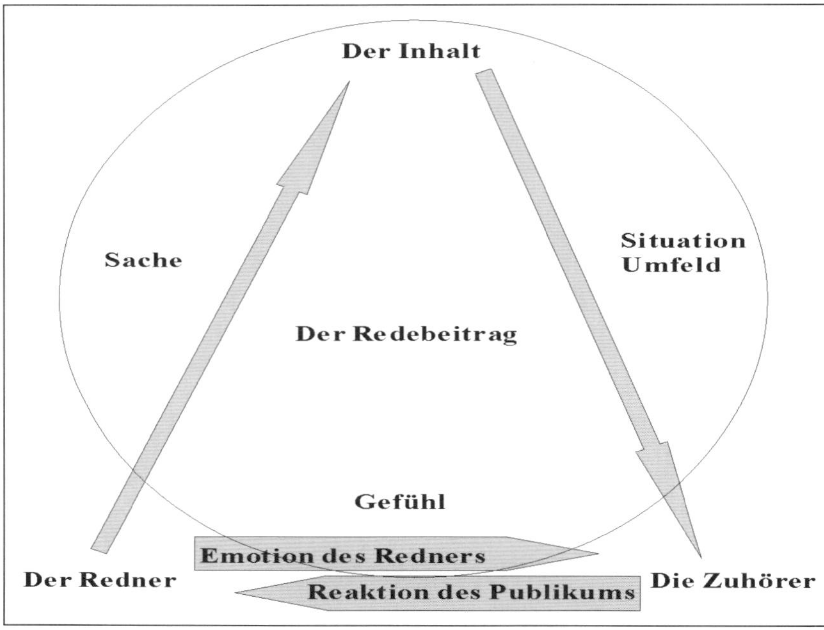

Abbildung 1: Dreieck des Eindrucks

Wie Sie auf die Zuhörer wirken

In Rhetorikseminaren stellen Teilnehmer häufig die Frage: „Wie wirke ich auf das Publikum, wenn ich diese Argumentation verwende und jene Körperhaltung einnehme?“ Gleichzeitig wird nach Verhaltensweisen gefragt, die einen gewünschten Effekt erzielen, etwa: „Was muss ich machen, um auf andere überzeugend zu wirken?“. Fragen dieser Art gehen davon aus, dass ein- und dieselbe Kombination von Verhaltensweisen bei unterschiedlichen Zuhörern immer gleiche Effekte erzielt. Leider ist das aber nicht so einfach. Die vermuteten Ursache/Wirkungszusammenhänge sind nicht in der Form gegeben, dass eine Aktion stets die gleiche Konsequenz hat.

Die persönliche Wirkung variiert, abhängig von Publikum, Situation und Umfeld. Ein Beispiel für die Situationsabhängigkeit: Wenn jemand im Team einen Kurzvortrag vor Kollegen hält, stören sich die Zuhörer meistens nicht daran, wenn der Vortragende eine Hand in der Hosentasche hält. Dieselben Kollegen würden diese Pose beim gleichen Redner bei einer Grabrede als deplatziert empfinden.

Der ehemalige deutsche Bundeskanzler Helmut Schmidt sprach nicht selten mit der Hand in der Hosentasche vor dem Bundestag. Manche Journalisten kommentierten dies als lockere Gelassenheit eines großen Staatsmannes, andere kritisierten es als Missachtung der Abgeordneten. Hier wird dieselbe Verhaltensweise sogar in derselben Situation aufgrund unterschiedlicher Einstellungen der Zuhörer und Journalisten unterschiedlich bewertet.

Tipp: Wenn Sie Ihre Wirkung kennen lernen wollen, müssen Sie möglichst viele Meinungen darüber einholen, wie Sie wahrgenommen werden. Bitten Sie unterschiedliche Menschen in verschiedenen Situationen um eine ehrliche Rückmeldung.

Die Wirkung beim Zuhörer entsteht durch seine individuelle Wahrnehmung von Merkmalen und Verhaltensweisen des Sprechers. Objektive Details werden unterschiedlich bewertet: Der Redner hat einen Vollbart, trägt ein dunkelblaues Sakko und spricht Deutsch usw. Ein Bart kann sowohl positive wie auch negative Bedeutung für Zuhörer haben oder ein Sakko kann verschiedene Assoziationen auslösen.

Bei subjektiven Kriterien und Charaktereigenschaften ist noch mehr Spielraum für Interpretationen. Der Eindruck wird bei verschiedenen Personen mannigfaltig sein: „Herr Müller ist von dem überzeugt, was er sagt“; „Frau Meier fühlt sich unsicher“. Bei solchen Interpretationen ist die Wahrnehmung des Publikums nicht immer einheitlich.

Ihre Zuhörer nehmen viele Details wahr

Folgende Auflistung zeigt die Fülle an Informationen, die Menschen registrieren. Nur ein Bruchteil davon wird jedoch bewusst wahrgenommen, das meiste fließt unbewusst in das Bild vom anderen ein.

Nonverbales Verhalten: Stimme, Mimik, Gestik, Körpersprache.

Objektive Merkmale: Alter, Geschlecht, Rasse, Kleidung, Brille, Haarfarbe und -styling, Bart oder andere körperliche Kriterien.

Vorher bekannte Merkmale: Ausbildung, Erfahrung, sozialer Status, Familienstand usw.

Inhaltliches: z. B. Neuigkeit der Informationen, Strukturiertheit, Verständlichkeit.

Beobachtete Persönlichkeitsmerkmale: Intelligenz, Eloquenz oder Fachwissen etc.

Interpretierte Persönlichkeitsmerkmale: z. B. Selbstvertrauen, Engagement, Aufgeregtheit.

Gruppenzugehörigkeiten: etwa Mitarbeiter der Abteilung Werbung oder Mitglied im Fußballverein des Ortes.

Übung: Was nehmen die Zuhörer bei Ihnen wahr?

1. Notieren Sie zu jedem Punkt der obigen Auflistung, was man bei Ihnen wahrnimmt. Reden Sie mit anderen Personen über jene Merkmale, die interpretierbar sind.
2. Lesen Sie nach mindestens einem Tag zeitlicher Distanz alles noch einmal durch, stellen Sie sich vor, eine andere Person zu sein, die Sie sehr kritisch sieht und finden Sie als diese Person eine Bezeichnung, die jemanden wie Sie – alles in allem – beschreibt.
3. Stellen Sie sich danach vor, ein anderer Mensch zu sein, jemand, der Ihnen sehr wohl gesonnen ist und finden Sie als diese Person eine Beschreibung, die einen Menschen wie Sie – alles in allem – beschreibt.

Bei dieser Übung finden die meisten Menschen sehr plastische Bezeichnungen wie feuriger Verehrer, langweiliger Opportunist, brave Ehefrau, lieber Familienvater, besorgte Mutter, Späthippie, verhinderter Künstler, netter Herr von nebenan o. Ä.

Auswertung:

Am Ende dieser Übung haben Sie zwei anschauliche Beschreibungen Ihrer Person: einerseits aus der Sicht eines kritischen und andererseits aus der Perspektive eines freundlichen Zeitgenossen. Beide Typen müssen Sie im Publikum erwarten und in der Bandbreite zwischen diesen Extremen wird sich Ihre Wirkung auf die Zuhörer bewegen!

Ihre persönliche Wirkung

Ihre persönliche Wirkung wird beeinflusst durch:

- Publikumsmeinung und -einstellung zu Thema und Rednern.
- Vermutungen über die von Ihnen angestrebten Ziele.
- Kenntnisse zu dem Thema, Neugier oder Sättigung.
- Ausgeruhtheit, Müdigkeit und Stimmung der Zuhörer.
- Überzeugungen darüber, wie etwas zu sein hat, beispielsweise ein bestimmtes Redeverhalten bei Feierlichkeiten oder bei emotionalen politischen Diskussionen.
- vorausgegangene Redebeiträge anderer.
- Räumlichkeit, Medien und Anzahl der Zuhörer. Reaktion des Publikums. Weil das Verhalten der Zuhörer die Wirkung des Redners beeinflusst, setzen manche Vortragende „Vorklatscher“ oder andere Verbündete in das Publikum.

Neben den Rahmenbedingungen und der Wirkung auf das Publikum muss man bei der Vorbereitung einer Rede seine Ziele kennen.

Was Sie mit dem Redebeitrag erreichen wollen

Sie brauchen einerseits die Informationen, vor wem und in welcher Situation Ihre Rede stattfindet. Andererseits müssen Sie sich darüber im Klaren sein, was Sie mit dem Vortrag erreichen wollen und welches Redeziel Sie verfolgen.

Redeziele

Bereits in der griechischen Antike unterschied man folgende Redeziele, die auch in der modernen Rhetorik eine Rolle spielen.

Ziel: Gefühl oder Meinung kundtun

Hier steht die Kundgabe einer Meinung (delectare) und die Selbstoffenbarung des Redners im Vordergrund. Ein gutes Beispiel dafür ist die Nennung positiver Gefühle beim Geburtstag eines Freundes oder der Kommentar in einer Zeitung.

Ziel: Sache oder Information darstellen

Der Schwerpunkt liegt hier in der Darstellung mit Sachbezug (docere). Die Zuhörer sollen das Vorgetragene objektiv und sachlich korrekt kennen lernen. Hier gilt es zu überlegen, was zum besseren Verstehen dargestellt und was weggelassen werden soll. Es ist entscheidend, was für das spezifische Publikum in der momentanen Situation von Interesse ist – was motiviert sie, dieser Information Aufmerksamkeit zu schenken. Beispiel ist der Fachvortrag oder der Bericht in der Zeitung.

Ziel: Motivation oder Überzeugung

Dahinter steckt der Versuch, andere zu überzeugen und zu etwas zu bewegen (movere). Reden mit diesem Ziel betonen den Appell.

Die Zuhörer, oftmals Mitarbeiter, Führungskräfte oder Teamleiter sollen das Vorgetragene nicht nur sachlich kennen lernen, sondern überdies zu etwas motiviert werden. Hier ist die entscheidende Frage, welchen Nutzen haben die Zuhörer davon, dies zu tun oder zu unterlassen und was wird sie veranlassen, es auch wirklich umzusetzen. Deshalb hat eine Rede mit dieser Zielrichtung viele emotional motivierende Elemente. Beispiel ist die Wahlwerberede oder die Motivationsveranstaltung zur Steigerung der Verkaufszahlen.

Die Rede als Mischung mit einem Ziel

In allen Vorträgen und Reden existieren alle genannten Aspekte. Der Schwerpunkt liegt jedoch immer auf einem Ziel, je nach Absicht des Redners. Daraus ergeben sich Aufbau und Art des Vortrages. Dementsprechend erstellt der Vortragende auch den Bauplan dafür.

Übung: Redeziel bestimmen

Ordnen Sie folgenden Reden Redeziele zu. Überlegen Sie, was das Hauptziel der jeweiligen Rede sein kann. (Mehrfachnennungen sind möglich)

	Ziel: Gefühl, Meinung kundtun	Ziel: Sache vortragen, informieren	Ziel: Motivieren, über-zeugen
Festtagsrede			
Cocktailempfang			
Projektpräsentation			
Fachvortrag			
Produktvorstellung			
Motivationsrede			
Tagungsrede			
Statusbericht			
Diskussionseröffnung			
Konferenzeröffnung			
Stegreifrede			
Standpunktrede			
Statement			
Willkommensrede			
Abschiedsrede			
Ehrung			
Vorstellungsrede			
Festrede			
Grabrede			
Geburtstagsrede			

Lösung: X = Hauptziel

	Ziel: Gefühl, Meinung kundtun	Ziel: Sache vortragen, informieren	Ziel: Motivieren, über-zeugen
Festtagsrede	X		
Cocktailempfang	X		
Projektpräsentation		X	X
Fachvortrag		X	
Produktvorstellung		X	X
Motivationsrede			X
Tagungsrede	X	X	
Statusbericht		X	
Diskussionseröffnung	X	X	X
Konferenzeröffnung	X	X	X
Stegreifrede	X	X	X
Standpunktrede	X		
Statement	X	X	X
Willkommensrede	X		
Abschiedsrede	X		
Ehrung	X		
Vorstellungsrede	X	X	
Festrede	X	X	X
Grabrede	X		
Geburtstagsrede	X		

Diese Lösung spiegelt eine Tendenz wider: Erstens werden in jeder Rede alle drei Anteile enthalten sein. Zweitens hängt das Redeziel letztendlich davon ab, was der Redner erreichen will. Möchte ein Vorgesetzter beispielsweise eine Geburtstagsrede dazu verwenden, die Mitarbeiter zu motivieren, ändert das die übliche Zielrichtung einer Geburtstagsansprache.

Redeplanung: Überlegen Sie zuerst den Schluss

Der Erfolgsfaktor einer guten Rede liegt in der Planung und Vorbereitung. Im inhaltlichen Aufbau definiert der Vortragende die wichtige Grundstruktur. Dazu muss er seine Zielsetzung kennen.

Der Schluss spielt dabei eine entscheidende Rolle, da er den Zweck der Rede noch einmal auf den Punkt bringt. Deshalb wird er von exzellenten Rhetorikern zuerst geplant.

Tipp: Ein starker Schluss definiert in hohem Maße, ob der Vortrag sein Ziel erreicht. Planen Sie den Schluss daher immer zuerst und bauen Sie die Struktur von hinten nach vorne auf.

Konzeption der Rede

Eine effiziente Konzeption erfordert Konzentration. Nehmen Sie sich daher ausreichend Zeit und gehen Sie in einen Raum, in dem Sie sich ungestört vorbereiten können.

Um Ihrem Vortrag eine gute Struktur zu geben, überlegen Sie in aller Ruhe:

1. die Zielsetzung,
2. die Zuhörererwartungen und die Rahmenbedingungen,
3. einen starken Schluss und eine passende Redeform,
4. einen geeigneten Bauplan für den Mittelteil der Rede – verwenden Sie Arbeitsblätter aus diesem Buch und lassen Sie Tipps und Anregungen einfließen,
5. eine gute Einleitung.
6. Sammeln Sie Daten, Fakten und anreichernde Zusätze wie Bilder, Geschichten oder Erfahrungen und integrieren Sie diese in Ihren Vortrag.

Glauben Sie an Ihren Erfolg!

Dreiteiliger Aufbau

Die bekannteste Redestruktur ist: Einleitung – Hauptteil – Schluss. In vielen Fällen, wenn Reden kurz und effizient sein sollen, ist dieser dreiteilige Aufbau optimal.

Wenn Sie sich komplexere Baupläne ansehen, werden Sie feststellen, dass sich dahinter ebenfalls der klassische dreiteilige Aufbau verbirgt. Es gibt immer eine Einleitung, es gibt immer einen Schluss und der Hauptteil unterteilt sich bei längeren Reden oder komplexeren Strukturen in zusätzliche Schritte. Die Betrachtungsweise als dreiteiliger Bauplan ist daher immer richtig. Sehen wir uns als nächstes jeden Bereich im Detail an:

- Einleitung
- Hauptteil
- Schluss

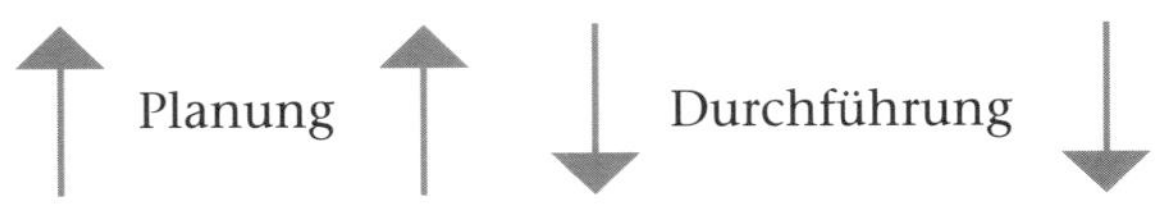

Weil es sinnvoll ist, den Schluss zuerst zu planen, gehen wir gleich im nächsten Punkt darauf ein.

Der Schluss

Der Schluss Ihres Vortrages muss „sitzen“. Planen Sie ihn als Erstes und notieren Sie ihn Wort für Wort. Bei einer Rede soll man, wie bei der Reise mit einem Flugzeug, bei Start und Landung immer angeschnallt sein. Für die Konzeption bedeutet das, dass Anfangssatz und Endsatz wörtlich exakt geplant werden. Damit Sie gut angeschnallt in die Veranstaltung gehen, lernen Sie den Satz zu Beginn und den Schlusssatz auswendig.

Vermeiden Sie es, keinen eindeutigen Schluss, sondern ein offenes Ende zu präsentieren, wie dies schon manchem guten Redner passiert ist. Das Publikum hat viel Interessantes gehört, ist begeistert, doch das Finale befriedigt nicht und die Zuhörer fühlen sich wie bei einer Fußball-Weltmeisterschaft, wo die besten Spiele in den Vorrunden stattfinden und das Finale enttäuschend ist.

Sie können den besten Vortrag zerreden, wenn Sie nicht auf den (Schluss-)Punkt kommen.

Tipp: Kommen Sie am Ende auf den Punkt – besser zu früh als zu spät!

Das Finale soll der Höhepunkt Ihrer Darbietung sein und die Zuhörer sollen dies wissen, ohne extra darauf hingewiesen zu werden. Ein Schluss, wo der Redner erst sagen muss: „Ich bin jetzt am Ende angelangt", ist kein gutes Finale. Inhalt und Betonung des Schlusssatzes sollen zum sofortigen Applaus motivieren. Am Ende Ihrer Rede vermitteln Sie den Zuhörern das Ziel klar und eindeutig als Appell oder als Quintessenz.

Varianten für den Schluss

Ein gelungenes Ende ist eine Steigerung des bisherigen Vortrages und veranlasst die Zuhörer zum weiteren Nachdenken und -fühlen oder zu einer Handlung.

Es bieten sich verschiedene Möglichkeiten zur Gestaltung des Finales an.

Zusammenfassung oder Quintessenz

Eine Zusammenfassung am Schluss unterstützt Übersichtlichkeit und Merkbarkeit des Inhaltes. Dies ist eine didaktisch gute Möglichkeit, wenn es darum geht, den Zuhörern die Aufnahme des Gesagten zu erleichtern.

Zielt eine Zusammenfassung darauf ab, das Wesentliche darzustellen (was fast immer der Fall sein wird), so spricht man von der Quintessenz.

Übung:
Nennen Sie drei Vorträge, bei denen eine Zusammenfassung der geeignete Schluss ist. Alle Vorträge, bei denen es darum geht, Lerninhalte zu transportieren, komplexe Zusammenhänge darzustellen oder die Kernaussagen nochmals hervorzuheben, sind gute Beispiele.

1. ______________________________

2. ______________________________

3. ______________________________

Lösung:
Was haben Sie gefunden? Hier drei Vorschläge, die sich gut für eine Zusammenfassung eignen.

1. Ein Bildungsvortrag, bei dem die wesentlichen Lerninhalte zusammengefasst werden, um die Merkfähigkeit zu unterstützen.
2. Eine Rede, bei der die komplexen Prüfungsmodalitäten einer Universität erklärt werden und der Überblick unterstützt werden soll.
3. Eine Ansprache, die Wähler überzeugen soll, eine Partei zu wählen und bei der abschließend noch einmal die Kernaussagen des Programms hervorgehoben werden.

Aufruf zum Handeln

Ein Appell, der zu einer Handlung oder zum Unterlassen einer Handlung aufruft, ist ein geeigneter Schluss, wenn es darum geht, seine Zuhörer zu motivieren und zu mobilisieren. Dementsprechend wird er in Überzeugungsreden zum Umweltschutz ebenso zu finden sein wie in politischen Wahlreden oder betrieblichen Motivationsansprachen.

Tipp: Wecken Sie Wünsche und zeigen Sie dem Publikum Möglichkeiten auf, wie es das Gehörte im Alltag umsetzen kann.

Übung:

Formulieren Sie je einen Schlusssatz für folgende drei Reden.

1. Motivationsrede vor Verkäufern: Das Ende soll besonders motivieren, ein kostengünstiges neues Produkt stärker anzupreisen.
   Ihr Schlusssatz:

   ---

2. Betriebsratsansprache: Der Schluss soll den Appell enthalten, die bestehenden Personen wieder zu wählen.
   Ihr Schlusssatz:

   ---

3. Tierschutzveranstaltung: Der Höhepunkt ist der Aufruf, für ein internationales Walfangverbot zu unterschreiben.
   Ihr Schlusssatz:

Lösung:

Wie ist es Ihnen beim Finden der Sätze gegangen? Ist Ihnen aufgefallen, wie wichtig die richtige Betonung ist? Hier einige Lösungsvorschläge:

1. „Liebe Mitarbeiter, mit diesem Produkt werden wir endlich in der Lage sein, mit unseren Mitbewerbern mitzuhalten. Der geringere Preis bei gleicher Qualität wird unsere Kunden zufrieden stellen. Wenn unsere Kunden zufrieden sind, können auch wir zufrieden sein, denn dann werden wir wettbewerbsfähig bleiben und unsere Verkaufszahlen steigern können, was auch das Einkommen jedes Mitarbeiters steigert!"
2. „Sehr geehrte Kollegen und Kolleginnen, Sie können weiterhin auf unsere Erfahrung bauen und wir möchten auch gerne in Zukunft für Sie da sein dürfen, wann immer wir gebraucht werden. Daher bitten wir Sie, kommen Sie zur Wahl und geben Sie uns Ihr Vertrauen und Ihre Stimme!"
3. „Das internationale Walfangabkommen war einer der größten Erfolge in der Geschichte des Naturschutzes. Lassen wir es nicht zu, dass es wieder so weit kommt, dass einzelne Staaten mit dem Abschlachten der Wale beginnen – tragen Sie gleich jetzt dazu bei und unterschreiben Sie unsere Petition!"

Ausblick in die Zukunft

Eine weitere, sehr bewährte Möglichkeit ist der Abschluss mit einem Ausblick in die Zukunft. Das bietet sich an, wenn davor ein geschichtlicher Aufbau (gestern – heute – morgen) gewählt wurde oder wenn die Zukunft für die Zuhörer besonders interessant ist.

Der Blick nach vorne zeigt kurz die wichtigsten Konsequenzen auf.

Bezug zum Anfang

Der Bezug zum Anfang ist eine dramaturgisch elegante Vorgehensweise. Voraussetzung ist natürlich, dass am Anfang etwas Wichtiges steht, worauf sich ein Bezug auch lohnt. Dies kann eine Frage, eine provokante Behauptung, ein Zitat oder etwas anderes Markantes sein.

Zitate

Ein passendes Zitat stützt den Schluss Ihrer Rede, weil es zeigt, dass ein Prominenter Ihre Sichtweise teilt, wenn auch unbewusst.

Zitate sind Stilelemente, die im Verlauf der gesamten Rede Platz finden. (Siehe „Rhetorische Stilelemente“, Seite 36).

Humor

Ein Ende mit Humor ist in einigen Fällen eine gute Abschlussmöglichkeit, sofern der Witz bei den Zuhörern gut ankommt. Das ist aber auch der Grund, warum Scherze mit Vorsicht zu genießen sind und nur von Personen geplant werden sollten, die darin viel Routine besitzen.

Denn kommt der Humor nicht gut an, kann er die umgekehrte Wirkung haben und alles vorher Erreichte zunichte machen.

Anschließende Diskussion

Wenn ausreichend Zeit vorhanden ist, bietet eine Diskussion im Anschluss an Ihre Rede einige Vorteile. Es gibt zwei Möglichkeiten:

1. Die Veranstaltung wird beendet und alle Interessierten werden dazu eingeladen, etwas länger zu bleiben und der Diskussion beizuwohnen. Eine kurze Pause symbolisiert diesen Wechsel der Kommunikationsform und ermöglicht ein störungsfreies Fortsetzen der Veranstaltung.

Tipp: Wollen Sie eine Diskussion mit besonders interessierten Zuhörern führen, wählen Sie diese Form.

2. Die Diskussion wird nahtlos nach dem Schlusswort angeboten.

Tipp: Wollen Sie, dass möglichst viele Zuhörer bei der Diskussion anwesend sind, entscheiden Sie sich für diese Form.

Übung:

Welche Vor- und Nachteile bietet eine Diskussion nach der Rede?

Vorteile:

Nachteile:

Lösung:

Vorteile:

Folgendes wird möglich:

- Dialog,
- einen Eindruck bekommen, wie das Gesagte aufgenommen wurde,
- ein echtes Überzeugen, das auf Einwände eingeht,
- Rückmeldung zur eigenen Redeleistung erhalten,
- Redeaufbau und Argumentation können für Folgeveranstaltungen verbessert werden.

Nachteile:

Die Gefahr einer Diskussion ist:

- dass Inhalte zerredet werden,
- dass über etwas diskutiert wird, über das eine Diskussion nichts bringt,
- dass der Redner Gegenargumente hört, auf die er keine Antwort weiß,
- dass die Zeit überschritten wird.

Der Hauptteil

Der Hauptteil ist der Bereich zwischen Einleitung und Schluss. Bei konsequenter Planung wird die Rede vom Ende über den Mittelteil zum Einstieg hin konzipiert.
In den Hauptteil gehören alle wichtigen Informationen. Er wird in einen bis drei Schritte unterteilt. Auf diese Weise wird die sachliche Argumentation so ausführlich wie nötig und so kurz wie möglich gehalten. In insgesamt maximal fünf Schritten bleibt die Struktur übersichtlich und nachvollziehbar, während Sie die einzelnen Schritte ausreichend begründen und veranschaulichen können.

Ein Hauptteil mit maximal drei Teilen erfordert eine straffe Bündelung. Das zeigt sich in Themenwahl, Satzbau und Prägnanz. Schachtelsätze sind genauso hinderlich wie ein Verzetteln in der Thematik. Nur bei einer straffen Darstellung wird Ihre Botschaft klar und verständlich bei den Zuhörern ankommen.

Stoffsammlung

In einem durchdachten Hauptteil stecken viele Ideen und Arbeitsschritte. Um die richtigen Inhalte zu finden, legen Sie eine Stoffsammlung zu Ihrer Rede an.

Tipp: Tragen Sie alles relevante Material zusammen, das mit Ihrem Thema zu tun hat, und studieren Sie es gründlich. So vergessen Sie keine wichtigen Punkte und fühlen sich sicher. Filtern Sie aus der Fülle der Informationen die Essenz heraus.

- Recherchieren Sie in Büchern, Zeitschriften und im Internet.
- Schlagen Sie in Lexika oder Archiven zu Ihrem Thema nach.
- Schreiben Sie sich Stichworte auf, die Ihnen dazu einfallen.
- Fragen Sie sich, was die Zuhörer zum Ihrem Thema erwarten.
- Sammeln Sie Ideen, indem Sie mit anderen darüber reden.

Nicht alles, was Sie an Informationen finden, wird in Ihrem Vortrag Platz finden. Zu viel Wissen „erschlägt“ Ihre Zuhörer. Führen Sie sich daher Ihre Zuhörer und Ihr Ziel vor Augen, sortieren Sie Informationen und setzen Sie Prioritäten.

Notieren Sie alle wichtigen Punkte auf einem Blatt Papier oder auf Karteikarten. Ordnen Sie diese Informationen durch Markierungen auf dem Blatt oder durch Umsortieren der Karten. Fast wie von selbst ergeben sich so die wichtigsten Inhalte Ihres Hauptteils. Gestalten Sie danach den roten Faden des Aufbaus und die Reihenfolge der Punkte. Das Formular Redeaufbau (Seite 68) ist dafür ein gutes Hilfsmittel. Aus einer kreativen Vielfalt ergibt sich schnell eine logische Abfolge des Hauptteils und aus den Assoziationen bilden Sie spielerisch erste griffige Sätze.

Hohe Aufmerksamkeit erzielen

Im Hauptteil muss der Redner sein Augenmerk darauf legen, die durch die Einleitung gewonnene Aufmerksamkeit seiner Zuhörer zu erhalten. Das natürliche Aktivitäts- und Aufmerksamkeitsniveau der Zuhörer ist am Beginn und am Ende einer Rede hoch, in der Mitte sinkt es jedoch ab. Ein guter Sprecher bereitet sich darauf vor und steuert dem bewusst entgegen[2]. Abbildung 2 veranschaulicht das.

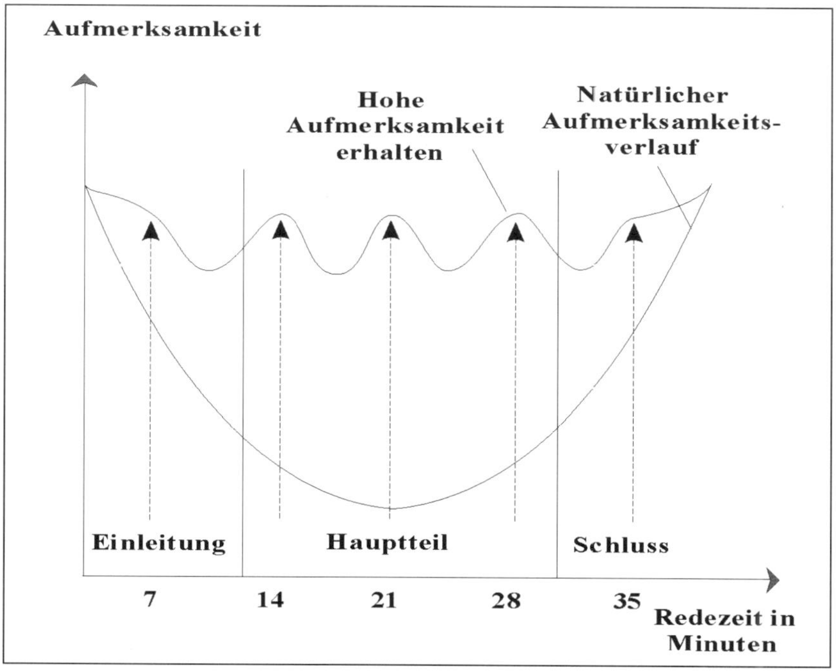

Abbildung 2: Hohe Aufmerksamkeit erhalten

[2] Vergleiche David A. Peoples (1992): Presentations Plus

Exzellente Vortragende überlegen sich daher, wie sie ihre Darbietung „würzen" können, um die Wachheit der Zuhörer zu fördern. Dafür planen sie in der Dramaturgie der Rede spätestens alle sieben Minuten einen „Muntermacher" ein. Bei einer kurzen dreiteiligen Rede wird man mit einer „Action" auskommen, bei einer längeren fünfteiligen Rede dementsprechend mehr Momente der Abwechslung einbauen.

Was kann als rhetorische „Würze" dienen?

- Diskussionen,
- Fragen,
- Beispiele,
- Bilder und Visualisierungen,
- Gruppenarbeit und Interaktionsaufforderungen,
- Analogien und Metaphern,
- Anekdoten, Storys und Geschichten,
- Witze,
- Zitate,
- überraschende Aussagen,
- provokante Thesen und bewusste Konfrontationen,
- Betroffenheit erzeugen oder Nutzen bewusst machen,
- Stimme und Körpersprache einsetzen,
- Pausen einbauen,
- Bewegungsübungen (wenn körperliche Bewegung zu Vortrag und Umfeld passt, unterstützt sie geistige Flexibilität).

Rhetorische Stilelemente

Wichtige Werkzeuge eines Redners, die sowohl zu Beginn, im Hauptteil und am Schluss Sinn machen, sind Analogien, Metaphern, Anekdoten, Witze und Zitate.

Analogien und Metaphern

Viele Menschen denken: „Analogien, die kommen doch hauptsächlich in historischen Büchern, buddhistischen Schriften, Bibel oder Koran vor." Haben Sie das auch gedacht? Das ist eine Fehleinschätzung: Metaphern sind fester Bestandteil unserer heutigen Alltagssprache!

Was ist eine Analogie und eine Metapher überhaupt? Das Gesagte wird als bildhafter Vergleich dargestellt und besonders gut aufgenommen und gemerkt, da der Mensch ein höchst visuelles Wesen ist. Abbildung 3 zeigt, wie wichtig visuelle Eindrücke beim Aufnehmen und Speichern von Informationen sind.

Der Mensch ist ein Augentier. (Konrad Lorenz)

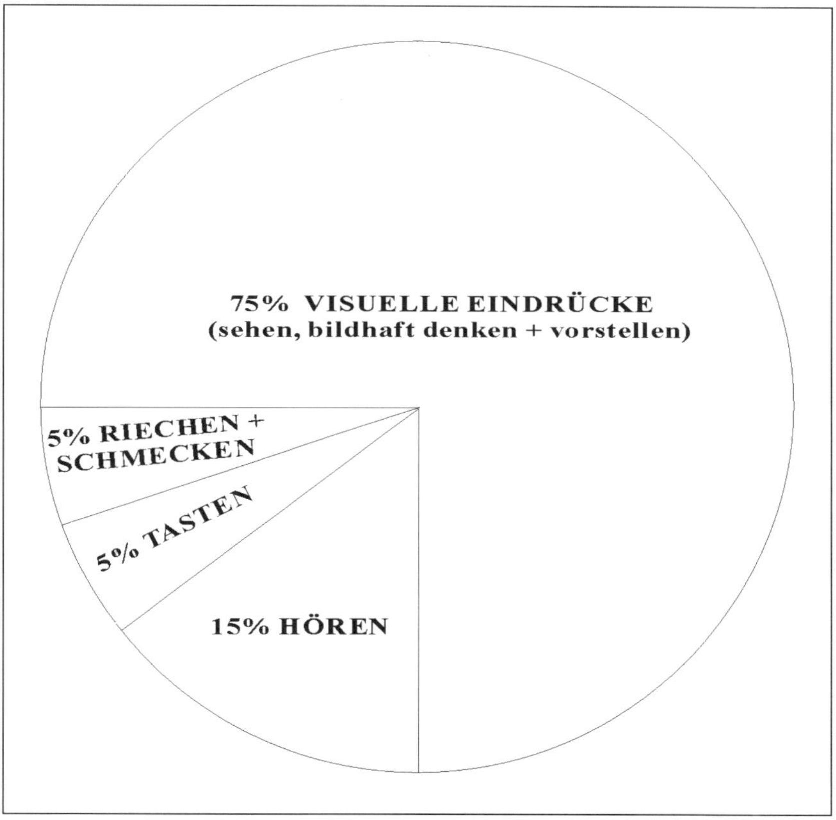

Abbildung 3: Wie wir Informationen aufnehmen und speichern

Bildhafte Ausdrücke spielen im Rahmen der Rhetorik eine wichtige Rolle. „Im Rahmen“, „eine Rolle spielen“ – Sie sehen, dass Sprache ohne Bilder schwer vorstellbar ist.

- „Wir sitzen alle im selben Boot.“
- „Ein schlankes Unternehmen gestalten.“
- „Wie ein Fels in der Brandung.“

- „Mit vollen Kriegskassen eine Übernahmeschlacht vorbereiten."
- „Die Welt durch eine rosarote Brille sehen."
- „Den Direktor mit einem ‚Golden Handshake' verabschieden."

Metaphern und bildhafte Analogien sind mächtige sprachliche Werkzeuge, die uns helfen, in kurzer Zeit ein Bild von einer relativ komplexen Sache zu bekommen. Sie sind in unserem Denken verwurzelt und dienen dazu, etwas schwer zu Erklärendes begreifbar zu machen, indem sie auf etwas Bekanntes verweisen.

Gefahren bei Metaphern:
Jede Metapher unterstützt das Gesagte aus einer anderen Sicht. Autos muss man lenken und das trifft auch auf Unternehmen zu. Doch inwieweit das Bild einer Schlacht eine Wirtschaftsrede unterstützt, oder ob soziale Einheiten, die „re-engineered" werden, ein gutes Bild sind, ist unklar. Eine Metapher ist immer nur so gut, wie sie vom Hörer aufgenommen wird. Analogien sind nie wahr oder falsch, sie sind hilfreich und unterstützend oder verwirrend und unpassend.

Frau Schneider erlebte folgende Situation, wo die Mehrdeutigkeit von Bildern zu Tage kam. Sie verwendete bei einem Projekt folgende Metapher: „Unsere Firma ist wie ein Bienenstock ..." Sie wollte damit bildhaft aussagen, dass alle Mitarbeiter sehr fleißig sind. Prompt erwiderte ein Kollege scherzhaft: „Ja, unser Bienenstock hat viele Wesen, die wild herumfliegen und auch noch stechen können und die Königin liegt nur faul herum." Er hatte offensichtlich ein anderes Bild dieser fleißigen Insekten.

Tipp: Setzen Sie Metaphern sehr bewusst ein. Überlegen Sie im Vorfeld, welche Betrachtungsweisen es zu dem jeweiligen Bild gibt, um zu vermeiden, dass sich eine Mehrdeutigkeit destruktiv auswirken kann.

Bilder betonen gewisse Aspekte der Wirklichkeit und unterdrücken andere. Beides ist gleichermaßen okay, entscheidend ist, was wir damit erreichen wollen.

Anekdoten, Storys und Geschichten

Anekdoten und Geschichten sind mit Metaphern und Analogien verwandt, da sie ebenfalls ein Bild „zeichnen“. Genau genommen beschreiben Storys eine Abfolge von Bildern – eine Art Filmsequenz. Geschichten sind die älteste Form der Wissensspeicherung. Wie die moderne Kommunikationsforschung zeigt, ist das Erzählen von Anekdoten sehr effizient, da es höchste Speicher- und Strukturierungswirkung hat.

Zahlreiche Beispiele verdeutlichen, dass Persönlichkeiten des öffentlichen Lebens oder deren Ideen erst durch eine treffende Anekdote der Nachwelt erhalten geblieben sind. Einsteins Traum vom Ritt auf einem Lichtstrahl ist ein gutes Beispiel dafür, wie eine Geschichte das Genie einer Person bewahrt und dabei vermittelt, wie Einstein Intelligenz und Phantasie vereinte. Gleichzeitig transportiert diese Story Einsteins komplexe und revolutionäre Gedanken zur Lichtgeschwindigkeit auf anschauliche Weise.

Eine moderne Anekdote hält eine griffige Begebenheit fest. Geschichten halten nicht immer Wahrheiten fest, sondern das, was man sich erzählt.

Ein Manager fliegt einen Heißluftballon und verliert die Orientierung. Er reduziert seine Höhe und ruft zu einem Mann am Boden: „Entschuldigung, können Sie mir helfen? Ich habe einem Freund versprochen ihn zu treffen, aber ich weiß nicht, wo ich mich befinde." Der Mann am Boden sagt: „Ja. Sie befinden sich in einem Heißluftballon. Ihre Position ist zwischen 40 und 42 Grad nördliche Breite und zwischen 58 und 60 Grad westliche Länge." „Sie müssen Ingenieur sein", sagt der Ballonfahrer. „Bin ich", antwortet der Mann. „Wie haben Sie das gewusst?“ „Sehen Sie", sagt der Ballonfahrer, „Alles, was Sie mir gesagt haben, ist technisch korrekt, aber ich habe keine Ahnung, was ich mit Ihren Informationen anfangen soll, und ich weiß immer noch nicht, wo ich bin." Der Ingenieur sagt hierauf: „Sie müssen ein Manager sein." „Bin ich", antwortet der Ballonfahrer. „Wie haben Sie das gewusst?“ „Sehen Sie", sagt der Ingenieur. „Sie sind mit viel heißer Luft nach oben gekommen, Sie wissen nicht, wo Sie sind, nicht wohin Sie gehen. Sie haben ein Versprechen gegeben, von dem Sie keine Ahnung haben, wie Sie es einhalten können, und Sie erwarten, dass ich Ihnen dieses Problem löse. Tatsache ist: Sie befinden sich in exakt derselben Position, in der Sie waren, bevor wir uns getroffen haben, aber irgendwie ist jetzt alles meine Schuld."

Von dieser Geschichte gibt es einige Versionen, beispielsweise eine, wo der Ingenieur als Unternehmensberater bezeichnet ist. Es kommt immer wieder vor, dass eine Geschichte sich verändert, die Herkunft vertauscht wird oder plötzlich eine andere Quintessenz entsteht.

Tipp:

1. Wenn Sie eine Geschichte in Ihre Rede einbauen, recherchieren Sie, woher diese Story kommt und wie viel Wahrheitsgehalt sie hat.
2. Stellen Sie nur belegte Wahrheiten als tatsächlich Geschehenes dar.
3. Bringen Sie jede andere Begebenheit als Anekdote, die man sich erzählt oder die jemandem nachgesagt wird.

Eine Anekdote oder Geschichte zu erzählen, ist sowohl am Anfang als auch im weiteren Verlauf der Ansprache möglich. Entscheidend dabei ist, dass die Story zu Ihrem Thema passt und jenes Bild vermittelt, das die Inhalte unterstützt.

„Eine Anekdote gut erzählt, dazu gehört Talent – aber eine Anekdote schlecht erzählt, dazu gehört Unverschämtheit." (Spötter Saphir)

Wenn Sie in Ihrer Rede beispielsweise Zeitmanagement erklären wollen, können Sie natürlich versuchen, nackte Zahlen und Fakten aneinander zu reihen. Finden Sie hingegen zu diesem Punkt eine tolle Geschichte, mit Personen, in denen sich Ihre Zuhörer wiederfinden, dann wird das Vermitteln viel leichter:

Ein bekannter Vortragender wurde eingeladen, für eine Gruppe von vierzehn hochrangigen Managern ein Kurzreferat über sinnvolle Zeitplanung zu halten.
Er zog einen großen durchsichtigen Behälter unter seinem Pult hervor und stellte ihn vorsichtig vor sich hin. Dann holte er etwa ein Dutzend faustgroßer Kieselsteine hervor und legte sie sorgfältig in den großen Behälter. Als dieser bis an den Rand voll war und kein weiterer Kieselstein mehr darin Platz hatte, blickte er langsam auf und fragte seine Zuhörer: „Ist der Krug voll?" – Und alle antworteten: „Ja!"
Dann verschwand er erneut unter dem Tisch und holte einen mit Kies gefüllten Becher hervor. Sorgfältig verteilte er den Kies über die großen Kieselsteine und schüttelte den Krug dann etwas. Der Kies verteilte sich zwischen den großen Kieselsteinen bis auf den Boden des Kruges. Der Vortra-

gende blickte erneut auf und fragte sein Publikum: „Ist dieser Krug voll?" Dieses Mal begannen seine schlauen Teilnehmer die Darbietung zu verstehen. Einer von ihnen antwortete: „Wahrscheinlich nicht." „Gut", antwortete der Referent. Er verschwand wieder unter seinem Pult und holte diesmal einen Eimer Sand hervor. Vorsichtig kippte er den Sand in den Krug. Der Sand füllte die Räume zwischen den großen Kieselsteinen und dem Kies aus. Wieder fragte er: „Ist das Gefäß jetzt voll?"
Nach einer kurzen Denkpause antwortete wieder einer der Zuhörer: „Nein."
„Gut", sagte der Vortragende. Und als hätte sein Publikum nur darauf gewartet, nahm er die Wasserkanne, die unter seinem Pult stand, und füllte den Krug bis an den Rand. Dann blickte er auf und fragte: „Was können wir Wichtiges aus diesem Experiment lernen?"
Der Mutigste unter seinen Zuhörern – clever und flott – dachte an das Thema der Vorlesung und antwortete: „Daraus lernen wir, dass selbst wenn wir denken, dass unser Zeitplan schon bis zum Rand voll ist, wir immer noch einen Termin einschieben können."
„Nein", antwortete der Vortragende, „darum geht es mir nicht. Was wir wirklich aus diesem Experiment lernen können, ist Folgendes: Wenn man die großen Kieselsteine nicht als erstes in den Krug legt, werden sie später niemals alle hineinpassen."
Es folgte ein Moment des Schweigens. Jedem wurde bewusst, wie sehr der Mann Recht hatte. Dann fragte er: „Was sind in eurem Leben die großen Kieselsteine: Eure Gesundheit, eure Familie, eure Freunde, die Realisierung eurer Träume, das zu tun, was euch Spaß macht, dazu lernen, eine Sache verteidigen, Entspannung, sich Zeit nehmen oder etwas ganz anderes?
Wirklich wichtig ist, dass man die großen Kieselsteine in seinem Leben an die erste Stelle setzt. Wenn nicht, läuft man Gefahr sein Leben nicht zu meistern. Wenn man zuallererst auf Kleinigkeiten achtet, den Kies, den Sand, verbringt man sein Leben mit Kleinigkeiten und hat nicht mehr genug Zeit für die wichtigen Dinge. Deshalb vergesst nicht, euch die Frage zu stellen – was sind die großen Kieselsteine in meinem Leben? Dann legt diese zuerst in den Krug."

Bei einer guten Anekdote kann sich der Zuhörer identifizieren[3]. Im Story-Beispiel zum Thema Zeit kann sich der Zuhörer in den Teilnehmern der Geschichte wiederfinden. Er kann seine Ängste und Bedenken auf die handelnden Personen der Anekdote projizieren und ist am Ende genauso überrascht wie die Zuhörer in der Story.

[3] Vergleiche Vera F. Birkenbihl (2001): Story Power

Tipp: Seien Sie als Rhetorikprofi ständig auf der Suche nach guten Geschichten. Notieren Sie diese und ordnen Sie sie übersichtlich, damit Sie bei der Konzeption einer Rede schnell darauf zugreifen können. Wenn Sie Ihre Geschichten im PC speichern, können Sie in den gängigen Programmen auch mit der Suchfunktion 'Strg F' nach Stichworten suchen.

Die Anekdote sollte so gut gewählt sein, dass das Publikum seine eigenen Einsichten daraus ziehen kann. Nichts ist schlimmer als ein Erzähler, der seine Deutung gleich mitliefert. Eine Pause unterstützt den Zuhörer darin, selbst über die Geschichte nachzudenken.

Witz

Witze sollte man nur einsetzen, wenn man damit viel Erfahrung hat. Professionelle Spaßmacher berichten, dass Zuseher bei ganz verschiedenen Stellen einer Comedy-Show lachen. Ein prominenter Kabarettist differenzierte unlängst zwischen Samstags- und Sonntagsbesuchern, da diese nach seiner Beobachtung einen unterschiedlichen Humor mitbringen.

Das ist der Grund, warum ein Witz mit Vorsicht in einer Rede einzusetzen ist. Man weiß nie genau, wie die Zuhörer reagieren. Sollte der Witz nur ein betretendes Schweigen auslösen, führt das zu einem Gefühl der Peinlichkeit und blockiert die meisten Redner.

Tipp: Um das Risiko zu verringern, dass niemand lacht, erzählen Sie lustige Begebenheiten lieber als lehrreiche Anekdoten oder Geschichten. Wenn diese zusätzlich lustig sind und einige Zuhörer lachen, soll Ihnen das nur recht sein. Wenn nicht, ist das kein Problem.

Etliche Menschen amüsiert beispielsweise diese unterhaltsame Anekdote zum Thema gegenseitige Beeinflussung: Ein neuer Siedler, der in Kanada eine Holzhütte erworben hat und dem sein erster Winter bevorsteht, schlägt einen Haufen Holz, um für den kalten kanadischen Winter vorbereitet zu sein. Da er nicht weiß, wie hart der Winter wird und wie viel Holz er braucht, fragt er den Nachbarn, einen alten Indianer, ob ein harter Winter bevorstehe. Der Weise blickt in die Ferne und sagt: „Winter hart." So beschließt der Neuankömmling mehr Holz zu fällen. Nach viel Arbeit und zwei weiteren Haufen Holz macht er sich auf, um sich noch mal zu erkundigen. Er besucht den Indianer erneut, dieser blickt wieder in die Ferne: „Winter sehr hart." So fällt der Siedler noch mehr Holz. Nach viel Arbeit und drei weiteren Haufen Holz fragt er den Indianer erneut. Der Weise blickt wieder in die Ferne: „Winter sehr, sehr, sehr hart." Da fragt der Siedler, woher der Indianer das eigentlich wisse. Daraufhin bekommt er als Antwort: „Winter sehr, sehr, sehr hart, weil weißer Mann sehr, sehr, sehr viel Holz schlägt."

Diese kleine Geschichte steht als Beispiel für die humorvolle Verwendung einer Anekdote. Gleichzeitig sollte der Inhalt natürlich zum Thema der Rede passen, hier wäre etwa „langfristige Planung" oder „Logistik" oder auch „Prognosen" vorstellbar. In einem solchen Zusammenhang kann diese Geschichte ein Denkanstoß sein.

Auch Sie als Redner können diese Geschichte zum Anlass nehmen und sich fragen, welche Parallele es zu Ihrem Verhalten gibt. Was ist Ihr Einfluss auf Reaktionen Ihrer Zuhörer? Geht es Ihnen manchmal wie dem neuen Siedler?

Zitate

Zitate können ähnliche Wirkung entfalten wie Anekdoten oder Metaphern. Das Besondere ist, dass ein Zitat jemandem zugeschrieben wird, der einen gewissen Bekanntheitsgrad besitzt. Viele dieser Aussagen sind Analogien oder kurze Geschichten, hinter denen ein prominenter Mensch steht. Die Tatsache, dass diese Person diese Worte wählte, unterstützt die eigene Aussage, wenn folgender Tipp beachtet wird.

Tipp: Informieren Sie sich, wer das Zitat gesagt hat und was diese Person auszeichnet, sonst kann es peinlich werden, wie folgendes Beispiel zeigt.

> Herrn Schmied widerfuhr etwas, das ihm bezüglich Zitatverwendung eine Lehre sein sollte. Am Ende eines Vortrages für freie Marktwirtschaft zitierte er: „Vertrauen ist gut, Kontrolle ist besser", ohne den Urheber zu kennen. Als ein Zuhörer berechtigt meinte, dass ein Zitat von Lenin nicht angemessen sei, fand Herr Schmied keine passende Antwort und bereute es, sich nicht vorher informiert zu haben.

Bei Zitaten, aber auch bei Geschichten und Anekdoten haben Sie Vorteile, wenn Sie die Quelle kennen und angeben:

- Sie wirken seriös – im Gegensatz zu denjenigen, die vieles als eigene Ideen ausgeben[4].
- Ihre Zuhörer erfahren, wo Sie nachschlagen können.

> **Tipp:** Im Internet finden Sie Zitatsammlungen[5], in denen Sie Stichworte zu Ihrem Thema, Urheber und Quellen nachschlagen können.

Hier ein paar Beispiele für exzellente Zitate – allgemeiner Natur – für Ihre Vorträge:

> „Der einzig vernünftige Mensch ist mein Schneider, er nimmt jedes Mal neu Maß, wenn er mich trifft, während alle anderen immer die alten Maßstäbe anlegen, in der Meinung, sie passten heute noch auf mich."
>
> (Georg Bernard Shaw)
>
> „Wer seine Meinung niemals ändert, hat vielleicht gar keine."
>
> (Alberto Moravia)
>
> „Man braucht nicht immer denselben Standpunkt zu vertreten, denn niemand kann einen hindern, klüger zu werden."
>
> (Konrad Adenauer)
>
> „Unsere Gegner sind Lehrer, die uns nichts kosten."
>
> (Ferdinand Vicomte de Lesseps)

---

4 Vergleiche Vera F. Birkenbihl (2001): Story Power

5 Oder in Buchform beispielsweise „Der Zitateguide" von Haufe

„Viele Menschen sehen die Dinge, wie sie sind und sagen – warum? Ich aber träume von Dingen, die nie gewesen sind und sage – warum nicht?"

(Robert Francis Kennedy)

„Ein Kompliment ist die charmante Vergrößerung einer kleinen Wahrheit."

(Johannes Heesters)

Der Einstieg

Bei der Konzeption steht der Schluss an erster Stelle. Bei der Durchführung des Vortrages hat der Einstieg sehr hohe Priorität, da am Anfang der Kontakt zu den Zuhörern hergestellt wird und sie an ihrem augenblicklichen Wissens- und emotionalen Standort „abgeholt" und durch die Rede zu einem neuen Ziel geführt werden sollen.

Notieren Sie den Einstieg ebenfalls Wort für Wort – erinnern Sie sich an die Flugreise, wo man bei Start und Landung angeschnallt ist. Damit Sie gut angeschnallt in die Veranstaltung gehen, schreiben Sie die Einstiegssätze wortwörtlich auf und lernen Sie sie auswendig.

Tipp: Überlegen Sie sich den Beginn Ihrer Rede besonders gründlich, da er sehr wichtig ist. Falls Sie öfter vor demselben Hörerkreis sprechen, variieren Sie den Einstieg von Mal zu Mal! (Halten Sie Ihre Eröffnungsvarianten schriftlich fest.)

Die Zuhörer in ihrer Erfahrungswelt abholen und Beziehung aufbauen

Ein guter Start holt die Zuhörer ab, baut eine Beziehung zu ihnen auf, weckt ihr Interesse und lässt gespannte Aufmerksamkeit entstehen.

Warum ist es wichtig, eine Beziehung aufzubauen? Warum Kontakt herstellen und auf Emotionen achten? Reicht nicht eine sachlich einwandfreie Argumentation, die logisch aufgebaut und gut erklärt ist?

Nein das genügt nicht! Alle Erkenntnisse der Kommunikation weisen auf die Wichtigkeit der emotionalen Ebene hin. Nur wer seine Zuhörer abholt und einen emotionalen Zugang zu ihnen findet, wird sachliche Inhalte gut vermitteln können, wie wir gleich sehen werden.

Mit Emotion zur Sache

Einer der ersten, die auf die Macht der Gefühle hinwiesen, war der in Österreich geborene Paul Watzlawick, der am Mental Research Institute in Palo Alto und als Professor für Psychotherapie an der Stanford University Berühmtheit erlangte. Seine Axiome[6] der Kommunikation definieren – unter anderem – den wichtigen Zusammenhang: Jede Kommunikation hat einen Inhalts- und einen Beziehungsaspekt, und zwar derart, dass die Emotion die Sache bestimmt[7].

Für einen Redner bedeutet das: Wir finden in jeder Kommunikation einen Inhalts- und einen Beziehungsaspekt. Neben dem sachlichen Inhalt enthält jede rhetorische Botschaft einen weiteren Aspekt, der viel weniger augenfällig, doch enorm wichtig ist – nämlich einen Hinweis darauf, wie ihr „Sender“ sie vom „Empfänger“ verstanden haben möchte. Diese Gefühlskomponente definiert, wie der Redner die Beziehung zwischen sich und dem Zuhörer sieht, und ist damit seine emotionale Stellungnahme dem anderen gegenüber.

Besteht auf der emotionalen Ebene eine Störung, kann auf der sachlichen Ebene nicht effizient kommuniziert werden.

Ein guter Redner beherrscht es, seine Zuhörer emotional abzuholen und überzeugt mit einer guten Mischung aus Sachinformation und Gefühlsbotschaft. Er vermittelt mit seiner Stimme und seiner Körpersprache eine angenehme Stimmung.

Eine gute Stimmung bei den Zuhörern macht es für den Vortragenden leichter, über Inhalte zu reden. „Dicke Luft“ erschwert hingegen eine sachliche Auseinandersetzung. Die Betrachtung der Negativseite macht diese Wirkung der Emotion besonders deutlich:

6 Axiom nennt man eine grundlegende Aussage, die nicht innerhalb ihres Systems begründet werden kann beziehungsweise muss.

7 Vergleiche Paul Watzlawick (2000): Menschliche Kommunikation

- Wenn ein Redner beispielsweise die Worte „Meine lieben jungen Freunde!“, „Liebe junge Dame!“ verwendet, macht er sich symbolisch älter/größer und wirkt dadurch hochmütig, „von oben herab“. Die meisten Menschen hören das nicht gerne, weshalb man sie mit diesen Worten schwer in ihrer Welt abholen kann.
- Wenn zwei Mitarbeiter einander nicht leiden können, erfordert es eine große Überwindung, über gemeinsame Ziele zu sprechen, und es ist ungemein schwierig, sachlich zu bleiben.
- Wenn der Kunde den Verkäufer unsympathisch findet, wird er das gleiche Produkt woanders kaufen.
- Wenn die Emotion zweier Partner aufgrund eines Streits momentan vergiftet ist und einer sagt: „Bleiben wir doch sachlich!“, kann sogar diese Aussage als negative emotionale Botschaft ankommen.

Tipp: Um sachliche Inhalte wirklich gut transportieren zu können, achten Sie darauf, als Vortragender emotional gut anzukommen.

Frau Schulze stellt dem Vortragenden die Frage: „Wieso hätte die doppelte Garantiezeit Vorteile gebracht?“ Der sachliche Inhalt der Frage ist ein Ersuchen um Information. Gleichzeitig definiert sie damit aber ihre Beziehung zu dem Redner. Das Gefühl, das bei ihm ankommt, hängt dabei ganz von der Art ab, in der sie fragt (der Ton ihrer Stimme, ihre Körpersprache und ihr Gesichtsausdruck). Der Satz: „Wieso hätte die doppelte Garantiezeit Vorteile gebracht?“ kann entweder Bewunderung, wohlwollende Freundlichkeit, Neid, Spott oder eine andere Einstellung zu dem Redner ausdrücken.
In seiner Reaktion wird der Vortragende sich mehr oder weniger offen zu Frau Schulze in Beziehung setzen und wird ebenfalls sachliche Aussagen über seine Emotion definieren.

Übung:
Schauen Sie sich in den nächsten Tagen eine der zahlreichen TV-Diskussionen an. Konzentrieren Sie sich auf einen Sprecher und beobachten Sie, wie er sich zu den anderen in Beziehung setzt. Stellt er sich in seinen Bemerkungen über die anderen, macht er sich kleiner oder begegnet er ihnen auf der gleichen Ebene? Achten Sie nicht auf den Inhalt, sondern lediglich auf die emotionale Ebene. Schauen Sie anschließend, wie die anderen auf seine Beziehungsdefinition reagieren.

Drei Formen der Beziehung

Beziehungen sind verhältnismäßig selten bewusst und ausdrücklich definiert. Als Redner können Sie beim Zuhörer in drei grundlegenden Beziehungsmustern erlebt werden:

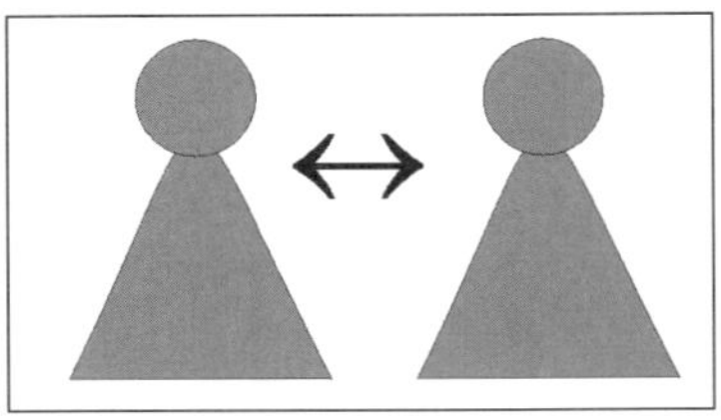

- Auf gleicher Ebene, das ist vergleichbar mit einem guten Freund oder einem ebenbürtigen Partner. Beide erleben sich gleichwertig und gestehen sich gleiche Rechte zu.

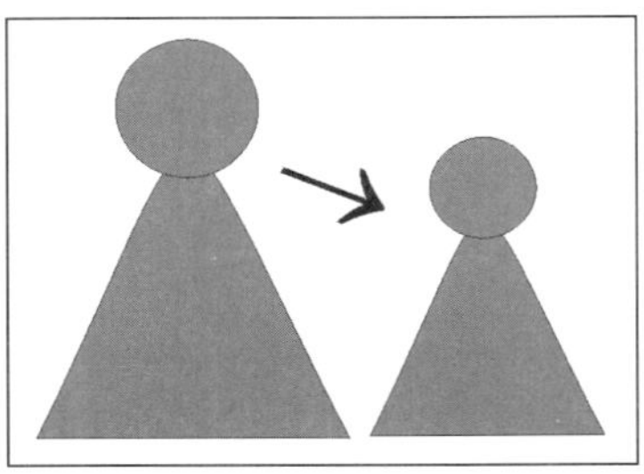

- Größer machend, das ist ähnlich einem Eltern-Kind-Verhältnis. Eine Autorität, die belehrt und kritisch, aber auch fürsorglich sein kann.

- Kleiner machend, so wie jemand, der sich bewusst etwas hilflos anstellt, um Hilfe zu erhalten. Er unterwirft sich symbolisch und spricht dadurch den Beschützerinstinkt der Mitmenschen an.

Abbildung 4:
Drei grundlegende Formen, sich in Beziehung zu setzen

Übung:

Notieren Sie, welche Vorteile und Gefahren die gleiche Ebene hat.

Vorteile: ______________________________

Gefahren: ______________________________

Notieren Sie, welche Vorteile und Gefahren das Großmachen hat.

Vorteile: ______________________________

Gefahren: ______________________________

Notieren Sie, welche Vorteile und Gefahren das Kleinmachen hat.

Vorteile: ______________________________

Gefahren: ______________________________

Lösung:

Die gleiche Ebene bietet die „besten Karten" für das Übermitteln von sachlichem Inhalt. Ein Redner, der als Mensch mit Stärken und Schwächen wahrgenommen wird, kommt gut bei seinem Publikum an, wenn er inhaltlich etwas zu bieten hat.

Das Großmachen birgt die Gefahr, dass der Sprecher überheblich ankommt. Wenn er als jemand erlebt wird, der sich über die anderen stellt, hat er kaum Möglichkeiten, sein Publikum gekonnt abzuholen. Gegenwehr oder Abwehr wird die Folge sein. In Ihrer Rolle als Redner werden Sie andererseits meist etwas „größer" erlebt, weil dies die Position des Vortragenden mit sich bringt. Umso vorsichtiger sollten Sie damit umgehen, sich über Ihre Zuhörer zu stellen. Die einzig sinnvolle Art, „groß" zu agieren, ist der Aufbau einer natürlichen Autorität. Mehr dazu ab Seite 69.

Menschen, die sich klein machen, wirken meist sympathisch, weil sie keine Bedrohung für andere darstellen. Da sie meist bemüht sind, sich an anderen zu orientieren, kann man mit ihnen gut auskommen. Zugleich beherrschen sie es hervorragend, Arbeit abzugeben – oft an Personen, die hilfsbereit sind. Würde ein Redner diese Position einnehmen, wäre die Gefahr groß, dass man ihn nicht für voll nimmt und er mit besonderem Nachdruck zeigen muss, dass er fachliche Kompetenz besitzt. Die Rolle des Kleineren ist für einen Vortragenden nicht typisch.

Der erste Eindruck

Je besser Ihr erster Eindruck rüberkommt, umso schneller können Sie eine Beziehung zu Ihren Zuhörern aufbauen und Ihr Publikum dort abholen, wo es steht.

Alte Verhaltensprogramme wirken bis heute

Der erste Eindruck entsteht in wenigen Sekunden und ist ein unbewusstes Muster, das alle Menschen als Verhaltensprogramm gespeichert haben. Dieses Programm hat den Nutzen, uns möglichst schnell ein Urteil fällen zu lassen, ob unser Gegenüber Freund oder Feind ist. Dieses Bewertungsmuster entwickelte sich bei unseren Vorfahren bereits vor über hunderttausend Jahren, als die Unterscheidung „Gefahr oder keine Gefahr" existenziell lebenswichtig war. Bis heute ist diese Automatik bereits bei der Geburt eines jeden Menschen vorgegeben. Das Verhaltensmuster wird abgerufen, obwohl bei der Begegnung mit einem zivilisierten Menschen keine Lebensgefahr mehr droht. Aber auch eine Person, die uns „blöd aussehen" lassen könnte oder jemand, der uns abwerten und blamieren kann, löst diesen unbewussten Denkprozess aus. Er bewirkt, dass der erste Eindruck wirkt.

Aussehen und Auftreten

Beim ersten Eindruck spielen Körpersprache, Stimme und äußere Erscheinung eine große Rolle. Etwa fünfundneunzig Prozent des ersten Eindrucks entstehen durch Aussehen, Kleidung, Haltung, Gestik, Mimik, Sprechgeschwindigkeit, Stimmlage, Betonung und Modulation. Etwas, was Sie vielleicht gar nicht bemerken, kann für den Zuhörer das Auffälligste sein: eine asymmetrische Krawatte, ein Fleck auf dem Hemd oder ein Haar am Anzug, eine unbewusste nervöse Geste oder eine Brille, die schief sitzt.

Tipp: Damit Ihr erster Eindruck gut ist und Sie keine unerfreulichen Überraschungen erleben, überlegen Sie vor einem Auftritt genau, welche Kleidung angemessen ist und überprüfen Sie Ihr Äußeres exakt. Achten Sie auch auf Ihre Körpersprache und Stimmführung.

Berücksichtigen Sie beim ersten Eindruck, den andere von Ihnen haben, sowie beim ersten Eindruck, den Sie von anderen haben, Folgendes:

- Die Rolle als Redner beeinflusst den ersten Eindruck. (= Rollenzuschreibung)
- Ein positiver erster Eindruck bewirkt die Zuschreibung von positiven Eigenschaften und umgekehrt. (= Halo[8]-Effekt; der Halo-Effekt wurde mit wissenschaftlichen Experimenten nachgewiesen und belegt, dass ein besonderes Merkmal alles andere überstrahlen kann. Die differenzierte Einschätzung einzelner Leistungsaspekte wird gestört. Beispielsweise werden Menschen mit einem positiven ersten Eindruck und einem Chaos auf dem Schreibtisch als „kreative Genies“ empfunden, während jene mit negativem ersten Eindruck mit derselben Unordnung am Arbeitsplatz als „schlampige Hunde“ eingestuft werden.)
- Erlebnisse mit ähnlich aussehenden Menschen lassen Gefühle aufkommen, die von Erfahrungen mit diesen Menschen determiniert werden. (= Übertragung)
- Der erste Eindruck vom Vortragenden ist von den persönlichen Vorlieben und Einstellungen des Zuhörers bestimmt. So wird jemand, der sich selbst als Künstler fühlt, den Künstler im anderen schnell erkennen oder vermissen. (= Projektion)
- Der erste Eindruck überschattet, was danach kommt. Ein Redner, der zu spät kommt, wird als unpünktlich gelten. Er muss wiederholt gutes Zeitmanagement an den Tag legen, um aus dieser Schublade wieder entlassen zu werden. (= Einfrieren)
- Entspricht das Aussehen einem Klischee oder einer bestimmten Kategorie, wird der erste Eindruck dazu führen, dass man in eine geistige Schublade eingeordnet wird. Beispielsweise wird jemandem, der wie ein Steuerbeamter aussieht, Genauigkeit, Strenge und Paragraphenreiterei zugeordnet, andererseits wird Freiheit und Lockerheit jemandem angedichtet, der das Outfit eines Hippies mitbringt. (= Kategorisieren)

Varianten für den Redebeginn

Der Einstieg stellt den Kontakt her und ist Auftakt Ihrer Darbietung. Eine gelungene Einleitung macht die Zuhörer neugierig und aufmerksam. Es bieten sich verschiedene Möglichkeiten zur Gestaltung des Einstiegs.

8 „Halo“ – engl. der „Hof“ des Mondes: Ein besonderes Merkmal überstrahlt alle anderen.

Kompliment ans Publikum

Sie können die Region loben, in der Ihre Zuhörer leben, das Unternehmen positiv hervorheben oder die Menschen – und ihre Arbeit, ihr Interesse, ihr Engagement ... – direkt wertschätzen.

Mit einem Kompliment an ein Publikum einzusteigen hat Vor- und Nachteile. Kommt es ungekünstelt und ehrlich an, ist es eine Startmöglichkeit, die man immer nutzen kann, sofern einem nichts Passenderes einfällt. Auch wenn diese Einleitung nicht besonders originell ist, hört jeder Mensch gerne ein ehrlich gemeintes Lob.

Vorsicht ist geboten, wenn man nicht hinter dem steht, was man sagt. Menschen haben ein Gespür, so etwas zu bemerken, und dann verliert die Wertschätzung nicht nur ihre Wirkung, sondern sie kehrt sich sogar um ins Negative. Ein Kompliment kann dann die Wirkung erzielen, als ob man zynisch spotten oder jemandem „Honig um den Bart schmieren" wolle.

Aktuelles Ereignis

Eine sehr schöne Möglichkeit ist die Eröffnung mit einem aktuellen Ereignis. Ein Anknüpfen an einem Vorfall, von dem die Medien beherrscht werden oder an etwas, was zu Unrecht unbemerkt blieb, zeigt den Zuhörern, dass der Redner auf dem aktuellen Wissensstand ist.

Übung:

1. Entwerfen Sie einen Einstieg, der sich auf eine weniger beachtete aktuelle Zeitungsmeldung bezieht und ein guter Einstieg für ein Wirtschaftsthema ist.
   Ihr Einstiegssatz:

   ____

2. Notieren Sie einen Beginn für das Thema Kostenreduktion, der sich auf ein Thema bezieht, das aktuell die Medien dominiert.
   Ihr Einstiegssatz:

   ____

Lösung:
Fiel Ihnen diese Übung leicht? Falls ja, freuen Sie sich, falls nein, bleiben Sie am Ball – Übung macht den Meister. Vielleicht inspirieren Sie diese Einstiegssätze:

1. „Sehr geehrte Damen und Herren, wie gestern in der Zeitung zu lesen war, ging der heurige Wirtschaftsnobelpreis an den Weiterentwickler der Spieltheorie. Am Beispiel Boing – Airbus wird deutlich, dass beim Kampf zweier Giganten beide verlieren würden. Wirtschaftliches Denken setzt nicht nur gute Kostenrechnung voraus ..."

2. „Sie konnten sicher nicht an der Meldung vorbeikommen, dass der Finanzminister seit drei Tagen mit seiner neuerlichen Forderung nach Personalreduktion der Staatsbediensteten für Aufsehen sorgt. Der Staat gibt zu viel aus.
   Bei Ihrem Budget, meine Damen und Herren, ist das nicht anders: Wenn Sie mehr Gewinn machen wollen, können Sie entweder mehr einnehmen oder weniger ausgeben ..."

Persönliches Erlebnis

Mit einem persönlichen Erlebnis wird ein Bezug zum Thema hergestellt. Der Redner zeigt eine menschliche Komponente von sich selbst. In dieser Erfahrung kann sich der Zuhörer wiederfinden.

Die Erfahrung sollte möglichst lebendig und glaubhaft sein und eine Identifikation ermöglichen.

Übung:

1. Gestalten Sie einen Einstieg mit einem persönlichen Erlebnis zum Thema „Kundenorientierung" vor Verkäufern.

2. Kreieren Sie einen Anfang mit einem persönlichen Erlebnis für einen Marketing-Vortrag vor Mitarbeitern einer Fluglinie.

Lösung:
Konnten Sie passende persönliche Erlebnisse finden, die als Einleitung dienen können? Zwei Situationen, die jedem passiert sein können, finden Sie hier:

1. „Als ich letzte Woche einen neuen Laptop kaufen wollte, passierte mir Folgendes: Der Verkäufer führte mich nicht gleich zu den Modellen, sondern er fragte mich, wofür ich den Computer brauche. Als ich nicht recht antworten konnte, sagte mir der Mann, ich solle mir doch zuerst überlegen, was ich mit dem Gerät in Zukunft machen wolle. Es sei besser das erst zu wissen, bevor ich mich für ein Gerät entscheide.
   Meine Damen und Herren, Sie können sich sicher vorstellen, wie verblüfft ich war, aber hatte der Mann nicht Recht? Gute Kundenberatung ..."
2. „Meine Damen und Herren, es freut mich, vor Ihnen sprechen zu dürfen. Jeden Tag, wenn ich in meinem Garten sitze, sehe ich in einiger Entfernung Flugzeuge vorbeifliegen. Obwohl sie so weit entfernt sind, kann ich das Logo ihrer Fluglinie erkennen. Das ist ein Zeichen für gelungenes Marketing!"

Interessante Frage

Eine interessante Frage ist beim Einstieg in vielerlei Hinsicht nützlich. Sie regt zum Mitdenken an und macht neugierig. Was ist die Besonderheit der interessanten Frage? Im Vortrag wird sie häufig eine rhetorische Frage[9] sein, die gleich vom Redner selbst beantwortet wird. (Hinweis: Sie konnten das soeben erleben. Der vorletzte Satz, den Sie hier gelesen haben, war eine Frage der Gattung „rhetorische Frage“, die gleich danach beantwortet wurde.)

Die interessante Frage kann andererseits auch einen ganzen Themenkomplex aufwerfen, der erst im Laufe des Vortrages beantwortet wird. Dabei kann der Sprecher im Verlauf der Ansprache wiederholt auf die Frage verweisen.

Die interessante Frage steht dem nächsten Punkt, der überraschenden Tatsache sehr nahe, da sich interessante Fragen aus ungewöhnlichen

9 Die rhetorische Frage ist eine Frage, auf die keine Antwort erwartet wird. Sie ist ein Stilmittel eines Redners, der damit eine Aussage unterstreichen will. Mehr dazu auf Seite 201 beim Punkt „Die rhetorische Frage".

Tatsachen ergeben. Der Unterschied ist lediglich, ob die interessanten Fakten als Frage oder als Aussage formuliert werden.

Überraschende Tatsache

Eine ungewöhnliche Definition oder eine überraschende Tatsache weckt ebenfalls Interesse und regt zum Nachdenken an.

Tipp: Recherchieren Sie Fakten, die überraschen, und liefern Sie dazu einige beeindruckende Zahlen oder Vergleiche.

Frau Fischer besuchte unlängst einen Vortrag über Naturschutz und musste noch lange über den Einleitungssatz des Redners nachdenken: „Der Amazonasregenwald ist größer als Westeuropa. In den letzten dreißig Jahren wurde im Amazonasgebiet eine Fläche der Größe Frankreichs abgeholzt."

Herrn Moser ging es bei den einführenden Worten eines Redners zum Thema EU ganz ähnlich. Diese Aussage hat sich in seine Erinnerung eingeprägt: „200.000 Bauernhöfe verschwinden jährlich in der EU, alle drei Minuten einer. Das ist nicht nur für die Landwirtschaft, sondern auch für die Konsumenten problematisch."

Wenn überraschende Tatsachen in Frageform verpackt werden, dann ergibt sich eine geniale Mischung mit dem vorigen Punkt „Interessante Frage“:

Ein Redner des Meeresbiologischen Institutes begann seine Ausführungen beispielsweise mit der überraschenden Frage: „Stimmt es, dass der Meeresspiegel auf beiden Seiten des Panamakanals unterschiedlich hoch ist?" Im Laufe seines Vortrages ging er dann näher auf diese Frage ein.

Provokative These und paradoxe Aussage

Eine provokative These, wobei der Redner einer gängigen Meinung widerspricht oder eine paradoxe Idee aufzeigt, ist ein weiteres Werkzeug für einen starken Einstieg. Die Aussage dient im Vortrag als Grundlage für den weiteren Aufbau.

Das Interessante am Paradoxon ist der tatsächliche oder scheinbare Widerspruch und der Doppelsinn. In der Rhetorik sind es meist scheinbare Widersprüche, die sich bei genauerer Analyse auflösen.

Einige Beispiele für provokative Thesen und paradoxe Aussagen:

- „Sie können Ihre Mitarbeiter nicht motivieren, sehr wohl aber demotivieren! Jeder Mensch kann sich nur selbst motivieren."
- „Das Leben ist der Tod, und der Tod ist das Leben."
- „Wenn Sie in Eile sind, lassen Sie sich Zeit."
- „Wenn jemand den Sinn des Lebens erklärte, hätte das Leben seinen Sinn verloren!"
- „Weniger ist mehr."
- „Wer sein Leben gewinnen will, der wird es verlieren."

Tipp: Wie Sie an den Beispielen sehen, ist die Verwendung eines paradoxen Einstiegs anspruchsvoll und zeichnet sich durch eine Langzeitwirkung aus – der Zuhörer muss das Gehörte erst „verdauen". Setzen Sie provokative Thesen und paradoxe Aussagen daher wohldosiert ein.

Geheimnis lüften oder Problemlösung ankündigen

Glauben Sie, Probleme Ihrer Zuhörer lösen zu können, so kündigen Sie das zu Beginn an. Das wird die Spannung steigern und Neugierde entstehen lassen. Ähnliches gilt beim Lüften eines Geheimnisses: Lüften Sie das Geheimnis, wie Ihre Zuhörer ihren Gewinn steigern, lösen Sie das Problem, wie man seine Zeit in den Griff bekommt oder wie man Konflikte besser managt.

Was auch immer Sie ankündigen, muss dann natürlich auch erfüllt werden. Missbrauchen Sie diese Möglichkeit nicht, um Spannung aufzubauen, wenn Sie im Anschluss nichts beziehungsweise nichts Neues zu bieten haben. Sie würden die Gegenwehr des Publikums zu spüren bekommen, wenn sich die ersten kritischen Geister zu Wort melden und Ihre „Problemlösung" anzweifeln.

Aufforderung zum Mitmachen

Eine Aufforderung zur Interaktion bezieht das Publikum ein, indem bestimmte Aktionen verlangt werden:

- Alle Autofahrer mögen bitte die Hände heben!
- Wer hat schon mehr als zehn Vorträge zu diesem Thema besucht? – Bitte um ein Handzeichen! Wer hat schon mehr als fünf verwandte Vorträge gehört? – Bitte um ein Handzeichen!
- Wenn Sie einverstanden sind, nicken Sie bitte jetzt mit dem Kopf! Wenn Sie nicht einverstanden sind, schütteln Sie bitte jetzt den Kopf!
- Alle, die schon länger als zwanzig Jahre in der Firma sind, heben bitte die Hand! Alle die schon länger als zehn Jahre im Unternehmen sind? Länger als fünf Jahre?
- Stellen Sie sich bitte so in Gruppen auf, dass man die Abteilungszugehörigkeit erkennt.

Die Interaktion bringt Bewegung in die Runde und gibt dem Vortragenden die Möglichkeit, Informationen über sein Publikum zu erhalten.

Der Computerexperte Dr. Dietrich hielt eine Rede vor zirka hundert Personen, die von der Handelskammer eingeladen worden waren. Das Thema war Computersicherheit. Dr. Dietrich hatte schon etliche große Unternehmen beraten und hielt eine perfekte Rede zu den Sicherheitslücken großer Konzerne. Er war ein erfahrener Mann und der Aufbau der Rede war klar und verständlich. Doch er vergaß eine Kleinigkeit – er vergaß sich zu vergewissern, ob die Zuhörer aus vergleichbar großen Firmen kamen, denn nur dann waren seine Beispiele passend, nur dann konnten firmeninterne User Sicherheitslücken darstellen, indem Sie Passwörter falsch verwendeten oder riskante Software installierten.
Der Redner Dr. Jäger, der im Anschluss das Thema weiterführen sollte, vergaß dies nicht und forderte die Zuhörer zu einer Interaktion auf: „Wer von Ihnen ist in einem Unternehmen mit mehr als zweihundert Mitarbeitern? – Bitte um ein Handzeichen." Fünf Personen zeigten auf. „Wer ist in einer Firma mit mehr als zwanzig Arbeitnehmern?" Zehn Zuhörer meldeten sich. „Das heißt, die meisten sind in Unternehmen mit weniger als zwanzig Mitarbeitern – wer ist in einer Firma mit ein bis fünf Personen?" Sechzig Menschen zeigten auf. Der Redner stellte sich in Folge auf diese unerwartet hohe Anzahl von Kleinstunternehmern ein und behandelte die speziellen Sicherheitsprobleme für kleine Firmen.

Schade um Zeit und Mühe von Herrn Dr. Dietrich, er hat eine Stunde gesprochen und Lösungen für Probleme angeboten, die für dieses Publikum keinen Nutzen darstellten. Mit der Einstiegsmöglichkeit Interaktionsaufforderung wäre das nicht passiert.

Anekdoten, Metaphern und Zitate

Die gelungene bildhafte Sprache ist eine Bereicherung für jeden Einstieg, aber auch für jede andere Stelle einer Rede. Entscheidend ist der gekonnte Einsatz dieser rhetorischen Werkzeuge. Auf Seite 36ff. wurde darauf schon unter „Rhetorische Stilelemente" ausführlich eingegangen.

Baupläne für Reden

Den grundlegenden Bauplan haben wir bereits kennen gelernt: Einleitung – Hauptteil – Schluss. In vielen Fällen reicht diese einfache Struktur aus, viele großartige Reden basieren auf dem dreiteiligen Grundmuster. Für bestimmte Zwecke bieten sich jedoch differenziertere Möglichkeiten an: Baupläne mit fünf Schritten.

Inhalte in eine Feinstruktur bringen

Je nach Zuhörerschaft, Ziel und Situation kann man in seiner Rede eine fein nuancierte Argumentationslinie verfolgen. Diese Gestaltungsmuster basieren auf Fünfsatz-Figuren[10]. Sie ermöglichen sowohl sachliche als auch emotionale Glaubwürdigkeit.

Jeder Bauplan besteht aus fünf Schritten. Fünf ist deshalb eine sinnvolle Obergrenze, da die menschliche Wahrnehmung fünf Elemente gut verarbeiten und merken kann. (Einen anschaulichen Beweis dieser wissenschaftlichen Erkenntnis liefert die simple Tatsache, dass das Zählen mit Hilfe von Strichen unübersichtlich wird, sobald man die „magischen" fünf Elemente überschreitet: III oder IIII kann jeder gut wahrnehmen; für IIIIII ist bereits hohe Konzentration notwendig. Das erklärt auch die Tatsache, dass wir beim Zählen jede Gruppe von fünf Strichen zu einem Block zusammenfassen, indem wir den fünften Strich diagonal darüber setzen.)

[10] Vergleiche Hellmut Geissner (1982): Rede in der Öffentlichkeit: Eine Einführung in die Rhetorik

- Der erste Schritt ist die Einleitung, die wir ab Seite 45 kennen gelernt haben. Der Start motiviert die Zuhörer für den Redebeitrag.
- Die Schritte zwei bis vier enthalten die Argumentation, häufig als Pro und Contra, einschließlich einer Begründung. Diese drei Schritte sind der Hauptteil und die eigentliche Besonderheit der fünfteiligen Redebaupläne.
- Der fünfte und letzte Teil ist der Zielsatz. Er macht den Zweck des Vortrages klar. Er enthält beispielsweise eine Aufforderung, einen Appell oder eine abschließende Bewertung.

Man beginnt die Planung der Rede ebenfalls umgekehrt zum geschilderten Sprechablauf. Der Vortragende muss sich zunächst überlegen, was sein Zweck ist und welcher Zielsatz am Ende kommt. Dann folgen die begründenden Argumente in Schritt zwei bis vier. Über den Einstieg entscheidet der Sprecher als Letztes.

Die wichtigsten Baupläne für Reden

In diesem Kapitel sehen Sie die wesentlichen Aufbaumuster für Vorträge und Reden. Bei allen Varianten ist der letzte Teil der Zielsatz, der als Erstes geplant wird. Der erste Schritt dient als Einstieg, er wird als Letzter geplant. Die drei verbleibenden Sätze sind der Mittelteil. Die Beschränkung auf fünf Schritte hat den Vorteil, dass sie zur Beschränkung aufs Wesentliche zwingt, aber genügend Raum für Erklärungen und Beschreibungen lässt.

Tipp: Sie können den Aufbau der Baupläne innerhalb der fünf Schritte variieren. Verinnerlichen Sie die Ideen dieser Baupläne – sie sind sehr wirkungsvoll, aber setzen Sie sich dadurch keine Grenzen beim Entwickeln neuer Ideen.

Reihenförmiger Bauplan

Die drei Denkschritte im Mittelteil stehen nebeneinander. Punkt zwei, drei und vier sind jeder für sich ein Argument, das neben den anderen existiert. Gemeinsam unterstützen sie die Begründung.

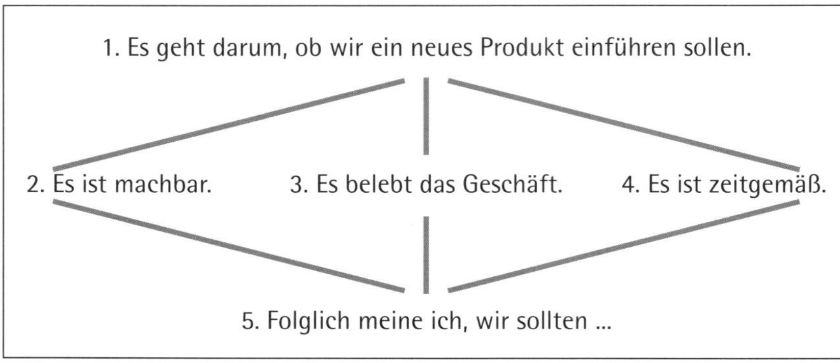

Kettenförmiger Bauplan

Die Denkschritte haben einen strengen logischen Aufbau, die drei Argumentationsschritte im Hauptteil bauen aufeinander auf. Dieser Aufbau wird auch als Argumentationskette bezeichnet.

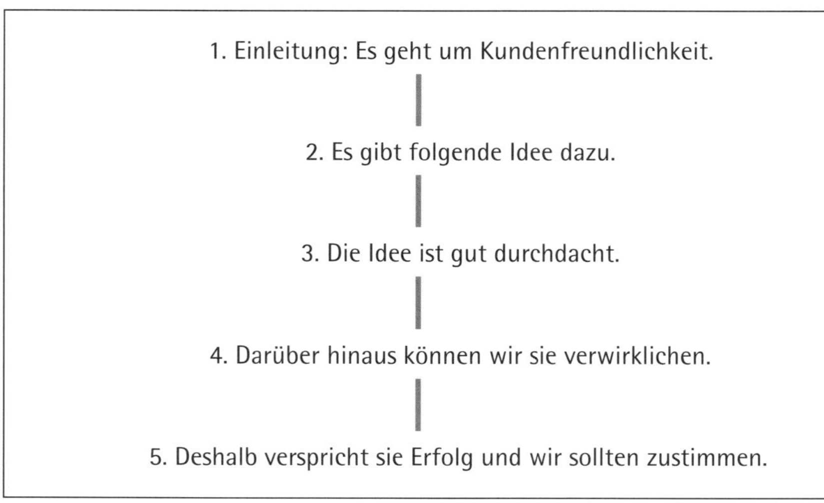

Bauplan eines historisch angelegten Vortrages

Eine Version des vorigen Bauplans ist die chronologische Kette, die sich als Drei-Zeiten-Formel besonders für historisch aufgebaute Vorträge anbietet. Geburtstagsreden, Ehrungen oder Verabschiedungsansprachen lassen sich damit sehr gut konzipieren.

1. Begrüßung und Einleitung
2. Gestern
3. Heute (Zweck des Zusammenseins)
4. Morgen
5. Feierliche Schlussworte

Dialektischer Bauplan

Bei diesem klassischen Bauplan werden These und Antithese aufgestellt, woraus eine höhere Lösung, die Synthese gewonnen wird.

1. Wir suchen heute eine Lösung für die Gewinnrückgänge.
2. Einerseits kann man sparen ...
3. andererseits in neue Produkte investieren.
4. Vergleicht man diese Ansichten, erkennt man eine neue Möglichkeit, die Steigerung der Verkaufszahlen ...
5. Deshalb schlage ich vor, beginnen wir mit gezielter Weiterbildung für unsere Verkaufsmitarbeiter ...

Argumentation auf der Linie der Gegenthese

Bei diesem provokanten Bauplan stellt man seine Gegenposition vor und begründet die Vorteile der eigenen und die Nachteile der anderen Lösung.

1. Manager sagen, Wettbewerbe motivieren.

2. Ich sage: Motivation ist nicht möglich.

3. Denn erstens demotivieren Wettbewerbe jene Mitarbeiter, die nicht gewinnen.

4. Zweitens kann man sich nur selbst motivieren.

5. Deshalb muss die Selbstmotivation gefördert werden.

Rückkehr zur Ausgangsthese

Dieser Bauplan eignet sich besonders, wenn es einen Einwand gibt, der dem Redner bekannt ist. Er bringt diesen Einwand gleich im zweiten Schritt zur Sprache und begründet dann, weshalb die ursprüngliche These die bessere Lösung bietet.

1. Obst ist gesund.
2. Manche halten dagegen, dass es Gärgase entwickelt.
3. Diese Bedenken lassen sich ausräumen, weil Gärgase dem Körper nur beim Schlafen Probleme machen. Man isst Obst daher am besten vor 17 Uhr.
4. Außerdem ist es jedenfalls gesünder Obst zu essen, als darauf zu verzichten, da viele Vitamine und Enzyme positiv wirken.
5. Essen Sie daher tagsüber viel frisches Obst!

Vom Allgemeinen zum Besonderen

Ein Rückschluss vom Allgemeinen auf das Besondere ist ein logischer Schritt, den man auch in den Wissenschaften findet. Dieser Bauplan führt von einer globalen Betrachtung zur detaillierten Auseinandersetzung mit dem Thema. Wenn jemand etwa seine Stromrechnung addiert, wendet er allgemeine Gesetze der Mathematik auf seine konkrete Situation an. Da manche Menschen lieber die großen Zusammenhänge und andere eher die individuellen Details betrachten, können Sie diesen Bauplan verwenden, um beide Menschentypen anzusprechen. Aber auch für das Herstellen eines Zusammenhanges zwischen globalen Entwicklungen und konkreten Auswirkungen ist dies eine geeignete Argumentationslinie.

1. Einleitend das Thema, es geht um unsere Marktchancen.
2. Allgemein leben wir in einer Welt der Globalisierung.
3. Bei jedem Einzelnen von uns bewirkt das ...
4. Folglich sind unsere Marktchancen ...
5. Daher müssen wir neue Ideen entwickeln und den anderen einen Schritt voraus sein!

Vom Besonderen zum Allgemeinen

Das ist die Umkehr der Argumentation des vorigen Bauplanes. Hier wird die Erklärung eines einzelnen Details für Rückschlüsse auf ein größeres Ganzes verwendet. Das Hinaufrechnen einer exakten Beobachtung auf die Allgemeinheit ist ebenfalls eine Denkstruktur, die man in den Wissenschaften findet. Beispielsweise wird bei der Erforschung der Wirkung eines Medikamentes von Einzelbeobachtungen auf eine allgemeine Wirkung geschlossen. In der Rhetorik findet sich dieses Muster in der Verwendung eines Beispiels, einer Metapher oder einer Geschichte wieder.

Tipp: Seien Sie vorsichtig mit einer Beweisführung, die auf Einzelbeispielen aufbaut. Einzelereignisse sind zwar sehr plastisch und anschaulich, stehen aber nicht automatisch für eine Allgemeinheit. Wenn Sie versuchen, etwas mittels Einzelschicksalen zu belegen, was nicht der Realität entspricht, sind Sie leicht widerlegbar und schwächen langfristig die Basis Ihrer eigenen Argumente.

1. Einleitend zu unserem Thema „Kampf dem Hunger" ...

2. ... zeigt dieses Beispiel des hungernden Kindes Maria aus dem Kongo dramatisch, wie wichtig unsere Hilfe ist.

3. Armut ist kein Einzelschicksal, achthundert Millionen Menschen hungern heute auf unserer Erde.

4. Siebzig Prozent davon leben auf dem Land, so auch unsere Maria aus Uganda.

5. Folglich sollten Investitionen in die Infrastruktur im ländlichen Bereich gesteigert werden.

Bauplan einer Überzeugungsrede

Der Bauplan für eine Überzeugungsrede ist in besonderer Form dargestellt. Diese Darstellung zeigt mit Hilfe der Spalte „Ebene", dass wirkliche Überzeugung nur dann gelingt, wenn der Sprecher seine Zuhörer auf deren Ebene emotional abholt, danach sachlich überzeugt und abschließend emotional motiviert.

Ebene	*Schritt*	*Ziel*	*Beispiel*
ZUHÖRER	1. Interesse wecken	Kontakt herstellen, Aufmerksamkeit	Begrüßung, Vorstellung Aufhänger...
ZUHÖRER / SACHE	2. Themen-übersicht	Thema abgrenzen, Überblick geben	Begriffsdefinition, Geschichte, Globales
SACHE	3. die wesentlichen Details	Detailwissen, ohne die Zuhörer zu überfordern	Angereichert mit anschaulichen Beispielen und Geschichten
SACHE / ZUHÖRER	4. Nutzen und Quintessenz	Nutzen für Zuhörer erarbeiten oder erarbeiten lassen	Argumente, Daten, Vorteile, aber auch Nachteile ...
ZUHÖRER	5. Lerntransfer und Motivation	Sachliche und emotionale Verankerung, Identifikation der Zuhörer	Zusammenfassung, Umsetzung in Realität, Beispiel, wie Ähnliches gut lief Beispiel für gute Wirkung, unterhaltsame Merkhilfen

Abbildung 5: Bauplan Überzeugungsrede

Checkliste Konzeption: von der Idee zum Vortrag

Diese Checkliste dient als Hilfe für Ihre effiziente Redeplanung. Gehen Sie bei der Redekonzeption die einzelnen Punkte durch, damit Sie an alles denken.

1. Zielsetzung der Rede, Zielgruppe, Umfeld, Situation
Wer ist mein Publikum? Was hat es für Bedürfnisse? Aktuelle Situation und Umfeld? Was möchte ich mit meiner Rede konkret erreichen? Bei wem und warum? Welchen Aufwand ist es wert?

2. Aufbau der Rede
Wie strukturiere ich meinen Vortrag? Wie soll mein Statement enden, gibt es am Schluss einen Zielsatz? Welche Argumente bringe ich in welcher Reihenfolge? Welche Informationen reiche ich dazu und wann? Wie steige ich ein und wo hole ich meine Zuhörer ab?

3. Visualisierung der Inhalte
Setze ich meine Ideen und Visionen in Bilder um? Wie visualisiere ich Zahlen, Daten und Fakten? Wo abstrahiere ich, wo bleibe ich konkret? Was wird mit welchen Bildern ausgedrückt? Wie setze ich die Bildidee in konkrete visuelle Redehilfsmittel um?

4. Einsatz von Medien und Technik
Welche Hilfsmittel unterstützen meinen Vortrag? Was muss ich technisch vorbereiten? Wie gelingt ein gezielter und behinderungsfreier Einsatz der gewählten Mittel?

5. Der persönliche Auftritt
Vermittle ich Sicherheit und Überzeugung im persönlichen Vortrag? Wie gewinne ich Sicherheit? Was brauche ich zum „Fliegen, um mit meinem Publikum abzuheben“? Wie werden meine Stimme und Körpersprache zu einem Genuss für die Zuhörer?

6. Interaktive Elemente in der Rede
Integriere ich Zweiweg-Kommunikation und Interaktion mit den Zuhörern? Wie bereite ich unberechenbare Teile der Rede (Diskussion, Fragen, Einwände, Widerstände, Störungen) vor?

Formular Redebauplan	
Dieses Formular unterstützt die Konzeption Ihres Redebauplanes. Damit machen Sie aus rhetorischen Ideen einen Ablaufplan.	
Mein Redethema:	
Zweck und Ziel meiner Rede (Schluss):	
Wichtige Gedanken: Haben Zuhörer Vorkenntnisse, die ich mir noch aneignen sollte?	
Welche Fragen könnte das Publikum stellen?	
Welche Erwartungen werden Teilnehmer haben?	
Welche Gegenpositionen könnten Zuhörer beziehen?	
Welcher Bauplan kommt meiner Argumentation entgegen?	
Schritte und Stichworte für die Rede (Planung von unten nach oben – Anfang und Schluss wörtlich notieren!):	
Einstieg	1.
	2.
Hauptteil	3.
	4.
Schluss	5.

Sich selbst vorbereiten

Gute Redner strahlen Selbstvertrauen, Sicherheit und natürliche Autorität aus. Wie machen sie das? Gibt es ein Rezept dafür?

Allgemeinrezepte gibt es in der Persönlichkeitsentwicklung nicht, allenfalls unseriöse. Dennoch können wir an unserer Persönlichkeit arbeiten und unsere natürliche Autorität fördern.

Natürliche Autorität aufbauen

Wir unterscheiden zwischen verliehener und natürlicher Autorität.

- Verliehene Autorität hat jemand, der Einfluss auf andere hat, weil ihm dazu eine Funktion oder Sanktionsgewalt verliehen wurde. Ein Polizist, der jemanden mit überhöhtem Tempo erwischt hat, kann Macht auf ihn ausüben, ohne dass die Person es gutheißt. Die bestrafte Person kann sich heimlich denken, dass der Staatsdiener ein Dummkopf ist und muss sich trotzdem fügen und die Strafe bezahlen.
- Natürliche Autorität hat jemand, der Einfluss auf andere hat, weil diese ihm Autorität zusprechen. Er hat somit ebenfalls Macht, aber nur so lange, wie ihm andere diese Autorität verleihen. Gute Beispiele sind Menschen, denen andere freiwillig folgen, weil sie diese als ihre Anführer wollen: Jesus, Lech Walesa oder Martin Luther King. Aber auch der mit großer Mehrheit demokratisch gewählte Betriebsrat eines Unternehmens. Oder das einfache Teammitglied, dessen Koordinationsangebot die anderen gerne annehmen. Oder der Vortragende, dem die Zuhörer Kompetenz und Glaubwürdigkeit zusprechen.

Verliehene Autorität und natürliche Autorität können alternativ, gleichzeitig oder zeitlich versetzt vorhanden sein.

Warum sich Redner natürliche Autorität wünschen

Das Interesse des Publikums ist nicht selbstverständlich. Der Vortragende muss es erst wecken und sich sein Vertrauen erst durch die eigene Glaubwürdigkeit verdienen. Ein Sprecher kann ausschließlich mit natürlicher Autorität Wirkung erzielen, da es beim Denken zum Glück keine Sanktionsgewalt gibt. Daher ist der Aufbau natürlicher Autorität auch so wichtig. Der Redner, der natürliche Autorität ausstrahlt, kann sein Publikum begeistern, faszinieren, unterhalten, motivieren und überzeugen. Deshalb wünscht sich jeder Vortragende möglichst viel natürliche Autorität.

Natürliche Autorität fördern

Da natürliche Autorität immer von den Zuhörern verliehen wird, ist der Einfluss des Vortragenden beim Aufbau einer solchen Autorität begrenzt. Das Einzige, was der Redner tun kann, ist, den Nährboden für Wachstum natürlicher Autorität zu schaffen. Folgende Punkte helfen dabei.

Tipp: So fördern Sie Ihre natürliche Autorität:

- Behandeln Sie andere gerecht, mit Respekt, ohne Vorurteile und ohne Überheblichkeit.
- Leben Sie vor, was Sie „predigen". Seien Sie Vorbild.
- Seien Sie berechenbar und worttreu.
- Fühlen Sie sich in die anderen hinein und machen Sie diese zu aktiven Mitstreitern. Trauen Sie Ihrem Publikum viel zu und beziehen Sie die Zuhörer, wenn möglich, in Entscheidungen ein.
- Agieren Sie anerkennend und wertschätzend. „Verkaufen" Sie niemanden für dumm.
- Seien Sie kommunikationsbereit und offen für andere. Vermeiden Sie Geheimniskrämerei.
- Wenn Sie eine Entscheidung treffen müssen, tun Sie dies rasch und agieren Sie transparent. Legen Sie offen, warum Sie sich so entschieden haben.

Mit natürlicher Autorität haben Sie beste Vorraussetzungen, Ihr Publikum zu überzeugen. Aber noch so viel Autorität ersetzt das Üben vor der Rede nicht.

Üben, üben, üben

Gute Redner tragen vor, fühlen sich dabei wohl und lieben den Auftritt vor dem Publikum. Wie kommt das? Gibt es Gene, die diesen Menschen ein gutes Gefühl beim Sprechen in die Wiege legen?

Die gute Nachricht: Es gibt keine Gene für gute Gefühle beim Reden. Die schlechte Nachricht: Es gibt keine Gene für gute Gefühle beim Reden – man muss sich selbst vorbereiten, indem man übt, praktische Erfahrungen sammelt und immer wieder Reden hält.

„Learning by doing“ bereichert die Redekunst aller großen Redner. Sprechpraxis ist der einzige Weg, um sich zu verbessern: Praxis vor dem Spiegel, Praxis mit Video, Praxis vor Zuhörern und in Realsituationen.

Tipp: Wenn Sie sich rhetorisch verbessern wollen, dann nutzen Sie jede Gelegenheit zum Üben. Nur durch Redepraxis werden Sie besser vortragen lernen. Praxis ist der beste Lehrer!

Üben Sie jede Rede, bevor Sie sie vor Zuhörern halten. Sie bekommen dadurch

- Sicherheit,
- eine gute Einschätzung der Zeit,
- eine Erinnerungshilfe,
- Anregungen für die Wortwahl,
- Ideen für Betonung und Körpersprache und
- ein Gefühl, ob das ankommt, was Sie sagen wollen.

Sie vermindern damit

- Nervosität,
- Lampenfieber und
- die Unsicherheit, die Rede zum ersten Mal zu halten.

Richtig üben

Der beste Weg zum praxisnahen Üben ist es, wenn Sie die Situation nachempfinden, in der die Rede wirklich stattfinden wird. Die „Bühne“ sollte möglichst genauso angeordnet sein, wie das bei der tatsächlichen Veranstaltung sein wird. Wenn ein Tisch vorhanden ist, sollte die Übung mit Tisch stattfinden oder wenn ein Flipchart im Raum steht, sollte die Redepraxis mit Flipchart stattfinden. Wenn technische Hilfsmittel verwendet werden, dann ist es sinnvoll, beim Üben dieselben Werkzeuge zu verwenden. Damit beugt man Problemen mit der Handhabung vor:

- Wo steht man in welchem Teil der Rede?
- Wann blättert man den Flipchart um? Wie blättert man ihn um?
- Wie geht man mit leeren Stiften um?
- Wann schaltet man Licht ein und Beamer aus?
- Wie schreibt man groß genug?

Um Sicherheit in Körpersprache und Aussprache zu bekommen ist das Aufzeichnen mit einer Videokamera die beste Lösung. Auch das Üben vor dem Spiegel und die Tonaufzeichnung mit Kassettenrekorder sind brauchbare Hilfsmittel beim Training.

Richtiges Üben und gute Redepraxis sind zugleich eine sehr gute mentale Vorbereitung. Die Inhalte werden verinnerlicht und mentale Sicherheit aufgebaut.

Mentale Einstimmung für den Redner

„Mental" heißt aufs Denken bezogen. Unser Denken in Bildern, Wörtern und Tönen beeinflusst unser Handeln und Fühlen. Somit ist mentale Kraft eine geeignete Hilfe für jeden Redner. Eine gute mentale Einstimmung vermindert Lampenfieber und fördert selbstbewusstes Auftreten.

> „Unser Leben ist das, wozu es unsere Gedanken machen."
>
> (Marc Aurel)

Mentale Kraft gewinnt man durch Praxis und durch bewusstes Formulieren von positiven Selbstgesprächen und Vorstellungen.

Mentale Vorstellung stützt sich auf folgenden Grundsatz:

Jede Vorstellung verwirklicht sich, wenn es real möglich ist.

Tipp: Stellen Sie sich positive Dinge vor und formulieren Sie optimistische Selbstgespräche, um Ihren Redeerfolg mental zu programmieren.

Ein mentales Leistungsexperiment

Im Leistungssport hat der Amerikaner James Loehr[11], der viele Jahre erfolgreich Spitzensportler trainierte, eine interessante Untersuchung durchgeführt. Er erforschte Leistung bei Sportlern und entdeckte in seiner Studie folgende Zustände:

Hohe Energie:
- Positive hohe Energie: Freude und Begeisterung
- Negative hohe Energie: Druck und Angst

Geringe Energie:
- Positive geringe Energie: Gelassenheit und Heiterkeit
- Negative geringe Energie: Langeweile und Lustlosigkeit

Die Studie ergab folgendes Ergebnis: Leistung erfordert Energie. Negative Energie ist besser als gar keine. Die beste Leistung mit hoher negativer Energie lag allerdings nur bei sechzig Prozent des Leistungspotenzials eines Athleten. Unter Druck und Angst ist somit nur eine Leistung etwas über der Hälfte des Erreichbaren möglich.

Erkenntnisse für Vortragende:
1. Hohe positive Energie mit Freude und Begeisterung ist der anstrebenswerte Zustand auf dem Weg zum Erfolg als Redner!
2. Hohe positive Energie mit Freude und Begeisterung ist auch der beste Zustand des Publikums.

Tipp: Bringen Sie sich und Ihr Publikum in den Zustand hoher positiver Energie. Mit Freude und Begeisterung ermöglichen Sie maximale Leistungen!

Wie kann man sich in diesen Zustand versetzen? Hier sind die wichtigsten Möglichkeiten der mentalen Einstimmung zusammengefasst.

---

[11] Vergleiche James Loehr in Bertold Ulsamer (1994): NLP in Seminaren

Mentale Einstimmung

- Wenn Sie sich vorstellen, wie Sie die Rede bereits erfolgreich vor Ihren Zuhörer halten, erleichtern Sie sich die tatsächliche Aktion. Stellen Sie sich vor, wie Sie die Rede bereits exzellent vorgetragen haben. Schließen Sie die Augen. Sehen, hören und fühlen Sie, dass Sie viel Selbstvertrauen und natürliche Autorität ausstrahlen. Sie erkennen klar, was die Erfolgsfaktoren sind und wie Sie solche Reden bestens halten können.
- Denken Sie – knapp bevor Sie die Rede beginnen – an eine Situation, in der Sie sich sehr selbstbewusst und kompetent gefühlt haben. Nehmen Sie diese bildhafte Vorstellung und alle ihre Energie spendenden Gefühle mit in Ihren Vortrag.
- Legen Sie sich positive Selbstgespräche zurecht, die Sie mental stärken.
- Gehen Sie die folgende mentale Checkliste durch.

Mentale Checkliste

Verinnerlichen Sie diese Checkliste und gehen Sie sie kurz vor jeder Rede noch einmal durch.

- Technik, Medien überprüft, Manuskript vorbereitet.
- Mein Äußeres, Kleidung, ... ist okay.
- Ich habe eine Absicht/ein Ziel/einen Plan.
- Ich suche den Blickkontakt mit dem gesamten Publikum.
- Ich sorge dafür, dass es mir gut geht.
- Ich habe eine aufrechte Haltung und einen sicheren Stand.
- Ich atme bewusst!
- *Ich spreche mit voller Stimme aus Brust und Bauch – Ich habe etwas zu sagen und ich will jetzt sprechen!*

Trainingslektionen

Mit den Trainingslektionen üben Sie Reden in praxisnahen Situationen. Jede Aufgabe hat einen Schwerpunkt, der ein rhetorisches Werkzeug lehrt und zu der speziellen Redesituation passt. Im Anschluss finden Sie je eine Musterlösung mit Erklärungen und Informationen zu den Trainingsschwerpunkten.

Die größten Fortschritte machen Sie, wenn Sie die folgende Reihenfolge einhalten:

1. Die Trainingsaufgabe lösen.
2. Ihre Lösung mit den Aufarbeitungsfragen reflektieren.
3. Anregungen aus der Musterlösung einbeziehen.
4. Inhalte und Übungen zum Trainingsschwerpunkt durchführen.

Die einzelnen Trainings werden zunehmend anspruchsvoller. Deshalb ist es vorteilhaft, wenn Sie der hier vorgegebenen Reihenfolge folgen.

Wollen Sie nur bestimmte Inhalte auswählen und trainieren, spricht aber nichts dagegen, beliebige Stellen des Trainingsteiles herauszugreifen. Das ist speziell für fortgeschrittene Redner sinnvoll.

Training 1

Der Redestart: So beginnen Sie schon wirkungsvoll

Trainingsschwerpunkt: *Bewusste Wortwahl – Abholen und Führen beim Redestart.*
Ihre Zuhörer: *Fünfzehn bis dreißig unterschiedliche Personen.*
Situation: *Sechs universelle Situationen, die im Folgenden beschrieben werden.*
Ziel: *Finden Sie Eröffnungsworte nach dem Muster Abholen – Führen.*

Schwerpunkt: Sprachlich Abholen – Führen/Zauberei mit Worten
Rhetorische Meister verstehen es, Sprache besonders effizient einzusetzen, sodass sie andere mit magisch anmutender Leichtigkeit abholen und führen. Eine Untersuchung dieser exzellenten Redner bringt ein Muster ans Tageslicht und macht es für jedermann erlernbar.

Um die Zuhörer mit Ihren Worten abzuholen, sagen Sie etwas, was momentan sicher für alle Zuhörer stimmt:

„Während Sie bereits sitzen ...“

Verbinden Sie diesen Satz mit einem weiteren, der Ihr Publikum sachte in die Richtung führt, in die Sie das Denken der Zuhörer steuern wollen:

„... können Sie sich schon darauf freuen, was Sie hier erfahren werden!“

Probieren Sie das gleich in dieser Trainingseinheit aus!
Nun praktizieren Sie sprachliches „Abholen und Führen“ an Beispielen aus der Praxis. Finden Sie für folgende Situationen geeignete Worte nach obigem Muster.

1. Einige Teilnehmer sind noch nicht im Saal. Beginnen Sie dennoch Ihren Vortrag und führen Sie dazu hin, wie wichtig Ihnen Pünktlichkeit ist.

Ihre Worte für das Abholen:

____

Ihre sprachliche Führung:

____

2. Die meisten Zuhörer blicken bereits nach vorne, führen Sie dazu hin, dass Sie sich über ihr Interesse freuen.

   Ihre Worte für das Abholen:

   ____

   Ihre sprachliche Führung:

   ____

3. Der Vortrag findet an einem sonnigen Tag statt, führen Sie dazu hin, dass Sie über etwas Schönes sprechen werden.

   Ihre Worte für das Abholen:

   ____

   Ihre sprachliche Führung:

   ____

4. Es könnte sein, dass einige Zuhörer den Zweck ihrer Anwesenheit in Frage stellen. Führen Sie dazu hin, dass es gut ist, nichts ungefragt zu übernehmen.

   Ihre Worte für das Abholen:

   ____

Ihre sprachliche Führung:

5. Das Publikum ist kritisch gegenüber der Firmenleitung eingestellt. Laden Sie es dazu ein, konstruktiv eine Verbesserung einzuleiten.

   Ihre Worte für das Abholen:

   Ihre sprachliche Führung:

6. Abschließend eine vielfältig einsetzbare Formulierung, bei der Sie das Publikum vom Zuhören dazu hinleiten, dass das Thema für den Beruf wichtig ist.

   Ihre Worte für das Abholen:

   Ihre sprachliche Führung:

Musterlösung:

Links finden Sie den Lösungsvorschlag. In der rechten Spalte finden Sie Erklärungen zu Wirkung und Variationsmöglichkeiten. Überlegen Sie in jeder Phase der Musterlösung, wie sie Ihre Lösung bereichert. Lenken Sie Ihren Fokus des Weiteren auf das, was bei Ihrer Lösung positiv und gelungen ist! Entwickeln Sie Spaß am Gestalten verschiedener Möglichkeiten!

1. Einige Teilnehmer sind noch nicht im Saal, Sie beginnen den Vortrag: „Obwohl wir noch nicht vollzählig sind, erlaube ich mir zu beginnen ... ... und daran können Sie bereits erkennen, dass mir gutes Zeitmanagement wichtig ist."	Der erste Teil des Satzes holt ab und beschreibt das, was tatsächlich zutrifft. Der zweite Teil führt zu einer Aussage, die den Zuhörern vermittelt, dass dem Redner pünktliches Erscheinen wichtig ist und signalisiert, dass auf Personen, die zu spät kommen, nicht gewartet wird.
2. Wenn bereits die meisten Zuhörer nach vorne blicken: „Mir fällt auf, Sie sehen bereits gespannt nach vorne ... ... und es freut mich, dass Sie diesem Thema so viel Interesse entgegenbringen."	Zu Beginn wird mit einer Beschreibung abgeholt, die für jeden beobachtbar ist. In Folge wird dies mit Interesse gleichgesetzt und Freude darüber kundgetan. Ein positiver Anfang, der Interesse weckt! Wenn alle nach vorne blicken, ist dieser Beginn universell einsetzbar. Falls nicht, sagen Sie: „Während einige noch Ihre Schreibutensilien zurechtlegen ... ... und uns damit ihr Interesse signalisieren, darf ich – meine Damen und Herren – mit meinen Ausführungen beginnen."
3. Der Vortrag findet an einem sonnigen Tag statt: „Während wir im angenehmen Schatten sitzen und die Sonne einen weiteren wunderbaren Tag ankündigt, ... darf ich über etwas sprechen, das sehr gut zu dem schönen Wetter passt."	Abgeholt wird damit, dass die Sonne scheint. Geführt wird zu einer Verknüpfung des schönen Wetters mit einem erfreulichen Thema. Diese Worte sorgen für sonnige Gemüter.

4. Es könnte sein, dass einige Anwesende sich fragen, warum sie hier sind: „Möglicherweise fragen Sie sich, warum Sie hier sitzen, ... und es ist gut, wenn Sie sich das fragen, denn Sie sollten nichts ungefragt übernehmen ..."	Hier das Abholen mit einer Frage, die bei dieser Zuhörergruppe nahe liegt. Danach wird dieser Zweifel positiv umgedeutet und es wird gewürdigt, wenn jemand etwas kritisch hinterfragt.
5. Das Publikum ist kritisch gegenüber der Firmenleitung eingestellt: „Möglicherweise kritisieren einige von Ihnen die Vorgehensweise der Firmenleitung, ... und weil Kritik, die konstruktiv eingebracht wird, Basis für Verbesserungen ist, möchte ich dazu einladen, dass wir ..."	Der erste Teil des Einstiegs spricht eine latent vorhandene Kritik an. Der zweite Teil zeigt „Kritik" in einem nützlichen Licht und führt zu der Einladung, konstruktiv mitzumachen.
6. Vielfältig einsetzbar: „Während Sie meine Stimme vernehmen, ... wird Ihnen vielleicht schon klar, dass dieses Thema auch für Ihren Beruf wesentlich ist."	Wenn ein Redner spricht, ist das Hören der Stimme etwas, was grundsätzlich korrekt ist. Daher ist dies zum Abholen sehr universell einsetzbar. Im folgenden Schritt wird von dieser Tatsache zum Beruf der Teilnehmer geführt.

Reflexion und Aufarbeitung

Nehmen Sie sich Zeit, Ihre Einstiegsworte aufzuarbeiten. Reflexion bringt Kenntnis über Stärken und Schwächen der eigenen Leistung und ist somit ein wichtiger Schritt für persönliches Wachstum.

Betrachten Sie Ihre Lösung und beantworten Sie folgende Fragen:

<table>
<tr><td></td><td>Wie gelang mir das Abholen mit meinen Worten?</td><td>Wie habe ich mit meinen Worten geführt?</td></tr>
<tr><td>Was gefällt mir an meiner Lösung?</td><td></td><td></td></tr>
<tr><td colspan="3">Damit Sie Freude am Reden entwickeln, ist es wichtig, eigene Stärken zu kennen und zu dem zu stehen, was Sie an sich selbst mögen – bitte keine falsche Bescheidenheit!</td></tr>
<tr><td>Woran will ich noch arbeiten, um mich zu verbessern?</td><td></td><td></td></tr>
<tr><td colspan="3">Damit Sie echte Verbesserungen erzielen, definieren Sie konkret, woran Sie noch arbeiten wollen. Überlegen Sie, welcher Teilschritt der nächste sein muss.</td></tr>
<tr><td colspan="3">Wie ging es mir mit dem Trainingsschwerpunkt „Abholen – Führen"?</td></tr>
<tr><td colspan="3">Mir gefällt an diesem Muster:</td></tr>
<tr><td colspan="3">Ich habe dazu folgende Fragen:</td></tr>
</table>

Bewusste Wortwahl mit Hilfe der Kriterien von „Abholen und Führen" ist ein nützliches Sprachwerkzeug für den Redestart, aber auch für andere Teile eines Vortrages. Wenn Sie Antworten auf Ihre Fragen finden und Ihr Abholen – Führen vertiefen wollen, dann lesen Sie auf den nächsten Seiten mehr zu diesem Trainingsschwerpunkt.

Abholen – Führen

Der Kommunikationsschritt „Abholen – Führen" ist eine Sequenz, die oft unbewusst läuft. Wenn Sie mit ihrem Gegenüber guten Kontakt haben, wird es Ihnen folgen – und umgekehrt. Will ein Redner dies bewusst nutzen, um seine Zuhörer zu begleiten, muss er sie vorher in ihrer Welt abholen.

In der Welt der Zuhörer

Das sprachliche Muster „Abholen – Führen" ist eine einfache und nützliche Form, mit der man Zuhörern in deren Welt, ihrem ganz persönlichen Lebenszusammenhang also, begegnen und sie dort abholen kann.

Tipp: Die Zuhörer werden sich von Ihnen leiten lassen, wenn Sie sie in ihrer Welt abholen und die Dinge mit ihren Augen sehen.

Jedem Menschen tut es gut, in seiner Welt verstanden zu werden, denn das ist die Wirklichkeit, in der er sich auskennt und sich zu Hause fühlt. Gegenseitiges Verständnis und Austausch mit jemand anderem, der sich in der gleichen Welt aufhält, fallen leicht. Wenn der Vortragende in dieser Realität agiert, wird er auch verstanden werden.

In der Kommunikation erfolgt diese Suche nach der gemeinsamen Welt unbewusst und automatisch. Menschen suchen nach Gemeinsamkeiten in Herkunft, Bildung, Beruf, Familie, Hobbys oder politischer Einstellung und finden sich in beiden bekannten Welten, über die man gerne und gut redet. Oder sie finden keine Gemeinsamkeiten und haben sich wenig zu sagen.

Tipp: Sie leben ebenfalls in Ihrer eigenen Wirklichkeit und haben Ihr Modell der Realität. Dieses Weltbild beeinflusst Ihre Art zu denken, handeln, fühlen und kommt in dem, WAS Sie sagen und WIE Sie mit Ihren Zuhörern reden, zutage! Alles, was Sie sagen, sagt viel über Sie selbst aus.

Als Vortragender sollten Sie Ihre eigene Wirklichkeit kennen und sich bewusst in die Welt Ihrer Zuhörer einfühlen, um sie besser zu verstehen und besser begleiten zu können.

Abholen kann man nicht nur mit Worten. Alles, was eine Angleichung an die Ebene der Zuhörer ist, öffnet die Türen zu deren Wirklichkeit. Holen Sie Ihr Publikum ab, indem Sie

- Tempo und Rhythmus Ihres Vortrages anpassen,
- Ihre Wortwahl auf die Zuhörer abstimmen,
- die richtige Kleidung wählen,
- mit Körpersprache und Stimme dem Publikum näher kommen,
- Einstellung, Werte und Bewertungen, aber auch Befürchtungen und Konflikte kennen,
- Ziele der Zuhörer erkennen.

Sprachliche Leadership

Wenn Sie Ihre Zuhörer abgeholt haben und eine gute Verbindung aufgebaut ist, können Sie beginnen, sie zu führen und die sprachliche „Leadership“, die Führung zu übernehmen. Wichtig: Vor jedem weiteren Führungsschritt müssen Sie überprüfen, ob Sie noch in der Welt der Teilnehmer sind und diese gegebenenfalls erneut abholen. Andernfalls geht Ihre sprachliche Leadership verloren. Bei einem großen Publikum stellt das permanente Abholen sicher, dass Sie mit möglichst vielen Zuhörern Kontakt halten. Das Abholen steht immer vor dem Führen!

Vage Sprache

Allgemeine Formulierungen haben den Nachteil, dass sie sehr unspezifisch sind. Dennoch setzen gute Redner vage Sprache beim Abholen bewusst ein. Setzen Sie unspezifische Wortwahl dann ein, wenn kein Anhaltspunkt vorhanden ist, was in den Zuhörern vorgeht, beispielsweise in der Anfangsphase vor einem unbekannten Publikum.

Tipp: Übertreiben Sie die vage Sprache nicht und bringen Sie im Anschluss ausreichend klare und verständliche Inhalte. Aufgrund der vagen Worte würde man sonst nicht wissen, woran man ist und Ihnen vorwerfen, wie ein Politiker zu agieren - viel zu reden und nichts zu sagen.

Manipulation

Jedes Wissen kann unterschiedlich eingesetzt werden und es liegt an Ihnen, Ihr Know-how der Zielgruppe angemessen zu vermitteln. Es liegt ja auch in Ihrer Hand, ein Messer für nützliche Dinge anstatt für Verbrechen zu verwenden.

Vorsicht – die Erste: Wenn Sie das Modell Abholen – Führen oder andere psychologische Modelle verwenden, um Menschen zu ihrem Nachteil zu manipulieren, wird das früher oder später durchschaut und führt zu Vertrauens- und Autoritätsverlust.

Vorsicht – die Zweite: Wenn Sie Abholen – Führen nur als Technik verstehen, um selbst daraus Vorteile zu ziehen, wird dies nicht funktionieren. Wenn Sie als Redner an den Menschen und ihren inneren Prozessen kein wirkliches Interesse haben, wird das Abholen oberflächlich und unecht wirken. Menschen spüren bei unehrlichem Vorgehen sehr schnell, dass etwas nicht stimmt, da das Verhalten nicht authentisch ist.

Muttertagsrede: So halten Sie eine Kurzrede im Familienkreis

Training 2

Trainingsschwerpunkt: *Vor- und Nachteile von freier und manuskriptgestützter Rede erkennen. Sich darüber im Klaren sein, wie Entschuldigungen wirken.*
Ihre Zuhörer: *Acht bis fünfzehn Personen der engsten Familie.*
Situation: *Die Familie feiert Muttertag in einem nahe gelegenen Landgasthof im Grünen.*
Ziel: *Feierliche Kundgabe positiver Gefühle für die Mütter.*

Fragen zur Redeplanung:
Beantworten Sie folgende Fragen und erleben Sie, mit welcher spielerischen Leichtigkeit die damit verbundenen Überlegungen zu einer Kurzrede führen.

- Welche Erwartungen haben die Zuhörer?
- Wie will ich meine Rede beenden? (Wie immer planen Sie den Schluss zuerst.)
- Welche Punkte bringe ich im Hauptteil zwischen Einleitung und Schluss?
- Womit beginne ich – welcher Einstieg weckt das Interesse der Anwesenden?
- Wie spreche ich meine Zuhörer an – wie stelle ich Kontakt her?
- Welche anreichernden Zusätze (Zitate, Vergleiche, Bilder, ...) sollen meine Worte unterstreichen?

Bausteine und Ideen:
- Vergessen Sie nicht, dass meist mehrere Mütter anwesend sind.
- Kinder können hier eine Hauptrolle übernehmen, indem sie ein Gedicht vortragen.

Entwickeln Sie bitte jetzt Ihren Aufbau.
Bereiten Sie eine Kurzrede für die Muttertagsfeier vor. Trainieren Sie die fertige Rede mit und ohne Manuskript vor dem Spiegel.

Musterlösung:

Bei der Musterlösung sind neun Familienmitglieder anwesend. Der Redner ist der Mann von Maria, die beiden Kinder im Vorschulalter sind ebenfalls anwesend. Des Weiteren sind die beiden Großmütter und Marias Schwester mit ihrem zehnjährigen Sohn dabei.

Links finden Sie den Lösungsvorschlag, rechts Erklärungen zu Wirkung und Variationsmöglichkeiten. Lenken Sie Ihre Aufmerksamkeit auch darauf, was Ihnen besonders leicht fällt und Spaß macht.

Liebe Mütter, liebe Familie! Es freut mich, dass wir heute alle hier sind.	Der Redner spricht alle Mütter an. Das ist eine elegante Möglichkeit, wenn die Entscheidung, wen man zuerst ansprechen soll, schwer fällt.
Für mich ist der Muttertag die schönste Familienfeier, denn es geht um die Person, die uns das Leben geschenkt hat.	Die Aufmerksamkeit wird auf die Einzigartigkeit der Mütter gelenkt. Sieht Ihr Einstieg ähnlich aus? Sehr gut!
Liebe Mütter, ihr habt euren Kindern als erste Menschen Liebe gegeben und sie auf das Leben vorbereitet. Als Symbol unserer Liebe dürfen wir euch dafür diese schönen Blumen überreichen.	Die besondere Beziehung zwischen Mutter und Kind wird thematisiert. Besonderheit: Die Blumen werden in die Rede eingebaut und bekommen als Symbol der Liebe einen besonderen Stellenwert. Das ist eine sehr schöne Möglichkeit, Blumen nicht nur zu überreichen, sondern mehr daraus zu machen.

Liebe Maria, unsere beiden Kinder haben etwas für dich vorbereitet. (Die Kinder, im Chor oder abwechselnd): „Ich seh´ die andern all, die bringen ihre Gaben. Du musst auf jeden Fall von mir auch etwas haben: Streck aus die Arme weit! Jetzt werf´ ich mich hinein. Mich selbst! Ich bin ja dein.“[12] (Der Mann setzt fort): Danke, Kinder, das war sehr gut und damit habt ihr eurer Mami gezeigt, dass ihr sie sehr lieb habt. Maria, du bist unser Stolz und bist immer für uns da. Wir danken dir und wir wollen diese Gelegenheit nutzen, um allen Müttern an diesem Tisch zu danken, dass sie Liebe, Vertrauen, Geborgenheit und Glück in unsere Runde brachten und bringen.	Ein Muttertagsgdicht der Kinder stellt im Hauptteil den Höhepunkt dar.
Wir wünschen euch das Allerbeste zum Muttertag und ein gesundes und erfülltes Leben!	Es folgen Muttertagsglückwünsche, die festlich ausgesprochen werden.
Danke	Wie haben Sie den Schluss gelöst? Konnten Sie einerseits Anregungen gewinnen und andererseits Ihre eigenen Stärken identifizieren?

12 Friedrich Güll (1836): Kinderheimath in Liedern und Bildern

Reflexion und Aufarbeitung

Nehmen Sie sich Zeit, Ihre Rede aufzuarbeiten. So erkennen Sie Stärken und Schwächen der eigenen Leistung, ein wichtiger Schritt für Weiterentwicklung.

Betrachten Sie Ihre Lösung und beantworten Sie folgende Fragen:

<table>
<tr><td></td><td>Wie habe ich das Ziel erreicht?</td><td>Wie konnte ich die Zuhörer abholen?</td><td>Wie habe ich die Situation berücksichtigt?</td></tr>
<tr><td>Was gefällt mir an meiner Lösung?</td><td></td><td></td><td></td></tr>
<tr><td colspan="4">Damit Sie Freude am Reden entwickeln, ist es wichtig, eigene Stärken zu kennen und zu dem zu stehen, was Sie an sich selbst mögen – bitte keine falsche Bescheidenheit!</td></tr>
<tr><td>Woran will ich noch arbeiten, um mich zu verbessern?</td><td></td><td></td><td></td></tr>
<tr><td colspan="4">Damit Sie echte Verbesserungen erzielen, definieren Sie konkret, woran Sie noch arbeiten wollen. Überlegen Sie, welcher Teilschritt der nächste sein muss.</td></tr>
</table>

Wie ging es mir mit den Trainingsschwerpunkten?
Vor- und Nachteile des freien Vortrages:
Vor- und Nachteile der manuskriptgestützten Rede:
Diese Wirkung hat ein Redner, der sich entschuldigt:

Damit Sie sich in diesen Trainingsschwerpunkten noch verbessern können, arbeiten Sie folgende Informationen durch und bereichern Sie damit Ihre Erkenntnisse.

Frei sprechen oder Notizen verwenden?

Frei sprechen oder ein Manuskript verwenden: In erster Linie muss man diese Frage für sich selbst klären. Fällt einem der freie Vortrag leicht? Ist man ein Talent im Sprechdenken?[13]

Eine gut frei vorgetragene Rede wird von Zuhörern generell sehr hoch bewertet. Bei besonderen Gelegenheiten, wie der Eröffnung einer UNO-Konferenz oder der Neujahrsansprache des Bundeskanzlers wird die manuskriptgestützte Rede höher bewertet. In diesen Fällen ist nicht die Lebendigkeit des Vortrages von Bedeutung, sondern das Signal der Wichtigkeit, das durch das Manuskript ausgestrahlt wird.

Die freie Rede

Die freie Rede ist jene Form eines Vortrages, wo der Redner seine Gedanken frei und spontan formuliert. Der Sprecher hat einen roten Faden und formuliert nach zuvor gegliederten Schritten.

Der freie Redner
- unterstützt seine Glaubwürdigkeit,
- strahlt Sicherheit aus und
- wirkt eloquent.

Tipp: Wenn Sie frei reden wollen, überlegen Sie vorher genau, was Sie sagen möchten und in welcher Reihenfolge Sie vorgehen. Schreiben Sie Stichworte auf Karteikarten, die Ihnen während des Vortrages helfen, den Aufbau einzuhalten und nichts zu vergessen.

Stichwortkarten

Stichworte auf Kartonkarten sind eine sehr sinnvolle Hilfe, um eine freie Rede verständlich durchzuführen. Es kommt vor, dass vorbereitete Karten während des Vortrages nicht verwendet werden. Dennoch haben sie eine wichtige Funktion: Die Stichworte auf den Kärtchen geben dem Redner Sicherheit, denn sie wären vorhanden gewesen, hätte er den Faden verloren.

[13] Sprechdenken ist lautes Denken, das durch die Sprache für andere übersetzt wird. Sinnvolle Gedankeneinheiten werden vorausblickend gegliedert und als sprachliche Einheiten verbalisiert.

Manuskriptgestützte Rede

Ein Vortrag nach Manuskript darf niemals mit Vorlesen des Schriftstückes verwechselt werden. Ein Redner, der nichts weiter bietet als das Herunterlesen von einem Zettel zerstört den schönsten Aufbau. Wenn jemand Wort für Wort vorliest, wird das Publikum zu Recht die Meinung haben, dass es dafür nicht hätte kommen müssen – der Vortragende hätte die Information genauso gut per E-Mail versenden können.

Außerdem drängt sich hier die Frage auf, ob der „Vorleser" die heruntergelesenen Worte selbst verfasst hat – oder wessen Worte das wohl sind.

Genau das ist auch die Herausforderung bei der Rede nach Manuskript – der Redner muss Übung darin haben, den Blickkontakt mit den Zuhörern zu wahren.

Vorteile der Rede mit Manuskript
In einem Manuskript können Sie Fakten und Zahlen genau festhalten, das ist beispielsweise für Pressekonferenzen von Vorteil. Manuskripte kann man von anderen Personen vorbereiten lassen, was ab einer gewissen Hierarchiestufe in Politik und Wirtschaft durchweg üblich ist.

Wichtig bei Redemanuskripten ist, dass der Text vollständig ausformuliert ist, sodass er beim Vortrag den exakten Wortlaut des Redners wiedergibt. Der sollte den Text am PC oder auf dem Papier mit Leuchtstift so markieren, dass er mit einem Blick den nächsten wichtigen Begriff findet.

Entschuldigungen des Redners

Erstaunlich viele routinierte Redner entschuldigen sich zu Beginn oder während ihres Vortrages. Gehören Sie auch dazu? Haben Sie sich schon einmal gefragt, wie das auf das Publikum wirkt?

Entschuldigungen für unzureichende Vorbereitung

Eine Kategorie, die man nicht selten hört, sind Entschuldigungen für etwas, das bei besserer Vorbereitung nicht passiert wäre.

- „Entschuldigen Sie, dass die Daten nicht auf dem letzten Stand sind."
- „Entschuldigen Sie, aber diesen Aspekt habe ich nicht vorbereitet."
- „Entschuldigen Sie, dass ich mich verspätet habe."
- „Entschuldigen Sie, dass diese Folie zu klein geschrieben ist."

Bei einer sorgfältigen Vorbereitung wären all diese Entschuldigungen überflüssig gewesen! Muss man sich als Sprecher für Verspätungen, unaktuelle Daten oder schlechte Folien entschuldigen, wirkt das nicht hundertprozentig professionell. Speziell zu Beginn der Veranstaltung stimmt dieser erste Eindruck das Publikum negativ ein.

Mit einer Entschuldigung macht man sich tendenziell kleiner. Was in vielen Situationen wichtig und richtig sein mag, bedeutet für einen Vortragenden eine Autoritätseinbuße: Ein Redner ist in der „übergeordneten" Rolle, den anderen etwas vermitteln zu können. Vorbereitungsmängel sabotieren dabei eindeutig seine Glaubwürdigkeit.

Tipp: Entschuldigungen für Vorbereitungsmängel sind nicht nötig und wirken unprofessionell. Nehmen Sie sich Zeit, Ihren Vortrag gut vorzubereiten, das ist den investierten Aufwand allemal wert!

Verstehen Sie das bitte nicht falsch: Es ist kein Fehler, sich zu entschuldigen und es ist in vielen Situationen ein Gebot der Höflichkeit, dies auch zu tun. Es kommt allerdings nicht gut an, wenn Sie sich als Redner für etwas entschuldigen, das Ihre schlechte Vorbereitung unterstreicht, denn schlechte Vorbereitung wird mit mangelnder Wertschätzung des Publikums gleichgesetzt.

Sympathieentschuldigungen

Ein anderer Persönlichkeitstyp versucht sich mit Entschuldigungen kleiner zu machen, um sympathischer anzukommen oder nach Komplimenten zu fischen. Das mag im täglichen Leben funktionieren, als Redner bringt es eine Position, die unangenehm ist: Der rollenbedingte Autoritätsvorschuss des Publikums geht durch die Sympathieentschuldigung verloren.

- „Entschuldigen Sie, dass ich noch sehr unerfahren bin."
- „Entschuldigen Sie, ich habe noch nicht viele Vorträge gehalten."
- „Entschuldigen Sie meine Nervosität."

Die Redner aus diesen Beispielen machen sich vorweg klein. Wenn der Vortrag gut läuft, hätte niemand die Nervosität oder Unerfahrenheit bemerkt, aber da es gesagt wurde, weiß es natürlich jeder – und alle schauen kritischer hin.

Es stellt sich die Frage, ob dieses „Kleinmachen" nicht kontraproduktiv ist und die Aufmerksamkeit auf etwas lenkt, was nicht wichtig ist. Darüber hinaus liefert es unnötigerweise Argumente für eventuell vorhandene Kritiker.

Andererseits kann es für einen Redner, der sehr angespannt ist, unglaublich befreiend sein, die Flucht nach vorne anzutreten und seine Nervosität anzusprechen – auch dies ist ein Zeichen persönlicher Stärke. Wenn Sie als Redner zu dieser Gruppe gehören, dann achten Sie darauf, dass das Ansprechen mit der Stimme und Körpersprache einer starken Persönlichkeit geschieht.

Tipp: Stellen Sie sich die Frage, ob die Vorwegnahme einer geringen Erfahrung nicht kontraproduktiv ist.
Wenn Sie mit dem Ansprechen dieser Schwäche Kraft schöpfen, sprechen Sie im Einzelfall (!) Ihre Nervosität oder Unerfahrenheit an – mit der Einstellung, dass das Kundtun einer Schwäche eine Stärke ist. Vermeiden Sie aber wiederholtes Entschuldigen!

Geburtstagsrede: So finden Sie feierliche Worte für den familiären Kreis

Training 3

Trainingsschwerpunkt: *Zitate gelungen in eine Rede einbauen.*
Ihre Zuhörer: *Fünfzehn bis zwanzig Personen des engsten Familienkreises.*
Situation: *Ein erwachsenes Familienmitglied feiert einen runden Geburtstag in einem Lokal (für die realistische Planung Ihrer Kurzrede definieren Sie bitte Person und erreichtes Alter).*
Ziel: *Feierliche Kundgabe positiver Gefühle für das Geburtstagskind.*

Fragen zur Redeplanung:
Folgende Fragen beflügeln die Planung Ihrer Geburtstagsrede und vereinfachen die Vorbereitung. Entdecken Sie, wie man mit Spaß rhetorische Meisterleistungen vollbringt.

- Was erwarten Zuhörer bei einer Geburtstagsfeier?
- Wie komme ich zu einem starken Schluss? (Es empfiehlt sich wiederum, den Schluss zuerst zu planen.)
- Welche Punkte (maximal drei) bringe ich im Hauptteil?
- Womit beginne ich – welcher Einstieg weckt das Interesse der Anwesenden?
- Wie spreche ich meine Zuhörer an – wie stelle ich Kontakt her?
- Muss ich bestimmte Reaktionen des Publikums erwarten?
- Welches Zitat passt zu meinen Worten?

Bausteine und Ideen:
- Manche Menschen werden nicht gerne älter. Es gibt die charmante Möglichkeit, das Alter in einem Rahmen zu beschreiben, der etwas Positives bedeutet. „Unser Geburtstagskind ist ein Jahrgang, der von Kennern als ‚Tropfen höchster Qualität' geliebt wird ...". Oder: „Ab jetzt wirst du nicht mehr älter, sondern nur mehr besser!".
- Ein gemeinsames Geschenk ist ein guter Anlass für eine Geburtstagsrede. Die feierlichen Worte können direkt oder indirekt Hinweise auf das Geschenk geben.

- Zitat zum Thema: „Vergangenheit ist Geschichte, Zukunft ist Geheimnis, und jeder Augenblick ein Geschenk." (Ina Deter, deutsche Sängerin zu ihrem fünfzigsten Geburtstag).

Entwickeln Sie bitte jetzt Ihren Aufbau.
Entwerfen Sie die Geburtstagsansprache und bauen Sie ein Zitat gewinnbringend ein. Halten Sie Ihr Konzept schriftlich fest.

Musterlösung:

Bei der Musterlösung feiert Susanne ihren vierzigsten Geburtstag. Es sind neun Verwandte und acht gute Freunde anwesend. Das Fest findet in einem Restaurant mit gutbürgerlicher Küche statt. Der Redner ist der Bruder von Susanne. Er spricht stellvertretend für einige Familienmitglieder, die gemeinsam ein Geschenk überreichen. Das Geschenk ist ein Sportgerät, da das Geburtstagskind sehr sportlich ist.

Wie immer finden Sie links den Lösungsvorschlag, rechts Erklärungen zu Wirkung und Variationsmöglichkeiten.
Überlegen Sie in jeder Phase der Musterlösung, welche Hinweise Ihre eigene Rede bereichern können. Machen Sie sich aber auch bewusst, was bei Ihrer Lösung schon jetzt positiv und gelungen ist! Entwickeln Sie Spaß am Gestalten verschiedener Möglichkeiten!

Liebe Susanne, liebe Verwandte und Freunde!	Als Erstes wird das Geburtstagskind direkt angesprochen und danach die restlichen Anwesenden. „Liebe Gäste!" oder „Liebe Familie!", sind weitere gute Möglichkeiten. Sieht Ihre Anrede ähnlich aus? Sehr gut!
Liebe Susanne, es freut uns, deinen Geburtstag mit dir feiern zu dürfen.	Der Auftakt der Rede mit einer Bemerkung zum Anlass. Wichtig ist die Entscheidung, ob man als Einzelperson „... es freut mich..." sagt oder mit „... es freut uns..." als Vertreter mehrerer Personen auftritt. Wie haben Sie das gelöst?
Du bist, wie uns allen bekannt ist, ein unglaublich sportlicher Mensch. Schon in deiner Kindheit hattest du einen überdurchschnittlichen Bewegungsdrang. Später hast du dich als Motoriktalent entpuppt und in der Schule deine Fähigkeiten ausgebaut.	Hier wird etwas von den Vorlieben des Geburtstagskindes erzählt und/oder ein Schwenk durch wichtige Lebensphasen gemacht. Auch eine Episode aus der Kindheit weckt Interesse.
Mit den Jahren bist du herangewachsen und hast neben der sportlichen Karriere auch einen Beruf erlernt, der dir heute sehr viel bedeutet. Du hast es geschafft, zwei Seiten des Lebens zu vereinen und stehst heute mit beiden Beinen im Leben. Du hast eine glückliche Familie und führst ein ausgeglichenes Leben, bei dem der Sport nach wie vor nicht zu kurz kommt.	Eine gute Struktur, die eine Reise durch wesentliche Lebensabschnitte unterstützt, ist die Drei-Zeiten-Formel: Gestern – Heute – Morgen. Da das Geschenk mit Sport zu tun hat und während der Rede überreicht wird, geht der Redner auf das Thema Sport ein.

Die deutsche Sängerin Ina Deter brachte das Spannungsfeld Vergangenheit - Gegenwart - Zukunft auf den Punkt, als sie sagte: „Vergangenheit ist Geschichte, Zukunft ist Geheimnis, und jeder Augenblick ein Geschenk." Liebe Susanne, wir wünschen dir, dass deine Zukunft ebenfalls viele wunderbare Geheimnisse bereithält und du jeden Augenblick als Geschenk empfindest.	Ein passendes Zitat regt zum Nachdenken an, übermittelt positive Stimmung und ...
„Geschenk" ist zugleich mein Stichwort: Ich darf dir im Namen deiner Familie etwas überreichen, das deine Sportbegeisterung noch um eine Dimension bereichert. Wir haben gehört, du wolltest bei der Wahl deiner Sportgeräte an den neuesten technischen Stand anschließen und hoffen, du kommst gut damit zurecht.	...bildet die Überleitung zu dem gemeinsamen Geschenk. Wenn man sich bei dem Jubilar bedanken möchte, ist hier der richtige Moment dafür. Ein Dankeschön kombiniert man mit positiven Charaktereigenschaften und Idealen des Geburtstagskindes.
Ich wünsche dir, meine liebe Schwester, im Namen aller, viel Gesundheit, weiterhin viel Freude am Sport und ein schönes Leben.	Abschließend die besten Glückwünsche, die zentrale Aussage dieser Rede sind. Sie werden dementsprechend betont. Es bietet sich an, anschließend auf das Geburtstagskind anzustoßen. Am Schluss kann auch die Ermunterung stehen, die nächsten Jahre zu genießen.

Reflexion und Aufarbeitung

Nehmen Sie sich ausreichend Zeit, nun Ihre Rede aufzuarbeiten, denn nur so erfahren Sie etwas über Stärken und Schwächen der eigenen Leistung. Das ist ein wichtiger Lernschritt für persönliches Wachstum.

Betrachten Sie Ihre Lösung und beantworten Sie folgende Fragen:

<table>
<tr><th></th><th>Wie habe ich das Ziel erreicht?</th><th>Wie konnte ich die Zuhörer abholen?</th><th>Wie habe ich Emotionen vermittelt?</th></tr>
<tr><td>Was gefällt mir an meiner Lösung?</td><td></td><td></td><td></td></tr>
<tr><td colspan="4">Damit Sie Freude am Reden entwickeln, ist es wichtig, eigene Stärken zu kennen und zu dem zu stehen, was Sie an sich selbst mögen – bitte keine falsche Bescheidenheit!</td></tr>
<tr><td>Woran will ich noch arbeiten, um mich zu verbessern?</td><td></td><td></td><td></td></tr>
<tr><td colspan="4">Damit Sie echte Verbesserungen erzielen, definieren Sie konkret, woran Sie noch arbeiten wollen. Überlegen Sie, welcher Teilschritt der nächste sein muss.</td></tr>
</table>

Wie ging es mir mit den Trainingsschwerpunkten?
Vorteile von Zitaten:
Worauf muss man bei der Suche nach passenden Zitaten achten:

Wenn Sie sich in der Verwendung von Zitaten noch verbessern wollen, lesen Sie das folgende Kapitel.

Die Kunst, Zitate einzusetzen

Basiswissen zu Zitaten ist im Abschnitt „Rhetorische Stilelemente“ ab Seite 36 beschrieben. Darauf aufbauend beleuchten wir hier das Know-how für Fortgeschrittene. Die wichtigste Neuheit ist das Contra-Zitat, es wirkt ähnlich wie die paradoxe Aussage und bietet ungeahnte Möglichkeiten.

Contra-Zitate

Im Normalfall unterstützt ein Zitat die Aussage des Redners. Das muss aber nicht sein: Das Contra-Zitat greift bewusst eine gegensätzliche Aussage auf. Durch den Überraschungseffekt erzielt es eine ungeheure Aufmerksamkeitswirkung. Der Redner zeigt, dass er sich auch mit der Gegenmeinung beschäftigt hat und souverän genug ist, sich gegenteiligen Auffassungen zu stellen.

Folgendes Beispiel zeigt den gelungenen Einsatz eines Contra-Zitats. Der Vortragende ist ein Therapeut, der in seiner Rede über die Bedeutung von Offenheit spricht. Er beschreibt den Grundsatz, das Offenheit Sympathie fördert und in der Persönlichkeitsentwicklung der Faktor ist, den es aufzubauen gilt. Plötzlich überrascht er – in seiner Fürsprache für Offenheit – seine Zuhörer mit dem Zitat: „Wer für alles offen ist, kann nicht ganz dicht sein." Die Lacher sind auf seiner Seite und anschließend spricht er über Grenzen der Offenheit und einen realistischen Umgang damit.

Die Quelle des Zitats

Soll man die Quelle des Zitats immer nennen?

1. Wenn das Zitat in hohem Maß treffend ist oder der Autor eher unbekannt ist, dann macht es wenig Sinn, die Quelle zu nennen. Bei obigem Beispiel mit dem Therapeuten steht beispielsweise die inhaltliche Aussage absolut im Vordergrund, eine Verstärkung durch eine prominente Person ist überflüssig.

2. Wenn das Zitat eher den Charakter hat zu zeigen, dass die genannte berühmte Person der gleichen Meinung war, muss man die Quelle natürlich nennen. Wirkung: Der Inhalt des Gesagten wird durch die Aussage der bekannten Persönlichkeit verstärkt.

Der Vortragende sollte die Quelle jedoch in jedem Fall kennen. Es kommt immer wieder vor, dass ein Zuhörer fragt, wer das gesagt habe oder behauptet, das Zitat stamme von jemand anderem und bedeute etwas anderes. Für diesen Fall soll sich der Vortragende auskennen, um kompetent darüber diskutieren zu können.

Überdosis Zitate

Auch das Verwenden von Zitaten kann man übertreiben, eine „Überdosis" unterbricht den Redefluss. Wer viele Zitate aus unterschiedlichen Quellen bringt, wird merken, dass zu viel des Guten keine Vorteile bringt, wie George Bernard Shaw es auf den Punkt brachte:

> „Sonderbar, sehr sonderbar – so viele Quellen! Und dennoch so trocken ..."

In der Zurückhaltung liegt die Kraft beim Verwenden von Zitaten und anderen Stilmittel, denn das Publikum will schließlich hauptsächlich die Ideen des Redners hören.

Tipp:

- Wählen Sie Zitate, die das ausdrücken, was die Mehrheit denkt und fühlt. Ein gutes Zitat ist griffig, verblüfft und trifft.
- Wenn Sie ein Zitat verwenden, veranschaulichen Sie, warum Sie es einsetzen.
- Bauen Sie Zitate in die Rede ein. Sie sollen ein Teil des Redeflusses sein und nicht alleine stehen.
- Verwenden Sie Zitate nicht um jeden Preis.
- Informieren Sie sich, damit Sie alles über das Zitat wissen.

Zitatensammlung

Tipp: Legen Sie Ihre persönliche Zitatensammlung an und sortieren Sie sie nach Themen oder Redeanlässen, damit Sie schnell darauf zugreifen können. Wenn Sie Ihre Zitate im PC speichern, können Sie in den gängigen Programmen auch mit der Suchfunktion 'Strg F' nach Stichworten suchen.

Hier einige der besten Zitate für Ihre Reden, inklusive wichtiger Detailinformationen für professionelle Anwendung:

„Je älter man wird, desto ähnlicher wird man sich selbst."
Maurice Chevalier (Filmschauspieler, Chansonnier, „Schweigen ist Gold", „Gigi", „Liebesparade", Frankreich 1888-1972)

„Wer vom Glück immer nur träumt, darf sich nicht wundern, wenn er es verschläft."
Ernst Deutsch (Kammerschauspieler, erhielt 1948 bei der Biennale in Venedig den Preis für den Film „Der Prozess". (Deutschland 1890-1969)

„Die Klage über die Schärfe des Wettbewerbes ist in Wirklichkeit
meist nur eine Klage über den Mangel an Einfällen."
Walther Rathenau (Industrieller, Schriftsteller, Politiker, Deutschland 1867–1922)

„Wahre Worte sind nicht angenehm, angenehme Worte sind nicht wahr."
Laotse (Philosoph, gilt als Begründer des Taoismus, China 480-390 v. Chr.)

„Ein Problem ist halb gelöst, wenn es klar formuliert ist."
John Dewey (Philosoph, Pädagoge, „Amerikanischer Pragmatismus" USA 1859-1952)

„Eine Frau, gleichgestellt, wird überlegen."
Sokrates (Philosoph, Griechenland 470-399 v. Chr.)

„Eigentlich bin ich ganz anders, nur komme ich so selten dazu."
Ödön von Horváth (Dramatiker, Erzähler, „Geschichten aus dem Wienerwald", „Jugend ohne Gott", (Österreich 1901-1938)

„Nichts ist einfacher, als sich schwierig auszudrücken, und nichts ist schwieriger, als sich einfach auszudrücken."
Karl Heinrich Waggerl (Schriftsteller, Heimatdichter, Österreich 1897-1973)

„Es ist viel einfacher, Kritik zu üben, als etwas anzuerkennen."
Benjamin Disraeli (Schriftsteller, Politiker, Premierminister 1868 und 1874–1880, England 1804-1881)

„Wenn wir wollen, dass alles so bleibt, wie es ist, dann ist es nötig, dass sich alles verändert."
Giuseppe Tomasi di Lampedusa (Schriftsteller, „Der Leopard", Italien 1896-1957)

Training 4 Vortrag eines Reiseleiters: So stellen Sie Besuchern Ihre Heimat vor

Probieren Sie als Nächstes diese sehr gute Redeübung, bei der Sie sich in die Rolle eines Reiseleiters hineindenken und Ihre Heimat präsentieren.

Trainingsschwerpunkt: *Sich klar und verständlich ausdrücken.*
Ihre Zuhörer: *Eine Reisegruppe von zirka zwanzig Touristen aus der Schweiz, die Ihre Heimat besichtigen.*
Situation: Sie sind ein Reiseleiter und beginnen den Vortrag vor einer wichtigen Sehenswürdigkeit. Beschreiben Sie, was für die Touristen interessant ist – stellen Sie sich vor, dass die Führung danach weitergeht.
Ziel: *Kurzweilige Information über die Sehenswürdigkeiten und geschichtliche Hintergründe.*

Fragen zur Redeplanung:

Entdecken Sie, wie folgende Überlegungen unbeschwert zu einer Rede führen.

- Welche Erwartungen und Wünsche haben diese Gäste aus der Schweiz?
- Welche Bedürfnisse haben Gäste im Urlaub allgemein?
- Womit höre ich auf – welcher Schluss passt zur Situation?
- Welche Punkte bringe ich im Hauptteil?
- Womit beginne ich – welcher Einstieg weckt das Interesse der Anwesenden?
- Wie spreche ich meine Zuhörer an – wie stelle ich Kontakt her?
- Wie kann ich Geschichte spannend vermitteln? Welche anregenden Zusätze erhöhen die Verständlichkeit?

Bausteine und Ideen:

- Suchen Sie sich aus einem Reiseführer die wichtigsten Informationen über jene Sehenswürdigkeit, die Sie beschreiben wollen.
- Touristen, die Geld für eine Reise ausgeben, lieben es zu staunen. Die Gäste sind zufrieden, wenn sie meinen, es habe sich ausgezahlt, an diesen Ort zu reisen. Präsentieren Sie verblüffende und beeindruckende Zahlen und Fakten der Region.

- Suchen Sie zusätzliche Erzählungen oder historische Begebenheiten, die Geschichtliches lebendig machen.

Entwickeln Sie bitte jetzt Ihren Aufbau für die Ansprache vor der ersten Sehenswürdigkeit.
Entwickeln Sie eine Reiseleiterrede und stellen Sie Ihre Heimat vor. Drücken Sie sich prägnant aus, sprechen Sie verständlich, in kurzen Sätzen und mit die Verständlichkeit fördernden Zusätzen.

Musterlösung:

Bei der Musterlösung wird die Touristengruppe aus der Schweiz durch Wien geführt. Beim Michaelertor auf der Rückseite der Hofburg startet der Reiseleiter.

Nutzen Sie unsere Musterrede als Anregung für Ihren eigenen kreativen Entwurf. Links ist unser Vorschlag, rechts die Erklärungen zu Wirkung und Variationsmöglichkeiten.
Überlegen Sie in jeder Phase der Musterlösung, welche Tipps Ihre Lösung bereichern können. Lenken Sie Ihren Fokus des Weiteren auf das, was bei Ihrer Lösung positiv und gelungen ist! Sie werden schon bald Spaß an den unterschiedlichen Formulierungsvarianten entwickeln.

... (Blickkontakt) ... Grüezi, liebe Gäste aus der wunderschönen Schweiz! Es freut mich, Sie hier in Wien bei diesem Kaiserwetter – wie der Österreicher zu sagen pflegt – begrüßen zu dürfen.	Der Redner im Beispiel stellt Blickkontakt her und wartet, bis alle bereit sind. Da es sich ausschließlich um Schweizer handelt, beginnt er die Einleitung mit dem bekannten eidgenössischen Gruß „Grüezi, ...". Dann folgt ein Kompliment an das Land der Gäste und ein gelungenes Wortspiel, bei dem ein Stück Sprachverwendung des besuchten Landes einfließt. Das „Kaiserwetter" wird bewusst beim Eingang zur ehemaligen Kaiserresidenz angesprochen.
Wir befinden uns hier auf der Rückseite der Hofburg.	Zunächst gibt es eine allgemeine Orientierungsinformation.
Das Hofburgareal, in das wir jetzt gleich gehen werden, beherbergt achtzehn Trakte, Zweitausendsechshundert Räume und neunzehn Höfe. Die Hofburg ist heute Bundespräsidenten-Palais, Reitschule, Nationalbibliothek, Museum und Kongresszentrum. In ihren Mauern arbeiten mehr als viertausend Personen.	Dann kommen etliche interessante und verblüffende Details über die Sehenswürdigkeit. Welche interessanten Informationen haben Sie bei Ihrer Reiseleiterrede gefunden?
Für Besucher ist die Hofburg vor allem ehemalige Kaiserresidenz und Schatzkammer. Sie werden hier Gelegenheit haben, Reichskleinodien der deutschen Kaiser zu sehen. An der Kaiserkrone Ottos des Großen, der Stephansbursa Karls des Großen, an Reichsschwert und Zepter knüpft sich so unglaublich viel abendländische Geschichte, dass Sie begeistert sein werden.	Im Mittelteil wird darauf hingewiesen, was jede Person in der Schatzkammer erwartet und worauf sich die Besucher freuen dürfen.

Bevor wir hineingehen, bitte ich Sie, Ihren Blick auf dieses Gebäude zu richten. Es handelt sich dabei um das Loos-Haus, das zu seiner Eröffnung 1909 eine Revolution in der Architektur darstellte, da es mit nackter Schlichtheit seiner Zeit vorauseilte. Der Monarch Kaiser Franz Josef war von der Modernität dieses Gebäudes weniger angetan. Man erzählt sich, dass er bei Fertigstellung beschloss, diesen Eingang zur Hofburg nie wieder zu benutzen, da das Gebäude sein Auge beleidige.	Abschließend der Hinweis auf ein historisches Gebäude. Diese Erklärung wird hier mit einer geschichtlichen Anekdote verwoben, wodurch das Erzählte sehr lebendig wird. Haben Sie ebenfalls eine geschichtliche Begebenheit in Ihre Lösung eingebaut?
Lassen Sie uns nun bitte weitergehen – folgen Sie mir!	Weil die Führung noch nicht zu Ende ist, gibt es keinen echten Schluss, sondern nur eine Aufforderung zum Weitergehen.

Reflexion und Aufarbeitung

Nun benötigen Sie Zeit für das Aufarbeiten Ihrer Rede. Reflexion bringt Kenntnis über Stärken und Schwächen der eigenen Leistung und ist ein wichtiger Schritt für persönliches Wachstum.

Betrachten Sie Ihre Lösung und beantworten Sie folgende Fragen:

	Wie habe ich das Ziel erreicht?	Wie konnte ich die Zuhörer abholen?	Wie habe ich die Bedürfnisse des Publikums berücksichtigt ?
Was gefällt mir an meiner Lösung?			
Damit Sie Freude am Reden entwickeln, ist es wichtig, eigene Stärken zu kennen und zu dem zu stehen, was Sie an sich selbst mögen – bitte keine falsche Bescheidenheit!			
Woran will ich noch arbeiten, um mich zu verbessern?			
Damit Sie echte Verbesserungen erzielen, definieren Sie konkret, woran Sie noch arbeiten wollen. Überlegen Sie, welcher Teilschritt der nächste sein muss.			

Wie ging es mir mit dem Trainingsschwerpunkt „Verständlichkeit"?
Was mir wichtig erscheint, um verständlich zu agieren:
Was mir dabei noch nicht klar ist:

Wenn Sie sich im Bereich Verständlichkeit noch verbessern wollen, lassen Sie folgende Informationen in zukünftige Reden einfließen.

Klar und verständlich sprechen

Die Rede ist in hohem Maß ein Monolog. Je kleiner der Zuhörerkreis, desto eher wird ein Dialog möglich, der die Hörer einbezieht. Ist ein Austausch mit dem Publikum möglich, kann der Sprecher durch Fragen feststellen, ob er verstanden wurde. Je weniger diese Chance besteht, umso mehr muss ein Redner trainieren, verständlich aufzutreten.

Tipp: Seien Sie sich stets bewusst: Gehört ist nicht verstanden!

Faktoren der Verständlichkeit

Folgende Faktoren der Verständlichkeit stellen ein optimales Übermitteln von Informationen sicher:

- Kurze Sätze,
- Zeitwörter oder Verben,
- Einfachheit und Klarheit,
- Gliederung, Ordnung,
- Kürze, Prägnanz,
- anregende Zusätze.

Kurze Sätze

Teilen Sie komplexe Aussagen in mehrere kurze Sätze ein. Sowohl bei schriftlicher als auch bei mündlicher Darbietung ist es für den Zuhörer schwierig, langen Schachtelsätzen zu folgen. Ein Satz sollte – als Faustregel – nicht mehr als acht Sekunden lang dauern (zirka zwei Zeilen lang sein). Kurze Sätze unterstützen das Verstehen. Zeitwörter spielen dabei eine wichtige Rolle.

Zeitwörter

Verben sind dynamischer und verkürzen Sätze. Hauptwörter haben den starren Charakter einer Amtssprache und verlangen nach komplizierten Sätzen. Der Vorteil der Zeitwörter zeigt sich im folgenden Beispiel.

Dieser Satz ist von Hauptwörtern dominiert: „Nach erfolgter Ankunft und Besichtigung war mir der Sieg möglich." Verwendet man Zeitwörter, vereinfacht sich der Satz auf: „Ich kam, sah und siegte." Der Satz wird kürzer, einfacher, verständlicher und merkbarer. Julius Cäsar wusste offenbar, wie man sprechen muss, damit man von jedermann verstanden wird und Aussagen als Zitate der Nachwelt erhalten bleiben.

Einfachheit und Klarheit

Große Redner beherrschen es, einfach zu bleiben. Sie reden mit geläufigen Wörtern, wenig Fremdwörtern und einem Minimum an Abkürzungen. Das gesamte Publikum versteht die Ausführung und auch der einfachste Geist kann den Gedanken folgen. Ein guter Vortragender hat es nicht nötig, mit Fremdworten und Fachbegriffen Eindruck zu schinden.

Tipp: Sagen Sie klar, worum es geht. Lassen Sie sprachlichen Ballast beiseite, damit Sie auch der fachliche Laie versteht. Sie müssen so reden, dass es unmöglich ist, Sie nicht zu verstehen.

Gliederung, Ordnung

Eine sinnvolle Reihenfolge, folgerichtig aufeinander bezogen und übersichtlich gegliedert, ist ein weiterer Faktor der Verständlichkeit. Das Publikum muss dem Aufbau folgen können und darf die Übersicht nicht verlieren. Die Ordnung muss nicht militärisch streng sein, doch man sollte einen roten Faden erkennen.

Kürze, Prägnanz, KISS

Unwesentliches soll entfallen und die Quintessenz gut ankommen. Heute, wo Zeit ein knappes Gut ist, zählen kurze und effiziente Informationen – weniger ist mehr!

Tipp: Reden Sie prägnant, indem Sie maximal eine Information in einen Satz packen.

Engländer und Amerikaner nennen es KISS: „Keep it short and simple“ oder „Keep it short and stupid“. „Halte es kurz und einfach“, „halte es kurz und dumm“, nach dem Motto, wenn es der „Dümmste“ versteht, versteht es jeder!

Anregende Zusätze

Anregende Zusätze können sein: Beispiele, Bilder, Vergleiche, Mitdenk-Fragen oder Anekdoten.

Dieser Verständlichkeitsfaktor steht im Gegensatz zu den anderen. Kürze, Prägnanz oder Klarheit werden durch anregende Zusätze boykottiert: Jeder anregende Zusatz bewirkt eine längere Rede und ist oftmals auch unspezifisch. Nichtsdestoweniger erhöhen richtig verwendete anregende Zusätze die Verständlichkeit enorm. Die rhetorische Kunst besteht darin, den schmalen Grat zwischen Kürze und anregenden Zusätzen zu finden, wie folgendes Beispiel zeigt.

Herr Jung gestaltete seinen Vortrag über Gesetze zur Sicherheit am Arbeitsplatz verständlich, indem er kurz und prägnant blieb und die wesentlichen Inhalte gut gegliedert einfach erklärte. Die Beispiele und Bilder, der er dazu brachte, ließen zwar die Dauer des Vortrages wieder auf das Doppelte ansteigen, waren aber entscheidend dafür, dass seine Zuhörer verstanden, was der rechtlich trockene Inhalt in der Praxis bedeutet.

Training 5 Eröffnungsrede: So eröffnen Sie den Cocktailempfang Ihres Kleinbetriebs

Trainingsschwerpunkt: *Zuhörer mit einer angemessenen Anrede ansprechen.*
Ihre Zuhörer: *Vierzig Personen, hauptsächlich Geschäftspartner, einige Kulturschaffende und der Bürgermeister Ihrer Stadt.*
Situation: *Sie sind als Werbeberater selbstständig und haben eine kleine Firma. Sie laden Geschäftspartner und Prominente zu einem Cocktailempfang ein. Es ist Sommer und Sie haben als Veranstaltungsort ein Palais mit Garten organisiert. Es werden Cocktails und Imbisse serviert.*
Ziel: *Bezweckt werden sollen Kundenpflege und eine marketingwirksame Feier.*

Fragen zur Redeplanung:
Folgende Überlegungen führen zu Ihrem Redeaufbau.

- Welche Erwartungen haben die Zuhörer?
- Wie will ich meine Rede beenden – wie komme ich zu einem starken Schluss?
- Welche Punkte bringe ich im Hauptteil?
- Womit beginne ich – welcher Einstieg weckt das Interesse der Anwesenden?
- Mit welcher Anrede spreche ich meine Zuhörer an – wen nenne ich persönlich?

Bausteine und Ideen:
- Die Anrede soll angemessen höflich und nicht übertrieben sein.
- Das Motto für den Marketingaspekt dieser Ansprache lautet: Tue Gutes und rede darüber.
- Gleichzeitig soll die Werbung nicht zu dominant sein, sie könnte sonst die Stimmung stören.
- Passendes Zitat zum Thema: „Erfolgspfade entstehen dadurch, dass wir sie gehen.“

Entwickeln Sie bitte jetzt Ihren Aufbau.
Entwerfen Sie eine Eröffnungsrede für den Cocktailempfang zum zehnjährigen Bestehen Ihrer Firma. Legen Sie Ihr Augenmerk auf eine gelungene Anrede, notieren Sie Ihr Konzept.

Musterlösung:

Bei der Musterlösung spricht Frau Schulze, die Gründerin der Werbeberatung, vor vierzig Personen. Das Publikum besteht aus Kunden und Meinungsträgern.

In der linken Spalte stehen unsere Vorschläge, rechts die Erläuterungen dazu. Machen Sie sich klar, wie Sie diese Tipps in Ihre Rolle integrieren können.

Sehr geehrter Herr Bürgermeister, geschätzte Kunden, liebe Kunst- und Kulturschaffende!	Die Ansprache beginnt mit einer offiziellen und feierlichen Begrüßung, der Bürgermeister wird direkt angesprochen, die anderen Zuhörergruppen danach.
Es freut mich, dass Sie so zahlreich erschienen sind.	Dann folgt die Kundgabe der Freude über das Erscheinen der Besucher. Sollten wenig Gäste gekommen sein, lassen Sie sich keinesfalls verleiten, dass in irgendeiner Weise zu bedauern! Die Anwesenden fühlen sich sonst gering geschätzt.
Zu Beginn möchte ich mich sehr herzlich bei meinen Netzwerk-Partnern für diesen großartigen Rahmen bedanken.	Die Aufmerksamkeit wird auf den festlichen Rahmen gelenkt und ein Dank an die Partner ausgesprochen.
Es ist mir eine Freude und es erfüllt mich mit Stolz, dass ich heute das zehnjährige Bestehen der Werbeberatung Schulze feiern darf.	Gründe für die Feier und Emotionen der Firmengründerin werden thematisiert.

Einige von Ihnen werden sich wahrscheinlich fragen, welche aktuellen Entwicklungen und Neuigkeiten ich ankündigen kann. Ich möchte Ihnen einen kurzen Überblick geben.	Die Vorwegnahme, welche Fragen die Gäste mitbringen könnten, weckt Neugier.
Für diejenigen, die uns noch nicht gut kennen: Schulze Werbeberatung ist seit 1995 als Nischenanbieter und externer Partner großer Unternehmen tätig. Wir sind auf Großbildprojektionen für Werbung spezialisiert, wir beraten und planen für unsere Kunden Werbeprojektionen im Außen- und Innenbereich.	Eine kurze Zusammenfassung stellt dar, was die Firma anbietet. Die Wortwahl „... noch nicht gut kennen ..." wurde bewusst gewählt, da das Wort „noch" andeutet, dass man die Schulze Werbeberatung in Zukunft gut kennen wird.
An dieser Stelle darf ich gleich mit der wichtigsten Neuigkeit aufwarten: Aufgrund reger Nachfrage unserer Kunden setzen wir – ab sofort – unsere Lösungen auch um. Wir planen und beraten selbstverständlich weiterhin und bieten darüber hinaus jetzt die Errichtung der Anlagen kostengünstig an.	Das Geheimnis wird gelüftet und die Neuigkeit enthüllt.
Als Menschen sind wir visuelle und ästhetische Wesen. Wir nehmen positiv wahr, was uns gefällt. Die Projektion Ihrer Werbung am richtigen Platz, zur rechten Zeit muss dem Rechnung tragen. Das sind unser Job und unsere Kernkompetenzen. In einer informationsüberfluteten Zeit können Sie Ihr Unternehmen mit unseren Lösungen vom Umfeld abheben und neue Formen finden, mit denen Sie Ihre Kunden erreichen.	Im Schlussteil wird der Nutzen für die Kunden betont und auf die hohe Kompetenz hingewiesen. (Bei diesem Thema ist es selbstverständlich angebracht, dass eine Projektion im Raum und am Gebäude zu sehen ist, auf die der Redner hinweisen kann.) Ein maßvoller Appell zur Zusammenarbeit schließt den marketingwirksamen Teil ab.

Es freut uns sehr, wenn Sie uns in Zukunft Ihr Vertrauen geben und wir unsere Kompetenz unter Beweis stellen können. Jetzt freue ich mich darauf, einen schönen Abend mit Ihnen zu verbringen und möchte einen Toast auf unsere Kunden, auf unsere Gäste und auf unser Team aussprechen. Genießen Sie den Abend und vielen Dank für Ihre Aufmerksamkeit. Ich stehe Ihnen für Fragen jederzeit sehr gerne zur Verfügung.	Zu guter Letzt wird zu einem schönen Abend übergeleitet und darauf hingewiesen, dass man gerne für ein Gespräch zur Verfügung steht. Wie sieht Ihre Lösung aus? Sicher haben Sie etliche zusätzliche gute Ideen entwickelt.

Reflexion und Aufarbeitung

Nehmen Sie sich Zeit, diese Überlegungen in Ihre Rede einzuarbeiten. So lernen Sie wichtige Dinge über Stärken und Schwächen Ihres Entwurfs.

Anschließend betrachten Sie Ihre Lösung und beantworten Sie folgende Fragen:

<table>
<tr><th></th><th>Wie habe ich das Ziel erreicht?</th><th>Wie konnte ich die Zuhörer abholen?</th><th>Wie habe ich die Erwartungen des Publikums berücksichtigt?</th></tr>
<tr><td>Was gefällt mir an meiner Lösung?</td><td></td><td></td><td></td></tr>
<tr><td colspan="4">Damit Sie Freude am Reden entwickeln, ist es wichtig, eigene Stärken zu kennen und zu dem zu stehen, was Sie an sich selbst mögen – bitte keine falsche Bescheidenheit!</td></tr>
<tr><td>Woran will ich noch arbeiten, um mich zu verbessern?</td><td></td><td></td><td></td></tr>
<tr><td colspan="4">Damit Sie echte Verbesserungen erzielen, definieren Sie konkret, woran Sie noch arbeiten wollen. Überlegen Sie, welcher Teilschritt der nächste sein muss.</td></tr>
</table>

Wie ging es mir mit dem Trainingsschwerpunkt „Anrede“?
Ideen, die mir dazu einfielen:
Fragen, die bei der Anrede auftauchten:

Damit Sie sich im Bereich Anrede noch verbessern können, lassen Sie folgende Informationen in zukünftige Reden einfließen.

Die Anrede

Die passende Formulierung der Anrede ist die erste Kontaktaufnahme eines Redners mit seinem Publikum. Sie ist Teil des ersten Eindrucks – überlegen Sie daher gut, welche Worte Sie wählen.

Tipp: Die Kontaktaufnahme mit Ihren Zuhörern soll immer höflich und freundlich sein.

Vor zwei Jahrhunderten musste ein Redner im Württembergischen Landtag noch folgende Anredevorschrift einhalten: „Hochwürdige, achtbare Wohlgeborene, insonderheit großgünstige, hochzuverehrende Herren!“

Heute ist schlichte Höflichkeit zeitgemäß. Doch wie kann eine Anrede lauten, wenn man nicht auf die allgemeine Formulierung: „Meine Damen und Herren!“, zurückgreifen möchte?

Einige Tipps und Anregungen:

- Passen Sie die Anrede dem Publikum an.
- Formulieren Sie je nach Situation vertraulich oder distanziert.
- Sprechen Sie ausgewählte Personengruppen während des Vortrags gezielt an. „Ich möchte mich bei Ihnen für die Leistungen des letzten Jahres bedanken, unserem Vertrieb danke ich für die Steigerung der Absätze um sieben Prozent, unserer Verwaltung für den vorbildlichen Aufbau eines Qualitätsmanagement-Systems ...“ Vorsicht: Wenn Sie einzelne Personengruppen ansprechen, bedenken Sie, dass sich andere Gruppen vernachlässigt fühlen können. Wenn Sie das vermeiden wollen, sprechen Sie alle anderen ebenfalls an.
- Falls Sie einzelne Personen ansprechen möchten, überlegen Sie gut, wen und warum, auch hier können sich andere benachteiligt fühlen.
- Verzichten Sie auf die Anrede „Anwesende“, da die meisten Zuhörer nicht nur anwesend sind. Sie suggerieren damit, dass Ihr Publikum anwesend, aber nicht weiter beteiligt ist.
- Kombinieren Sie die Anrede mit dem Inhalt und flechten Sie diese an wichtigen Stellen des Vortrages hin und wieder ein. „An dieser Stelle, meine Kolleginnen und Kollegen, muss ich einige Dinge klarstellen ...“

Begrüßung von Persönlichkeiten

Bei offiziellen Begrüßungen empfiehlt es sich, die Anzahl der Personen oder Funktionsträger, die man direkt anredet, auf fünf zu begrenzen. Man sollte die Sequenz nicht unnötig ausdehnen. Die Aufmerksamkeit wird sonst schnell verloren gehen.

Es gibt keine feste Regel, wie man bei der Begrüßung von hochrangigen Personen vorzugehen hat. Einige grundlegende Verhaltensnormen helfen allerdings ganz gut weiter:

Begrüßen Sie mit direkter Anrede

- hierarchisch höhere Personen zuerst,
- bei Ranggleichen die Damen vor den Herren und
- Ältere vor Jüngeren,
- Gewählte vor Ernannten und Mandatsträger vor Beamten,
- Bundespolitiker vor Landespolitikern vor Kommunalpolitikern. (Der Bürgermeister wird in den meisten Fällen vorgezogen begrüßt.)

Weiterführende Übung:

Formulieren Sie drei geeignete und drei misslungene Anreden für einen Cocktailempfang mit Firmenangehörigen:

Gelungen:

____

____

____

Misslungen:

____

____

____

Lösungsvorschlag:

Gelungene Anreden:

Für Firmenangehörige formulieren Sie je nach Vertraulichkeit, die zwischen den Mitarbeitern herrscht, mehr oder weniger formell:

„Liebe Kolleginnen und Kollegen!"

„Einen wunderschönen Abend – verehrte (Berufs-)Freunde!"

„Meine geschätzten Mitarbeiterinnen und Mitarbeiter!"

„Liebe Teammitglieder!"
„Die Zeit vergeht und mir kommt es vor, als wäre es gestern gewesen, als ich Sie – liebe Kollegen – zum ersten Mal sah!"

Oder mit einem Schuss Humor, der die festliche Stimmung auflockert.
(Als Frau): „Sehr geehrte Herren und Damen!"
„Bevor wir das Büfett stürmen, gestatten Sie mir, meine Damen und Herren, kurz einige Worte an Sie zu richten!"

Misslungene Anreden:
Weniger gut sind Anreden mit übertrieben gekünstelten oder unbedachten Worten.
„Hochverehrte Anwesende!"
„Sehr zu verehrende Damen, hochgeschätzte Herren!"
„Meine lieben jungen Freunde."

Training 6 Lobrede (mit Tonaufzeichnung): So ehren Sie einen Mitarbeiter

Trainingsschwerpunkt: *Deutliche Aussprache und gute Stimmführung.*
Ihre Zuhörer: *Fünfzig Mitarbeiter bei einer Abteilungsjahresfeier.*
Situation: *Bei dieser Feier soll ein Mitarbeiter geehrt werden, der ehrenamtlich Vernissagen im Unternehmen organisiert. Diese Kunstevents kristallisierten sich als wichtige Treffpunkte für Kunden und Geschäftspartner heraus und sind heute nicht mehr wegzudenken. Der Mitarbeiter hat diese Idee eigeninitiativ aufgebaut und dafür viel in seiner Freizeit gearbeitet. Diese Leistung wurde bisher nicht gewürdigt. Der Mitarbeiter wurde kurz darüber informiert, dass seine Ehrung im Rahmen dieser Feier bevorsteht.*
Ziel: *Feierliche Kundgabe der Ehrung. Lob, Anerkennung und Wertschätzung für den Mitarbeiter.*

Fragen zur Redeplanung:

Beantworten Sie folgende Fragen. Sie erleichtern die Planung der Mitarbeiterehrung.

- Welche Erwartungen haben die Zuhörer?
- Wie will ich meine Rede beenden – wie komme ich zu einem starken Schluss?
- Welche Punkte bringe ich im Hauptteil?
- Womit beginne ich – welcher Einstieg weckt das Interesse der Anwesenden?
- Wie spreche ich meine Zuhörer an?
- Welche anreichernden Zusätze (Zitate, Vergleiche, Bilder, ...) sollen meine Worte unterstreichen?

Bausteine und Ideen:

- Eine Ehrung wird auch Lobrede oder Laudatio genannt und ist etwas Festliches.

- Es ist üblich, dass der Geehrte im Anschluss ebenfalls eine kurze Ansprache hält. Dafür muss man ein Zeitfenster schaffen. Es ist außerdem fair, ihn ausreichend zu informieren, damit er sich vorbereiten kann, falls er etwas sagen möchte.

Entwickeln Sie bitte jetzt Ihren Aufbau und halten Sie die Rede. Sprechen Sie deutlich und setzen Sie Ihre Stimme gekonnt ein. Zeichnen Sie den Ton auf.

Musterlösung:

Bei der Musterlösung wird Herr Karl Werner für seine Initiative und die Organisation der Vernissagen geehrt. Er kümmert sich seit sieben Jahren ehrenamtlich darum und investiert viel Freizeit. Für das Unternehmen ist diese Veranstaltungsserie ein wichtiger Fixpunkt geworden. Der Redner ist der Abteilungsleiter von Herrn Werner und somit die übernächste hierarchisch vorgesetzte Person.

Links finden Sie den Lösungsvorschlag. In der rechten Spalte stehen Erklärungen zu Wirkung und Variationsmöglichkeiten. Überlegen Sie in jeder Phase der Musterlösung, wie sie Ihre Lösung bereichert.

Lenken Sie Ihren Fokus des Weiteren auf das, was bei Ihrer Lösung positiv und gelungen ist! Entwickeln Sie Spaß am Gestalten verschiedener Möglichkeiten!

Liebe Kolleginnen und Kollegen, ich möchte den heutigen Tag wahrnehmen, um einem Mitarbeiter aus dieser Runde unser aller Anerkennung auszusprechen: Herrn Karl Werner.	Nach einer Begrüßung wird den Kollegen mitgeteilt, was das Besondere an diesem Tag ist.
Wie uns allen bekannt ist, hat er vor sieben Jahren begonnen, ein Kulturevent in unserem Unternehmen zu etablieren. Herr Werner hat allen Widerständen getrotzt und unsere Firma mit seiner großartigen Idee bereichert. Ehrenamtlich kümmert er sich bis heute um die Kunst in unserem Gebäude. Er sorgt nicht nur für unser Auge, sondern ermöglicht uns auch, unseren Kunden und Geschäftspartnern eine kulturelle Plattform zu bieten, wo schon manch wichtiges Gespräch geführt wurde.	Zunächst wird die besondere Leistung beschrieben und gewürdigt. Welche Ehrung haben Sie geplant?
Was bedeutet eigentlich ehrenamtlich? Ehrenämter sind keine „Ämter" im eigentlichen Sinne. Sie bewirken konkrete Aufgaben – und sie sind meistens mit unglaublich viel Arbeit verbunden. Außerdem werden Sie – Herr Werner – von der „Ehre" beim Organisieren der kulturellen Highlights noch nicht viel gemerkt haben. Wir versuchen das heute nachzuholen und widmen Ihnen diesen Festakt.	Dann wird auf den Charakter der besonderen Leistung eingegangen, die dieser Mitarbeiter erbracht hat. Es wird auch angesprochen, dass man bis dato keine lobenden Worte für Herrn Werner fand. Wenn, wie in diesem Beispiel, ein Verdienst zu lange nicht gewürdigt wurde, ist das Ansprechen dieser Tatsache ein wichtiger Teil der Rede und bietet eine Gelegenheit, es „wieder gutzumachen".

Ein Engagement jenseits definierter Jobbeschreibungen ist oft mit Ärger und mit Reibungen verbunden. Wenn in einem System innovative Änderungen initiiert werden, bleibt so etwas selten aus. Vielleicht haben Sie, lieber Kollege Werner, sich schon einmal gefragt: „Warum opfere ich meine Zeit, während andere sich vergnügen?" Umgekehrt bieten sich ebenso die vielen Momente der Erfüllung, des Glücks und der Freude darüber, etwas bewegt und vorangebracht zu haben. Diese Erfahrungen bereichern einen Menschen, wie man es anders nicht erreichen kann. Engagement für andere bringt Sinn und Erfüllung in das eigene Leben.	Im nächsten Schritt wird gezeigt, dass die Tätigkeit des Mitarbeiters einiges an Energie und Ausdauer verlangte und einen ganz eigenen – immateriellen – Lohn bringt.
„Verba docent, exempla trahunt" – Worte lehren, aber die Beispiele regen zur Nachahmung an, wussten schon die Römer. Sie sind ein leuchtendes Beispiel, an dem sich andere orientieren können. Ohne innovative Mitarbeiter wird ein Unternehmen niemals innovativ sein.	Der nächste Teil wird mit einem passenden Zitat eingeleitet, dass die Realität der ehrbaren Taten auf den Punkt bringt.
• Menschen wie Sie sind für unsere Firma wichtig! • Menschen wie Sie entwickeln Neues! • Menschen wie Sie verwirklichen Ideen! • Menschen wie Sie füllen jene Lücken aus, die in unserer Firma existieren. Unser Unternehmen braucht Menschen wie Sie.	Die Verdienste des Geehrten werden nochmals betont und höchstes Lob ausgesprochen, in dem zum Ausdruck kommt, dass die Firma Menschen wie ihn braucht. Zusätzlich werden damit indirekt andere Mitarbeiter aufgerufen, sich für das Unternehmen einzusetzen.

Sehr geehrter Herr Werner, ich möchte Ihnen im Namen des Vorstandes und der Kollegen herzlich für Ihre Verdienste danken und Ihnen alles Gute auf Ihrem weiteren Weg wünschen. Bleiben Sie dran, machen Sie weiter, ermutigen Sie auch andere, die jetzt noch abseits stehen oder Zuschauer sind, zum Mitmachen!	Am Ende der Rede stehen Glückwunsch, Dank sowie eine Ermutigung zum Weitermachen und Mitmachen. Haben Sie diese Aufforderung ebenfalls ans Ende Ihrer Rede gesetzt? Oder fanden Sie ein besseres Finale?

Reflexion und Aufarbeitung

Sieht Ihr Entwurf ähnlich aus? Verschaffen Sie sich Ruhe und arbeiten Sie Ihre Rede auf. So schaffen Sie die Grundlage für Ihre Weiterentwicklung.

Betrachten Sie Ihre Lösung und beantworten Sie folgende Fragen:

	Wie habe ich das Ziel erreicht?	Wie konnte ich die Zuhörer abholen?	Wie habe ich die Ehrung aufgebaut?
Was gefällt mir an meiner Lösung?			
Damit Sie Freude am Reden entwickeln, ist es wichtig, eigene Stärken zu kennen und zu dem zu stehen, was Sie an sich selbst mögen – bitte keine falsche Bescheidenheit!			
Woran will ich noch arbeiten, um mich zu verbessern?			
Damit Sie echte Verbesserungen erzielen, definieren Sie konkret, woran Sie noch arbeiten wollen. Überlegen Sie, welcher Teilschritt der nächste sein muss.			

Hören Sie sich Ihre Tonaufzeichnung an und fragen Sie sich:
Was fiel mir bei Betonung und Stimmführung leicht?
Woran möchte ich im Bereich Stimme und Betonung noch arbeiten?

Die meisten Menschen sind über die eigene Stimme befremdet, wenn Sie sich auf Band reden hören. Vielleicht geht es Ihnen ähnlich. Seien Sie beruhigt, das ist normal – die eigene Stimme klingt anders, wenn wir sie aufgezeichnet wahrnehmen. Wenn wir uns während des Redens selbst hören, dann schwingt unser gesamter Oberkörper mit und bildet einen Resonanzraum. Da wir Teil dieses Resonanzkörpers sind, nehmen wir die eigene Stimme anders wahr – viele Menschen berichten, dass sie „tiefer" klingt. Jedenfalls meint eine große Mehrheit, dass sie „angenehmer" klingt. Das ist wohl darauf zurückzuführen, dass uns die Stimme, die wir immer hören, vertrauter ist.

Um ein „objektiveres" Empfinden Ihrer Stimme zu bekommen, stellen Sie sich, während Sie das Band abhören, einfach vor, Sie hörten jemand anderen und nähmen seine Stimme wahr. Das ist nicht einfach, konzentrieren Sie sich deshalb, dann werden Sie ein besseres Gefühl für Ihre Stimme bekommen.

Sollten Sie zu dem Schluss kommen, etwas verbessern zu wollen – Stimmtraining bietet einige Möglichkeiten, um den richtigen Ton zu finden: Lesen Sie folgende Seiten genau und machen Sie die zahlreichen Übungen.

Ihre Stimme steuert die Stimmung

Die Stimme und die Art, wie Sie sprechen, unterstreicht das Gesagte neben der Körpersprache[14] und umfasst alle hörbaren Signale, die neben dem verbalen Inhalt vorkommen. Sie gibt dem gesprochenen Wort Bedeutung, lässt Glaubwürdigkeit entstehen oder stellt diese in Frage. Dieselben Worte – unterschiedlich ausgesprochen und betont – erzeugen beim Zuhörer ganz verschiedene Wirkungen.

Tipp: „Der Ton macht die Musik" ist nicht nur ein Sprichwort. Wie Sie etwas sagen ist mindestens genauso wichtig, wie was Sie sagen.

Folgendes Beispiel untermauert die Macht der Betonung: Maria sagt zu ihrem Mann: „Hab mich gern." Solange wir nicht wissen, mit welcher Stimme sie diese Worte von sich gibt, können wir nicht sicher sagen, was der Inhalt ihrer Ansage ist. Es könnte eine Bitte um mehr liebevolle Zuwendung sein, es könnte aber genauso gut bedeuten, dass sie von ihm im Moment nichts wissen will. Es kann erotisch oder zynisch betont sein; es kann lustig oder todernst gesagt werden.

Trainieren Sie Stimme und Sprechtechnik

Ein in allgemeinen Redesituationen und im Wirtschaftskontext noch unterbewerteter, in der Schauspielkunst jedoch als Grundlage angesehener Punkt ist die Sprechtechnik. Es ist einleuchtend, dass Redner und Schauspieler nicht in einen Topf geworfen werden können, andererseits gibt es vieles, wo die einen von den anderen lernen können. Redekunst und Schauspielkunst sind zwei Formen kommunikativen Ausdrucks, die ein Stück Wegstrecke gemeinsam zurücklegen, nämlich das der Stimmbildung, Sprechkunst und teilweise auch der Gestik, Mimik und Körpersprache.

Faktoren der Betonung

Folgende Faktoren geben der Stimme einen guten Klang und ermöglichen eine gelungene Betonung:

[14] Neben der verbalen Ebene (Inhalt) und der nonverbalen Ebene (Körpersprache) wird die Stimmführung als paraverbale Ebene bezeichnet.

- Atmung,
- Stimmresonanz und Tonbildung,
- Artikulation,
- Modulation und Dynamik.

Atmung

Voraussetzung für eine gute Stimme ist die richtig eingesetzte Vollatmung, bei der Zwerchfell, Bauch und Brust beteiligt sind und von unten nach oben mit Luft versorgt werden. Die richtige Vollatmung stützt den Ton. Das vollständige Ausatmen ist besonders wichtig, damit die Lunge wieder frische Luft aufnehmen kann. Ein guter Redner atmet kurz und zügig ein und zehrt dann während des Sprechens vom vorhandenen Sauerstoff. Folgende Abbildung veranschaulicht die richtige Atem-Sprechtechnik:

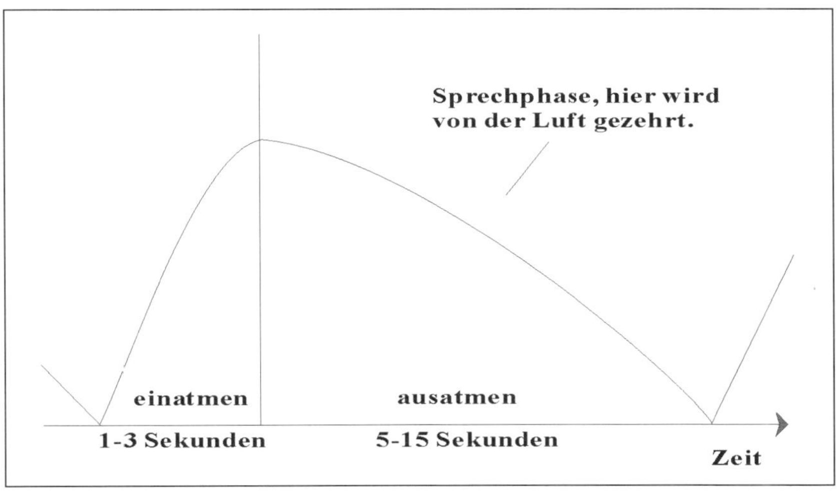

Abbildung 6: Ausatmen = Sprechen

Die angegebenen Zeiten hängen von Lungenvolumen und Körperverfassung ab und sind nur Richtwerte. Wesentlich ist, dass die Atmung in eine flüssige Sprache integriert wird.

Vermeiden Sie:	Streben Sie an:
Flache, kurze Atmung, geräuschvolles Atemholen, Luftverschwendung, zu tiefes Einatmen.	Geräuschlose Vollatmung, Zwerchfellatmung, durch die Nase einatmen, langsames Ausatmen (fließende Ausformung des Gesprochenen).

Übung: Simultandolmetscher
Fassen Sie die Inhalte einer Nachrichtensendung aus Fernsehen oder Radio zeitverzögert zusammen, während die Sendung weiterläuft. Sprechen Sie laut und deutlich und atmen Sie bewusst – finden Sie einen guten Sprech-Atemrhythmus.

Auswertung:
Diese Übung macht den Sprech-Atemrhythmus bewusst und trainiert eine gute Vollatmung. Darüber hinaus stärkt diese Übung Ihre Konzentration: Sie können einen Gedankengang halten, auch wenn Sie unterbrochen werden. Sie verbessern Ihre Fähigkeiten als guter Kommunikationspartner, weil Sie sowohl gezielt zuhören als auch eigenen Gedanken nachgehen können.

Stimmresonanz und Tonbildung
Gute Vollatmung in Bauch, Zwerchfell und Brust ist der erste Schritt für mehr Tragweite und Füllklang der Stimme. Der zweite Schritt ist die Kontrolle darüber, wo Ihre Töne entstehen. Um den Unterschied zu verstehen, summen Sie bitte dreimal ein fortwährendes „Mmmmmm“, solange Ihre Luft reicht. Lassen Sie den Ton in folgenden Resonanzräumen entstehen:

1. In Bauch und Zwerchfell,
2. in der Brust,
3. im Hals.

Vergessen Sie die Halsstimme gleich wieder. Sie ist unangenehm für die Zuhörer, schlecht für Ihre Stimme und belastet die Stimmbänder unnötig. Bei der Übung ging es nur um Bewusstmachung.

Eine gute Tonresonanz kommt aus Bauch, Zwerchfell und Brust. Damit können Sie lauter sprechen, angenehmere Töne erzeugen und Ihre Stimme schonen! Gelingt es Ihnen bei dieser Übung, das „Mmmmmm“ gleichmäßig zu summen oder schwankt Ihre Stimme? Ziel ist der gleichmäßige Ton und diese einfache Übung trainiert Ihre Stimme dafür. Machen Sie sie daher regelmäßig und Sie werden Ihre Stimme gleichmäßiger führen können. Diese einfache Übung lässt sich hervorragend in den Alltag integrieren. Man summt zwischendurch – beispielsweise im täglichen Stau – sein „Mmmmmm“.

Vermeiden Sie:	Streben Sie an:
Zu hohe Stimmlage, Pressen, Einen Hals-Ton (wegen weit hinten liegender Zunge), resonanzarme Töne, jede Verkrampfung des Sprechapparates.	Anschlagpunkt des vorderen Zungenrückens ist der harte Gaumen, lockerer Hals, Tragweite und Füllklang - Ton entsteht in Bauch und Brust.

Tipp: Gesagt bedeutet nicht gehört. Sie müssen so sprechen, dass Sie Chancen haben, gehört zu werden – laut und deutlich! Passen Sie Ihre Stimme der Akustik des Raumes an.

Übung:
Um die Wirkung der Stimme zu testen, machen Sie folgendes Realexperiment.

Wenn Sie das nächste Mal in einen Raum mit mehreren Personen kommen, beispielsweise zum Arzt, dann grüßen Sie mit leiser und vorsichtiger Stimme. Achten Sie auf die Reaktion der Menschen – wie viele erwidern Ihren Gruß? Bemerkt man Sie?

Wenn Sie zur übernächsten Menschenansammlung kommen, grüßen Sie mit kräftiger und deutlicher Stimme. Achten Sie wieder auf die Reaktion anderer – haben diesmal mehr Personen reagiert? Hat man Sie besser wahrgenommen?

Auswertung:
Zu einem hohen Prozentsatz reagieren die Mitmenschen auf die zweite Stimmführung stärker. Sie nehmen den Sprecher besser wahr. Natürlich hängt das auch von der passenden Körpersprache ab.

Bestätigt Ihre Erfahrung dieses Ergebnis? Falls nicht, wiederholen Sie das Experiment in verschiedenen Situationen – Sie werden sehen, die Stimme beeinflusst die Wirkung ungemein.

Artikulation

Neben der Stimme ist die klare Aussprache der Laute ein wichtiger Faktor für gute Verstehbarkeit.

Vermeiden Sie:	Streben Sie an:
Faulheit bei der Aussprache, schwere Zunge, Laute werden verschluckt oder überbetont.	Elastische Zunge, lockerer Unterkiefer, geschmeidige Lippen, b d g soll deutlich sein, aber sich von p t k unterscheiden.

Übung:
1. Sagen Sie zehnmal BP, BP, BP, als Lippentraining.
2. Sagen Sie BRRRRRRRRR als Zungentraining.

Üben Sie Zungenbrecher. Einige kennen Sie wahrscheinlich aus der Kindheit. Sie eignen sich gut als Sprechübung für bessere Artikulation – sprechen Sie möglichst schnell und bleiben Sie dabei deutlich!
„Es klappern die Klapperschlangen, bis ihre Klappern schlapper klangen."
„Auf dem Türmchen steht ein Würmchen mit dem Schirmchen unterm Ärmchen. Kommt ein Stürmchen, bläst das Würmchen mit dem Schirmchen unterm Ärmchen von dem Türmchen."
„Wir Wiener Waschweiber würden weiße Wäsche waschen, wenn wir wüssten, wo warmes Wasser wäre."
„Brauchbare Bierbrauerburschen brauen brausendes Braunbier."

Modulation und Dynamik

Die Modulation und Dynamik sorgt einerseits dafür, dass die Rede nicht monoton wird und gibt andererseits dem Inhalt Bedeutung. Darüber hinaus definieren sie, wann ein Satz akustisch endet. Die Stimme hebt sich im Verlauf des Satzes und senkt sich am Satzende.

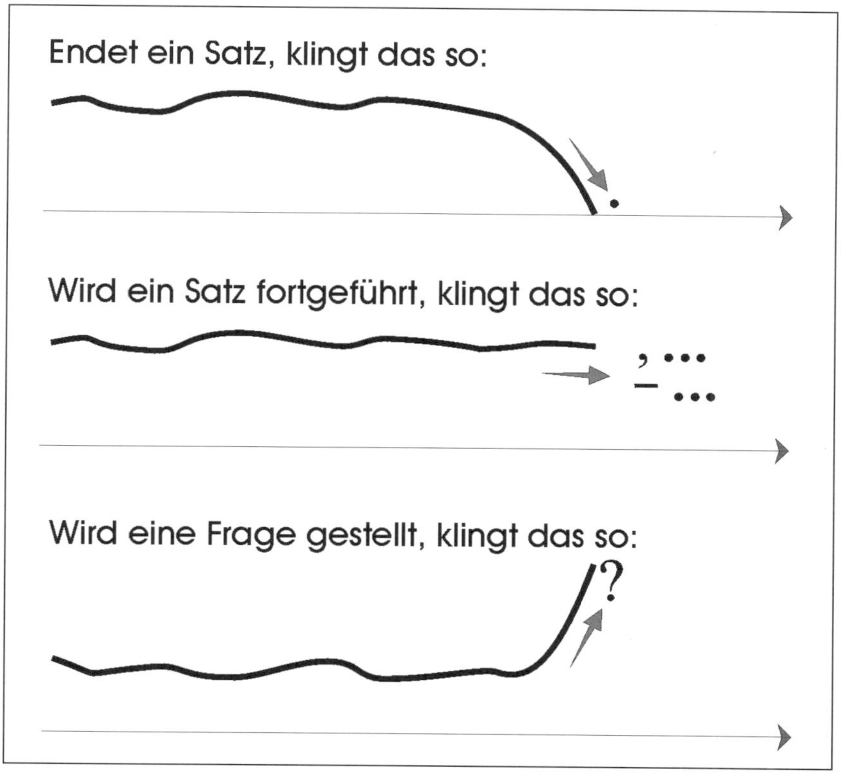

Abbildung 7: Die wichtigsten Betonungen

Tipp: Vermeiden Sie den Hauptbetonungsfehler, am Satzende mit der Stimme oben zu bleiben. Achten Sie darauf, dass Ihre Stimme am Satzende tiefer wird! Akustisch entsteht sonst der Eindruck, dass Ihr Satz niemals endet.

Vermeiden Sie:	Streben Sie an:
Monotonie, hastiges und pausenloses Sprechen, falsches Pathos, unangemessene oder keine Unterschiede zwischen laut, leise, hoch, tief, langsam, schnell, ...	Plastische Sprache, Pointierung, rhythmischer Wechsel, inhaltsbezogene Stimmführung: laut, leise, hoch, tief, langsam, schnell, rhythmisch, farbige Sprache.

Übung:
Trainieren Sie die sprachliche Betonung.
Nehmen Sie einen beliebigen Text zur Hand. Lesen Sie

- zwei Sätze laut,
- zwei Sätze leise,
- zwei Sätze schnell,
- zwei Sätze langsam,
- zwei Sätze tief,
- zwei Sätze hoch,
- zwei Sätze monoton,
- zwei Sätze variierend.

Hören Sie sich bewusst selbst zu und „baden" Sie in Ihren Schallwellen. Machen Sie die gleiche Übung noch einmal und zeichnen Sie den Ton auf. Hören Sie sich dann die unterschiedlichen Qualitäten der verschiedenen Betonungen an.

Im Dialekt reden?

Darf man im Dialekt reden? Soll man im Dialekt reden? Für die richtige Entscheidung muss man das Publikum kennen. Wenn alle Zuhörer aus der Region des Redners kommen, dann ist Dialekt die beste Wahl. Sprechstil ist anders als Schreibstil und daher ist Dialekt natürlich. Ein zwanghaftes Reden nach der Schrift wäre in diesem Umfeld unnatürlich.

Kommen die Zuhörer aus unterschiedlichen Regionen, so ist Dialekt deshalb noch kein Fehler. Die entscheidende Frage ist, ob der Akzent so stark ist, dass echte Verständlichkeitsprobleme entstehen. Das ist der beste Maßstab dafür, ob man sich anders ausdrücken sollte oder ob die Dialektfärbung ein Teil der persönlichen Note ist.

Sprechtempo und Pausen

Viele Redner reden zu schnell und vergessen Pausen zu machen. Diejenigen, die nervös sind, haben den Drang, „es hinter sich zu bringen“, sind deshalb tendenziell zu schnell und machen keine Pausen. Andere haben Angst, eine Pause könne das Publikum langweilen und einige befürchten, dass eine Pause genutzt wird, um den Redner zu unterbrechen. Welches Motiv hinter Schnelligkeit und fehlenden Pausen liegen mag, es führt zu einem Verhalten, das den Zuhörer überfordert.

Das Gesagte, das dem Publikum meist neu ist, wird in einer Pause vom Zuhörer gedanklich wiederholt, eigene Beispiele werden gefunden, das Gehörte wird durchdacht und Bilder entstehen dazu. Wahrnehmungswissenschaftler gehen von einer durchschnittlichen Zeit von drei Sekunden aus, die ein Mensch benötigt, um einen gehörten Satz zu verstehen. Ein Zuhörer, der keine Chance bekommt, das Gehörte innerlich zu reflektieren, kann sich nur etwa drei Sätze merken.

Tipp: Sprechen Sie nicht zu schnell, aber mit Dynamik, und machen Sie Pausen!

Gezielte Pausen und ein angemessenes Tempo erleichtern es dem Hörer, dem Inhalt zu folgen und sind wichtig für das Verstehen komplexer Inhalte.

Einen kleinen Zusatznutzen von Pausen zeigt diese Begebenheit: Als Herr Krause neulich bei einem Abteilungsvortrag den Faden verlor und dadurch eine Pause entstand, bemerkten es etliche Kollegen, da er sonst nie Pausen machte. Ein Mitarbeiter sprach ihn im Anschluss darauf an und Herr Krause empfand sich selbst als unprofessionell.
Frau Kohl ist eine Person, die Pausen oft als Mitdenkpause und bewusstes Stilmittel einsetzt. Unlängst verlor sie bei einer Teamansprache den Faden, wodurch eine Pause entstand. Da auch sie verunsichert war, fragte sie im Anschluss eine nahe stehende Kollegin vertraulich: „Hat mein kurzer Blackout sehr gestört?" Diese antwortete mit einer bezeichnenden Gegenfrage: „Welcher Blackout?" Da sie Pausen regelmäßig einsetzt, fiel niemandem auf, dass Frau Kohl den Faden verlor.

Den Faden zu verlieren ist etwas, das dem besten Redner bei einer freien Rede passieren kann, also nichts, wofür man sich „unprofessionell" fühlen muss. Dennoch beruhigt es zu wissen, dass es – als angenehme Nebenerscheinung vom regelmäßigen Pausenmachen – oft gar nicht bemerkt wird.

Übung:
Lesen Sie folgenden Satz: „Der Projektfortschritt ist wirklich bemerkenswert" mehrmals laut vor und verleihen Sie ihm mit Ihrer Stimmführung die aufgelisteten Bedeutungen. Verwenden Sie bitte jeweils die gleichen Worte und verändern Sie lediglich Betonung und Sprechweise:

- neutral,
- lobend,
- fagend,
- stolz,
- sachlich,
- mit zynischem Humor,
- erleichtert,
- kritisch,
- mit wohlwollendem Humor,
- von oben herab,
- freundlich.

Wie geht es Ihnen bei den unterschiedlichen Betonungen? Was fällt Ihnen leicht, was schwer? Gibt es einen Zusammenhang mit Ihrer Persönlichkeit? – Oft sind Emotionen, die man gut ausdrücken kann, solche, die der eigenen Persönlichkeit entsprechen und umgekehrt. Gibt es Betonungen, die Sie als Sprecher besser beherrschen sollten? Wenn ja, notieren Sie diese und nutzen Sie jede Gelegenheit, diese zu üben.

Betonung im Manuskript notieren

Churchill und etliche andere berühmte Redner haben die Betonung im Manuskript angemerkt, damit sie während der Rede an der richtigen Stelle an die Stimmführung erinnert werden. Ist das nicht etwas, was Sie sich abschauen könnten? Notieren Sie Betonung und Aussprache auf Karteikarten oder im Manuskript. Sie sind Teil der Rede und mit einer solchen Regieanweisung zur Stimmführung erreicht man eine gezielte Sprechwirkung.

Rede zur Eröffnung einer Konferenz: So wecken Sie Interesse

Training 7

Trainingsschwerpunkt: *Wortwahl beherrschen und Wortschatz erweitern.*
Ihre Zuhörer: *Zweihundertfünfzig Teilnehmer einer Konferenz im deutschen Sprachraum.*
Situation: *Sie sind Eröffnungsredner bei der Konferenz für Umwelttechnologie und nachhaltige Wirtschaft.*
Ziel: *Einführende Worte und Eröffnung der Konferenz.*

Fragen zur Redeplanung:
Sie konzipieren die Konferenzeröffnung mit Leichtigkeit, wenn Sie folgende Fragen beantworten:

- Welche Erwartungen haben die Konferenzteilnehmer an eine Eröffnung?
- Wie leite ich am Ende meiner Eröffnungsansprache zur Konferenz über?
- Was charakterisiert meinen Hauptteil?
- Wie spreche ich meine Zuhörer an – welcher Einstieg weckt das Interesse der Anwesenden?
- Welche anregenden Zusätze erhöhen die Verständlichkeit?

Bausteine und Ideen:
- Bei einer Eröffnung gibt es kein echtes Ende. Der Schluss der Eröffnungsrede ist der Beginn der Veranstaltung.
- Suchen Sie im Internet Informationen zum Thema.
- Suchen Sie zusätzliche Beispiele von Unternehmen, die in diesem Wirtschaftszweig erfolgreich sind und Ihnen als Beispiel dienen können.

Entwickeln Sie bitte jetzt Ihren Aufbau für die Eröffnung.
Entwerfen sie eine gelungene Konferenzeröffnung und halten Sie Ihr Konzept schriftlich fest. Nutzen Sie Ihren ganzen Wortschatz und achten Sie auf gute Wortwahl.

Musterlösung:

Unseren Redeentwurf sehen Sie auf der linken Spalte, rechts daneben die Kommentare.

Liebe Teilnehmer, willkommen in dieser schönen Stadt. Ich freue mich, die Konferenz „Umwelttechnologie und nachhaltige Wirtschaft" eröffnen zu dürfen.	Einstieg mit Begrüßung und Nennung des Konferenzthemas. Nicht vergessen vorher abzuklären, ob prominente Gäste anwesend sind, die persönlich begrüßt werden müssen.
2004 hat die EU-Kommission einen Aktionsplan zur Förderung von Umwelttechnologien vorgelegt. Damit soll eine Brücke zwischen der EU-Strategie für nachhaltige Entwicklung und der Agenda von Lissabon geschlagen werden. Umweltfreundliche Technologien verschmutzen weniger, verbrauchen weniger Ressourcen und greifen auf erneuerbare Energien zurück. Die Entwicklung neuer Technologien wird jedoch von Marktbarrieren eingeschränkt. Um die Entwicklung dieser Technologien zu fördern, legte die Kommission 2004 den Aktionsplan ETAP für Umwelttechnologien vor.	Schilderung des Themas und der Problematik. Hier wurde der Bauplan vom Allgemeinen zum Besonderen (Seite 64) gewählt. Die Ausführungen starten dementsprechend in großen Dimensionen. Welche Vorgehensweise haben Sie gewählt?

Die EU hat bereits eine erfolgreiche Öko-Industrie. Der Umsatz dieses Sektors beträgt über Hundertachtzig Milliarden Euro pro Jahr und hat in den letzten fünf Jahren eine halbe Million neue Arbeitsplätze geschaffen. Die EU ist daher ein wichtiger Akteur auf dem globalen Markt für Umwelttechnologien, der sich auf insgesamt ungefähr Fünfhundertfünfzig Milliarden Euro beläuft.	Nach der gesamtwirtschaftlichen Betrachtung wird auf kleinere Dimensionen eingegangen. Sowohl zukünftige Herausforderungen als auch bestehende Erfolge werden dargestellt.
Die Konferenz bietet Ihnen sieben Vorzeigeprojekte im Bereich nachhaltiger Wirtschaft. Ein Höhepunkt der Konferenz, den ich nicht unerwähnt lassen möchte, ist die Podiumsdiskussion mit Experten der Landeshauptstadt. München bekennt sich zu nachhaltigem Wirtschaften und fördert ökologisch fortschrittliche Wirtschaft.	Anmerkungen zum Ablauf und zum Konferenzprogramm. Anhand der Vorschau auf zwei besonders interessante Beiträge werden die Zuhörer motiviert, bis zum Ende zu bleiben. Einer der beiden interessanten Beiträge ist strategisch als Höhepunkt gegen Ende geplant.
In einem Vortrag werden Sie als weiteren Höhepunkt erfahren, wie Unternehmen bereits ökonomisch erfolgreich nachhaltig wirtschaften. Der bekannte Viskosehersteller Lenzing erzeugt Textilien, die aus Holz und somit aus erneuerbaren Energien gewonnen werden. Durch Entwicklung einer neuen Viskosefaser können beachtliche vierzig Prozent Energie, dreißig Prozent Farbstoff und sechzig Prozent Wasser eingespart werden.	Im rhetorischen Aufbau entspricht das Erklären zweier Beispiele dem Eingehen auf die Details. Damit ist die Vorgehensweise vom Allgemeinen zum Besonderen beim letzten Schritt angekommen, es folgt nun ein würdiger Übergang zum Ende dieser Eröffnungsrede.

Mehr dazu und mehr zu anderen faszinierenden Projekten werden Sie heute erfahren und ich darf Ihnen bereits unsere erste Rednerin ankündigen: Frau Diplomingenieur …	Die Ankündigung der ersten Rednerin rundet die Eröffnung ab. Wie haben Sie den Einstieg zum ersten Vortragenden gemeistert? Ähnlich oder ganz anders?

Reflexion und Aufarbeitung

Jetzt benötigen Sie etwas Zeit um Ihre Rede aufzuarbeiten. Reflexion bringt Kenntnis über Stärken und Schwächen der eigenen Leistung.

Betrachten Sie Ihre Lösung und beantworten Sie folgende Fragen:

	Wie habe ich die Eröffnung gestaltet?	Wie konnte ich die Zuhörer abholen?	Wie habe ich Interesse beim Publikum geweckt?
Was gefällt mir an meiner Lösung?			
Damit Sie Freude am Reden entwickeln, ist es wichtig, eigene Stärken zu kennen und zu dem zu stehen, was Sie an sich selbst mögen – bitte keine falsche Bescheidenheit!			
Woran will ich noch arbeiten, um mich zu verbessern?			
Damit Sie echte Verbesserungen erzielen, definieren Sie konkret, woran Sie noch arbeiten wollen. Überlegen Sie, welcher Teilschritt der nächste sein muss.			

Wie ging es mir mit den Trainingsschwerpunkten?
Was mir bei Wortwahl und Wortschatz wichtig erscheint:
Was mir dabei noch nicht klar ist:

Wenn Sie Ihren Wortschatz und Ihre Wortwahl weiter optimieren wollen, machen Sie folgende Übungen.

Die richtige Wortwahl

Neben einer Fülle von Worten, die unterschiedlich interpretierbar sind, gibt es Worte, die eine positive Wirkung haben und andere, die negative Gefühle vermitteln. So bewirken Worte wie „Liebe“, „Freude“ oder „Friede“ positive Energie, während negative Worte wie „Hass“, „Rache“ oder Schimpfwörter wie „Arschloch, ...“ destruktiv wirken.

Sind Worte wirklich so mächtig? Die Macht der Worte wirkt als Ausdruck von Erfahrungen und Träger von Energie. Wenn wir Worte senden, teilen wir indirekt auch unsere Erfahrungen mit und geben Energie weiter. Wenn wir positive Worte aussenden, werden wir eine positive Wirkung auf unsere Zuhörer haben. Wenn wir hingegen negative Worte sagen, werden wir ein negatives Umfeld schaffen.

Reizphrasen und „Magic Words"

Worte unterliegen auch Veränderungen und Moden. Ein Wort bekommt oder verändert die Bedeutung durch die Verwendung in der Öffentlichkeit. Das Wort „Massenvernichtungswaffen“ hat beispielsweise seine vielschichtige Bedeutung erst seit dem zweiten Irak-Krieg bekommen, während andere Worte die Bedeutung verändern, beispielsweise „Rabattmarken“, die nach dem Krieg überlebenswichtig waren und heute in Werbungen verwendet werden.

Ein Redner sollte mit den aktuellen Wortbedeutungen vertraut sein. Er kann dann entscheiden, ob er auf die Modewelle einer Wortverwendung aufspringen oder der Penetranz eines Wortes bewusst entgegenwirken möchte. In beiden Fällen signalisiert er Kompetenz als Redner, da er zeigt, dass er den Zeitgeist der Sprache kennt.

Eine Unterstützung, um auf dem neuesten Stand zu sein, bietet die jährliche Wahl zum Wort und Unwort des Jahres. In Deutschland waren das in den letzten Jahren:

Jahr	Wort des Jahres	Unwort des Jahres
2005	Bundeskanzlerin	Entlassungsproduktivität
2004	Hartz IV	Humankapital
2003	Das alte Europa	Tätervolk
2002	Teuro	Ich-AG
2001	Der 11. September	Gotteskrieger

Die Wörter des Jahres werden regelmäßig von der Gesellschaft für deutsche Sprache (GfdS) bekannt gegeben.

Unbedachte Worte

Werden Worte unüberlegt gesagt, kommt es vor, dass der Redner etwas ausdrückt, was er nicht beabsichtigt. Besonders unangenehm ist das, wenn zwischen den Zeilen etwas gesagt wird, das einen negativen Beigeschmack hinterlässt.

Folgendes Beispiel zeigt, was unbedachte Wortwahl anrichtet. Herr Brandner sagte als Vorgesetzter von Frau Verdi bei einer Lobrede: „Dreißig Jahre umfasst der Zeitraum, den Sie, Frau Verdi, in unserem Hause anwesend sind, und Sie waren immer zur Stelle, wenn Sie gebraucht wurden."

Übung:

1. Analysieren Sie dieses Beispiel und halten Sie fest, welche Worte oder Phrasen schlecht für eine Lobrede gewählt sind.

___

2. Machen Sie es besser! Arbeiten Sie das Beispiel um, sodass eine Belobigung entsteht, die eindeutig gut ankommt und die Mitarbeiterin als Vorbild für andere dasteht.

___

Lösung:

1. Die Analyse des Beispieles ergibt, dass Frau Verdi hier einige negative Zwischenbemerkungen hören musste, die mehr Schläge als Streicheleinheiten sind. Frau Verdi war nur anwesend? Und war sie nur zur Stelle, wenn sie gebraucht wurde oder arbeitete sie immer gut? Mit unbedachten Worten wie hier kann die Mitarbeiterin kaum als Vorbild für andere dienen.
2. Eine bessere Wortwahl ist: „Dreißig Jahre sind Sie, geschätzte Frau Verdi, in unserem Haus die wichtigste und verlässlichste Säule der Abteilung Einkauf. Auf vorbildliche Weise waren Sie in jeder Situation immer hilfreich und freundlich zur Stelle."

Sprachgefühl entwickeln

Sprache und die Verwendung von Worten ist etwas, wofür man ein Gefühl entwickeln muss. Am besten lässt sich das durch Sprechpraxis, beim Reden und in verschiedenen Übungen aufbauen. Folgende Übung steigert Ihr Gefühl für angemessene Wortverwendung.

Übung:

1. Erstellen Sie eine Liste mit Worten, die in hohem Maß positiv oder negativ empfunden werden.
2. Sammeln Sie Wortphrasen, die einen unangenehmen Reiz aussenden.

positive Wörter **negative Wörter**

Reizphrasen:

Lösung:

Hier eine Liste der wichtigsten Wörter. Haben Sie dieselben gefunden? Was haben Sie zusätzlich für Wörter gesammelt?

positive Wörter
gerne
für Sie
(Name)
ich freue mich ...
wir bemühen uns ...
anbieten
Herausforderung
bitte
danke
Entschuldigung
Zuversicht
preiswert
günstig
ja
aktiv
Familie
Freiheit
Human
Friede
Lebensqualität
Erfolg
gesund
Liebe
Freude

negative Wörter
unmöglich
unwahrscheinlich
nein
aber
nie, niemals
falsch
Überforderung
nicht, keine ...
keine Ahnung
Problem
korrupt
nicht da
nicht zuständig
Sie liegen falsch
krank
Ideologie
Neid
Stress
Krise
Lüge
Gefahr
arbeitslos
(Schimpfwörter)

einige Reizphrasen:
„Hören Sie doch endlich einmal genau zu ..."
„Das müssen Sie falsch verstanden haben ..."
„Das ist schon richtig, aber ..."
„So ein Blödsinn ..."
„Für eine Frau sind Sie recht intelligent ..."
„Typisch Männer ..."
„Das kann man nicht so sehen ..."

Mehr Möglichkeiten durch sprachliche Vielfalt

Ein umfangreicher Wortschatz erleichtert es dem Redner, sich gut auszudrücken, da er mehr Möglichkeiten hat, eine Sache darzustellen. Neue Worte bewirken neue Wahrnehmungsmöglichkeiten für den Zuhörer. Ein guter Wortschatz lässt sich aufbauen, man braucht nur wachsam und neugierig durch die Welt zu gehen und offen für Neues zu bleiben.

Tipp: Behalten Sie eine interessierte „Wort-Neugierde", denn neue Worte bewirken neue Wahrnehmungsmöglichkeiten – für Sie und Ihr Publikum.

Erweitern Sie Ihren Wortschatz

Tipp: Erweitern Sie Ihren Wortschatz in einem dauerhaften Lernprozess. Gehen Sie aufmerksam durch das Leben, lesen Sie viel und nehmen Sie jedes neue Wort bewusst war. Schlagen Sie im Wörterbuch nach, was die genaue Bedeutung ist und verwenden Sie das Wort danach selbst. Gefällt es Ihnen, so integrieren Sie es in Ihren persönlichen Sprachspeicher.

Was geschieht, wenn sich jemand nicht schlau macht, was Wörter bedeuten, zeigen zwei Beispiele aus der Politik.
Ein Politiker warf in einem Interview seinem politischen Gegner vor, er benutze „martialisches Kriegsvokabular". Martialisch bedeutet kriegerisch. „Kriegerisches Kriegsvokabular" ist eine sinnlose Doppelbeschreibung und zeigt, dass sich der Mann offenbar nicht auskannte.
Andere Politiker verwendeten das Wort „Quantensprung" und wollten damit sagen, dass etwas, das sie angepackt haben, einen großen und besonderen Sprung bedeutet. Das ist eine klassische Fehlverwendung, denn das Wort Quantensprung kommt aus der Physik und das Wirkungsquantum ist unvorstellbar klein! Verglichen mit Wirkungen unserer Alltagswelt beträgt es nur 1/1000000000000000000000000000000000 Wirkungseinheiten. Das sind grundsätzlich ganz kleine Sprünge! Der Quantensprung ist auch nichts besonderes, denn für die unzähligen Atome des Universums ist der Quantensprung etwas ganz Normales (jedenfalls im Bohrschen Atommo-

dell). Es bleibt also nur noch die Verwendung dieses Wortes als sprunghafte und plötzliche Änderung. Zum Leidwesen der Politiker zeigen neueste physikalische Experimente, dass der sprunghafte Übergang von einem Wirkungsquantum in ein anders nicht sicher ist.
Sobald Quantenforscher in der Öffentlichkeit auf diese Tatsachen hinwiesen, änderte das einerseits die Bedeutung des Wortes und andererseits zeigte es die Unbedachtheit dieser Politiker, die hier ein Wort offensichtlich nur deshalb verwendeten, weil es durch seinen wissenschaftlichen Charakter Eindruck macht.

Ähnlich der Wortwahl vergrößert man seinen Wortschatz am besten durch praktisches Training. Sie sind herzlich eingeladen, mit folgenden Übungen an Ihrem Wortschatz zu arbeiten.

Übung: Wortschatz erweitern

1. Finden Sie für jeden Begriff möglichst viele Synonyme:

heiß

einfach

zäh

2. Finden Sie für jedes der Themen eine griffige Schlagzeile.

Qualitätssicherungssystem einführen

Abblendlicht am Tag

Zeitmanagement für Führungskräfte

Lösung:

Hier einige Lösungsvorschläge. Haben Sie ähnliche Begriffe gefunden?
1. heiß: warm, feurig, brennend, lodernd, leuchtend, heikel, erregend, verschwitzt, gestohlen, sexy
einfach: schlicht, unkompliziert, naiv, dumm, schmucklos, leicht, derb, beschränkt, simpel
zäh: hart, widerspenstig, widerstandsfähig, schwierig, klebrig, hartnäckig, unzerreißbar, dickflüssig, langsam, eigensinnig

Die Beispiele zeigen: Bei Verwendung eines Synonyms kann eine bestimmte Bedeutung verstärkt werden. Daher ist es wichtig zu wissen, was man mit dem Wort ausdrücken möchte.

2. „Qualität statt Reklamationen", „Qualität made in Germany",...
„Licht ist klug und das ist gut", „Lichtfahrer sind sichtbarer",...
„Mehr Zeit für Sie und Ihr Team", „Wer es eilig hat, gehe langsam",...

Willkommensrede: So holen Sie Newcomer ins Boot

Training 8

Trainingsschwerpunkt: *Beispiele einsetzen können.*
Ihre Zuhörer: Zehn junge Mitarbeiter einer Newcomer-Schulung.
Situation: *Die neuen Mitarbeiter lernen in einer eintägigen Schulung das Unternehmen kennen. Sprecher aus verschiedenen Abteilungen gestalten den Ablauf. Sie sind als Direktor eingeladen, die jungen Kollegen offiziell willkommen zu heißen und ihnen einen Überblick über das Unternehmen und den Einführungstag zu geben.*
Ziel: *Positiven Eindruck von der Firma vermitteln und eine motivierende Wirkung hinterlassen. Die neuen Mitarbeiter sollen stolz sein, in dieser Firma arbeiten zu können.*

Fragen zur Redeplanung:
Folgende Überlegungen führen Sie gezielt zu einer Willkommensrede:

- Welche Erwartungen haben die neuen Mitarbeiter?
- Wie leite ich am Ende meines Beitrags zur Veranstaltung über?
- Was bringe ich im Hauptteil?
- Womit beginne ich – welcher Einstieg weckt das Interesse der Anwesenden?
- Wie spreche ich die jungen Kollegen an – wie stelle ich Kontakt her?
- Welche Beispiele sollen meine Worte unterstreichen?

Bausteine und Ideen:
- Struktur des Unternehmens erläutern.
- Kontaktpersonen anderer Abteilungen vorstellen.
- Den Mitarbeiter nicht wahllos mit Informationen überhäufen, sondern Prioritäten setzen und zunächst das Wichtigste mitteilen.
- Ein abschließender Rundgang belebt die Rede, es können interessante Schnittstellen und Sozialräume gezeigt oder der Betriebsrat besucht werden.

Entwickeln Sie bitte jetzt Ihren Aufbau.
Erarbeiten Sie eine Willkommensrede für diese Veranstaltung und setzen Sie Beispiele gekonnt ein. (Wählen Sie ein Unternehmen, zu dem Sie Wissen mitbringen.)

Musterlösung:

Bei der Musterlösung werden die Mitarbeiter im globalen Konzern Sieminfo-Systems begrüßt. Nach den Willkommensworten erfolgt ein Rundgang.

Links finden Sie den Lösungsvorschlag. In der rechten Spalte finden Sie Erklärungen zu Wirkung und Variationsmöglichkeiten. Lenken Sie Ihre Aufmerksamkeit auch darauf, was bei Ihrer Lösung positiv und gelungen ist!

Sehr geehrte Mitarbeiterinnen und Mitarbeiter – und vor allem liebe neue Kolleginnen und Kollegen! Es freut mich, Sie im Namen unserer Geschäftsführung begrüßen zu dürfen.	In der Begrüßung sendet der Direktor ein Signal der gleichen Gesprächsebene an die neuen Mitarbeiter, da er sie als Kollegen anspricht.
Aus einer Vielzahl von Bewerbungen konnten Sie uns überzeugen, weil wir tüchtige Mitarbeiter brauchen, die in Zeiten wirtschaftlicher Herausforderungen mit uns an einem Strang ziehen.	Es wird hervorgehoben, dass es Leistung darstellt, den Bewerbungsprozess erfolgreich zu bestehen. Die wirtschaftliche Situation wird als Herausforderung beschrieben und die neuen Kollegen werden motiviert, Teil des Unternehmens zu werden.

Sieminfo-Systems gehört zu den weltweit größten und traditionsreichsten Firmen für Hardware und Software. In rund zweihundert Ländern unterstützen wir unsere Kunden. Sieminfo-Systems wurde vor über hundert Jahren gegründet und ist bis heute mit innovativen Techniken und umfassendem Know-how ein „Big-Player" im Markt. Unser Konzern ist auf den Gebieten Information, Kommunikation und Automation tätig. Wenn Sie eine internationale Karriere anstreben, werden Sie bei uns Möglichkeiten finden.	Dann wird an die Größe und Tradition der Firma erinnert. Einige beeindruckende konkrete Beispiele liefern den Beweis, dass das Unternehmen wirklich groß ist und Tradition hat. Ein weiteres Beispiel gibt den jungen Mitarbeitern Ideen, dass ein großes Unternehmen Vorteile für eine internationale Karriere hat.
Ihre direkten Vorgesetzten und Mitarbeiter haben Sie sicher schon kennen gelernt, über wichtige Kontaktpersonen anderer Abteilungen werden Sie am heutigen Tag noch informiert. Außerdem werden Sie im Anschluss alles erhalten, was Sie zum vollwertigen Sieminfo-Systems-Kollegen macht, unter anderem auch Ihre Chipkarte, mit der Sie in das Gebäude kommen und das Essen bezahlen können.	
Wer welche Aufgaben und Kompetenzen im Unternehmen hat und die wichtigen Informationen, was Sie bei Unfallverhütung, Brandschutz, Datenschutz und in Notfällen tun müssen, werden Sie in weiterer Folge von kompetenten Kollegen vermittelt bekommen.	Einige Beispiele, was noch zu erwarten ist, geben den Zuhörern ein gutes Bild, welchen Nutzen sie von diesem Tag haben werden. Haben Sie ebenfalls gute Beispiele für Ihre Rede gefunden?

Jetzt darf ich Sie abschließend zu einem Rundgang einladen, wo Sie die Sozialräume sehen und den Betriebsrat besuchen werden. Ich werde mich im Laufe des Rundganges von Ihnen verabschieden und wünsche Ihnen, dass Sie sich im Unternehmen wohl fühlen, denn wenn es Ihnen gut geht, geht es auch unserer Firma gut! Meine Tür steht jederzeit für Sie offen, scheuen Sie sich nicht, mit mir Kontakt aufzunehmen, wenn Sie ein Anliegen haben.	Am Schluss steht ein Bekenntnis dazu, dass es allen Mitarbeitern gut gehen soll, verbunden mit dem Hinweis, dass ein gutes Firmenklima und gute Leistungen des Unternehmens von den Mitarbeitern getragen werden. Das Angebot der Kontaktaufnahme schließt die Rede ab. Wichtig ist in dieser Situation, dass bei der Rede bereits alles gesagt wird, denn beim Rundgang wäre es schwer, die volle Aufmerksamkeit zu erhalten, dort verabschiedet sich der Direktor dann kurz.

Reflexion und Aufarbeitung

Nehmen Sie sich Zeit, Ihre Rede aufzuarbeiten. Reflexion bringt Kenntnis über Stärken und Schwächen der eigenen Leistung und ist somit ein wichtiger Schritt für persönliches Wachstum.

Betrachten Sie Ihre Lösung und beantworten Sie folgende Fragen:

	Wie habe ich das Ziel erreicht?	Wie konnte ich die neuen Mitarbeiter abholen?	Wie habe ich sie stolz gemacht, in der Firma zu sein?
Was gefällt mir an meiner Lösung?			
Damit Sie Freude am Reden entwickeln, ist es wichtig, eigene Stärken zu kennen und zu dem zu stehen, was Sie an sich selbst mögen – bitte keine falsche Bescheidenheit!			
Woran will ich noch arbeiten, um mich zu verbessern?			
Damit Sie echte Verbesserungen erzielen, definieren Sie konkret, woran Sie noch arbeiten wollen. Überlegen Sie, welcher Teilschritt der nächste sein muss.			

Wie war der Einsatz von Beispielen?
Mir gefiel daran:
Mich störte dabei:

Beispiele einsetzen

Beispiele machen den Inhalt lebendig und zeigen praktische Anwendungen oder Auswirkungen. Beispiele sind sinnvoll und wichtig, sie unterstützen den Teilnehmer von Veranstaltungen darin, neu erworbenes Wissen in die Praxis umzusetzen.

In vielen Reden wird trotzdem mit Beispielen gegeizt. Manche Menschen suchen keine Beispiele, manche finden keine und andere denken, es gibt für ihren Bereich keine. Zugegeben, es ist nicht immer leicht, ein gutes Beispiel zu finden, aber lassen Sie sich nicht einreden, es gäbe keine. Gute Vortragende finden für die schwierigsten Zusammenhänge ein Beispiel.

Tipp: Fragen Sie sich, ob Ihr Beispiel zur Zielgruppe passt. Wer bei Fußballern den „zweiten Aufschlag" als Beispiel bringt, wird nicht soviel Verständnis ernten wie jemand, der dasselbe Beispiel vor Tennisspielern anführt.

Beispiele bewirken in einer Rede entweder Auflockerung und Inhaltsvermittlung oder sie helfen bei der Beweisführung.

Beispiele zur Auflockerung und Inhaltsvermittlung

Bei Sitzungen und Besprechungen sorgt ein Beispiel für Auflockerung und veranschaulicht den Inhalt. Es ist rhetorisch klug, theoretische Sachverhalte mit einem passenden Beispiel zu vermitteln.

Einen abstrakten Inhalt oder eine allgemeine Äußerung wird mit einem konkreten Beispiel veranschaulicht, indem das Abstrakte mit dem Beispiel sprachlich verbunden wird. Mit einem einleuchtenden Exempel können theoretische Inhalte vermittelt und gleichzeitig aufgelockert werden.

Beispiele zur Beweisführung

In anderen Situationen sind konkrete Beispiele eine starke Waffe zur Beweisführung. Hinter der Strategie, mit einem Beispiel eine allgemeine Aussage zu stützen, steckt die gleiche Logik wie beim Rückschluss vom Besonderen auf das Allgemeine. Den haben wir bereits bei den Redebauplänen ab Seite 58 kennen gelernt. Die Methode, von einem Beispiel auf etwas Größeres zu schließen, zählt in der Rhetorik zur argumentativen Beweisführung.

Um die Vor- und Nachteile der Beweisführung anhand von Beispielen zu erläutern, hier ein kurzer Ausflug in die Biologie: Wenn ein Schwan weiß ist, sind es dann alle? Wenn alle bekannten Beispiele weiß sind, sind Schwäne dann grundsätzlich weiß? Lange Zeit galt als bewiesen, dass alle Schwäne weiß sind, da alle Beispiele dies belegten. Nach der Entdeckung Australiens fand man dort schwarze Schwäne. Die Beweisführung stellte sich als falsch heraus.

In der Rhetorik brauchen Sie passende und konkrete Beispiele, um einen guten Beweis zu liefern. Sind die Beispiele nicht wohlüberlegt und stichhaltig, so ist der Gegenbeweis schnell erbracht.

Tipp:

1. Suchen Sie sichere oder sehr wahrscheinliche Beispiele.
2. Bringen Sie konkrete Beispiele mit klaren Konturen.
3. Beschreiben Sie kurzweilige Beispiele.

Ein gutes Beispiel:

Frau Schuster hörte einen Vortrag über die Symbiose zwischen Mann und Frau: „Eine Symbiose ist eine Lebensgemeinschaft zum beiderseitigen Nutzen. Männer und Frauen müssen nicht gleich sein, sie müssen nur den richtigen Weg finden, einander positiv zu ergänzen. Folgendes Beispiel aus der Natur verdeutlicht, was ich sagen will: In der Steppe Afrikas gesellen sich die Gnus immer zu den Zebras. Gnus riechen besser und Zebras sehen besser, in dieser Symbiose ergänzen sie sich perfekt. Gemeinsam nehmen sie Raubtiere früher wahr und können mehr erreichen als jede Tierart alleine."

Training 9 Hochzeitsansprache: So meistern Sie die Situation als Brautvater

Trainingsschwerpunkt: *Bildhaft sprechen und Metaphern verwenden.*
Ihre Zuhörer: *Siebzig Personen einer Hochzeitsfeier.*
Situation: *Als Brautvater erwartet man von Ihnen eine Rede zur Feier. Sie wollen nicht unvorbereitet in die Hochzeitsansprache gehen.*
Ziel: *Kundgabe positiver Gefühle, Glückwünsche an das Brautpaar.*

Fragen zur Redeplanung:

Folgende Überlegungen erleichtern es, die Rede gelungen aufzubauen.

- Wie spreche ich meine Zuhörer an?
- Wie will ich meine Rede beenden?
- Welche – maximal drei – Punkte bringe ich zwischen Einleitung und Schluss?
- Womit beginne ich – welcher Einstieg weckt das Interesse der Anwesenden?

Bausteine und Ideen:

- Eine Hochzeit ist ein feierlicher Anlass.
- Die Bedeutung der Familiennamen kann dafür verwendet werden, auf die Verbindung der Namen einzugehen.
- Was ist das besondere an dem Paar?
- Die Kraft der Liebe führt Braut und Bräutigam zusammen.

Entwickeln Sie bitte jetzt Ihren Aufbau.

Bereiten Sie die Hochzeitsansprache schriftlich vor und nutzen Sie die Kraft sprachlicher Bilder.

Musterlösung:

Bei der Musterlösung vermählen sich Bräutigam Dieter aus Hamburg und Braut Maria aus München.

Liebes Brautpaar! Werte Gäste!	Die Ansprache beginnt mit einer offiziellen und feierlichen Begrüßung. Sollte ein Geistlicher anwesend sein, sollte an dieser Stelle ein Dank fürs Kommen ausgesprochen werden.
Liebe Maria – du bist in unseren Händen vom Kind zu einer jungen Dame herangewachsen. Heute feiern wir, dass du mit deinem Partner einen Bund fürs Leben eingehst.	Die Ehe als „Bund fürs Leben" ist eine Analogie, die oft zu hören ist und alte Wurzeln hat. Emotionen der Brauteltern werden thematisiert und die Tochter wird offiziell in die Obhut ihres Mannes übergeben.
Lieber Dieter – behüte unsere Maria und behandle sie wie einen echten Hauptgewinn. Obwohl Maria schon ein erwachsener Mensch ist, fällt uns die Trennung nicht leicht.	Der „echte Hauptgewinn" beschreibt bildhaft den Stolz des Vaters, für den seine Tochter etwas Besonderes ist.
Liebe Gäste – der heutige Freudentag zeigt uns, dass Zuneigung und Liebe die Entfernung Hamburg – München spielend überwindet. Ich wünsche den beiden, dass die Unterschiede, die sie mitbringen, einander ergänzen und die Ehe kurzweilig machen. Die glückliche Zeit möge ewig anhalten.	Die Überwindung der geografischen Distanz dient als Symbol für Liebe und Zuneigung. Die positive Seite von Unterschieden wird hervorgehoben und die Kurzweiligkeit als großer Vorteil für die Ehe erkannt.

Bei kleinen und großen Unwettern auf eurer Reise oder bei Meinungsverschiedenheiten – und solche sind leider – oder Gott sei Dank – nicht auszuschließen, kann ich euch nur den Rat geben, Ruhe zu bewahren. Versetzt euch in die Lage des anderen und sucht dann eine gemeinsame Lösung, um wieder Schönwetter zu erleben.	Mit „Unwetter", „Reise" und „Schönwetter" werden sehr gebräuchliche starke sprachliche Bilder genutzt. Die Ehrlichkeit, dass es auch einmal nicht so gut laufen kann, macht diesen Teil sehr authentisch. Ein guter Rat des Brautvaters gibt dem frischen Paar Positives für solche Situationen mit.
Wir wünschen euch alles Gute und viel Glück für Euren zukünftigen gemeinsamen Lebensweg. Euch beiden Liebe, Glück und Spaß, darauf erhebe ich mein Glas.	Im Schlussteil wird nochmals im Namen aller („wir...") Glück gewünscht und ein gereimter Toast ausgesprochen.

Links – wie immer – unser Lösungsvorschlag, rechts daneben Erklärungen zu Wirkung und Variationsmöglichkeiten.
Überlegen Sie in jeder Phase der Musterlösung, wie sie Ihre Lösung bereichert. Lenken Sie Ihren Fokus des Weiteren auf das, was bei Ihrer Lösung positiv und gelungen ist! Entwickeln Sie Spaß am Gestalten verschiedener Möglichkeiten!

	Wie habe ich die Aufgabe gemeistert?	Wie konnte ich positive Stimmung vermitteln?	Wie konnte ich dem Brautpaar etwas mitgeben?
Was gefällt mir an meiner Lösung?			
Damit Sie Freude am Reden entwickeln, ist es wichtig, eigene Stärken zu kennen und zu dem zu stehen, was Sie an sich selbst mögen – bitte keine falsche Bescheidenheit!			
Woran will ich noch arbeiten, um mich zu verbessern?			
Damit Sie echte Verbesserungen erzielen, definieren Sie konkret, woran Sie noch arbeiten wollen. Überlegen Sie, welcher Teilschritt der nächste sein muss.			

Wie ging es mir mit der bildhaften Sprache?
Mir gefiel beim Verwenden von Metaphern und Analogien:
Probleme hatte ich bei diesem Schwerpunkt mit:

Reflexion und Aufarbeitung

Für eine Weiterentwicklung Ihrer Fähigkeiten ist das Überarbeiten Ihrer Rede wichtig.

Für eine bessere bildhafte Sprache arbeiten Sie folgende Seiten gut durch.

Bildhafte Sprache

Wenn wir Schwarzwälderkirschtorte hören, was erscheint dann vor unserem geistigen Auge? Wohl nicht die Buchstaben dieses langen Wortes, sondern ein Bild der berühmten Torte.

Bildhafte Sprache ist deshalb so wichtig, da der Mensch die meisten Informationen visuell aufnimmt und verarbeitet. Ein guter Redner übermittelt die Bilder seiner Gedanken und macht sie zu Bildern seiner Zuhörer.

Hören Sie einerseits, dass Brasilien 8,5 Millionen Quadratkilometer groß ist, fällt eine bildhafte Vorstellung schwer. Erfahren Sie andererseits, dass Brasilien doppelt so groß wie die Europäische Union – nach der Osterweiterung – ist, bekommen Sie eine Idee von den Ausmaßen dieses großen Landes.
Oder wenn Sie einem Raucher die Zahl der Todesfälle durch Nikotin präsentieren, entsteht dazu keine Betroffenheit. Wäre diese Statistik z. B. auf das Fliegen umgelegt, würde eine bildhafte Analogie entstehen: Täglich würden vier große Jumbo-Jets mit je zweihundertfünfzig Personen abstürzen. Würde er bei diesem Risiko noch fliegen? Warum raucht er bei gleich hohem Risiko noch?

Visuell kann eine große Informationsmenge gleichzeitig und unmittelbar dargestellt werden. Wir haben das bereits auf Seite 37 dargestellt.

Ein Bild sagt mehr als tausend Worte.

Verbale Bilder sind mächtige Werkzeuge eines jeden Redners und es gibt viele Möglichkeiten, bildhaft zu formulieren:

- „Ich sehe rot."
- „Wir haben die gleiche Perspektive."
- „Ein sonniges Gemüt."
- „Er hat einen blinden Fleck."
- „Sie wird Licht in die Sache bringen."
- „Die Zukunft wird durch etwas getrübt."
- „Er sah es vor seinem geistigen Auge."
- „Nimm das unter die Lupe."
- „Ein grauer Novembertag."
- „Wir blicken zurück und das Leben erscheint uns bunt."

Metaphern und Analogien

Eine Metapher als sprachliches Bild bewirkt eine sofortige Vorstellung. Der Zuhörer ist „im Bild“, was der Redner meint.

Wie kann ein Redner zu guten bildhaften Analogien kommen?

Einerseits kann man Metaphern, die man bei anderen Rednern hört, verwenden. Andererseits können Sie eigene maßgeschneiderte Analogien entwickeln. Um eine Metapher zu entwickeln, gehen Sie so vor:

- Was ist die Wirkung, die ich beschreiben will?
- Welche analoge Situation hat jene Wirkung?
- Welches passende Beispiel hat jemand erlebt?
- In welchem entfernten Gebiet (Natur, Technik, Wirtschaft,...) beobachtet man Vergleichbares?
- Hat die gefundene Analogie andere Aussagen, die ich nicht bedacht habe und die meiner Absicht entgegenwirken?
- Ist verständlich, was ich mit der Metapher sagen will, oder benötigte ich zusätzliche Hinweise?

Sie können flache oder tiefe Analogien entwickeln.

Flache Metaphern

Bei der flachen Metapher entfernt man sich nur minimal vom Ausgangsbild. Beispielsweise wird für eine allgemeine Beschreibung wirtschaftlicher Kreisläufe ein konkretes Beispiel eines Kleinunternehmens beschrieben. Oder für die Erklärung einer Sicherheitsroutine wird im Detail erläutert, wie dies für Mitarbeiter Mustermann abläuft. Flache Metaphern sind oftmals praktische Beispiele.

Tiefe Metaphern

Bei einer tiefen Metapher entfernt man sich deutlich vom Ausgangsbild. Meist ist das mit einem gedanklichen Sprung in andere Branchen, in die Technik, in die Natur, etc. verbunden. Dieser Sprung erfordert vom Zuhörer mehr geistige Flexibilität.

- Gelingt er, so ist das Bild besonders wirksam, da damit eine starke Irritation verbunden ist. Irritation ermöglicht neue Denkprozesse, innovatives Denken und hohe Erinnerung.
- Gelingt er nicht, hinterlässt er Unverständnis und dem Redner bleibt nur die Hoffnung, dass die Metapher langfristig wirkt.

Eine tiefe Metapher benutzt ein Redner, der über das Erinnerungsvermögen der Menschen spricht und das menschliche Gehirn als Festplatte bezeichnet. Oder ein Sprecher der über Treue in der Ehe spricht und Enten anführt, die eine lebenslange Partnerschaft bilden. Oder derjenige, der das Konkurrenzverhalten in der Partnersuche mit freier Marktwirtschaft vergleicht.

Übung:

Beobachten Sie sich selbst, hören Sie sich in Ihrer Umgebung sowie in den Medien um und filtern Sie Metaphern und Analogien heraus. Notieren Sie diese.

____

____

____

____

____

Lösung:

Was konnten Sie für bildhafte Vergleiche finden? Vielleicht war der eine oder andere aus dieser Liste dabei.

- „Die Sache stinkt zum Himmel."
- „Seine Vorschläge wurden in der Luft zerrissen."
- „Luisa und Wolfgang entflammten für einander."
- „Er leistet saubere Arbeit."
- „Licht am Ende des Tunnels."
- „Eine magere Dividende oder fette Gewinne."
- „Am gleichen Strang ziehen."
- „Das Fundament, auf das wir bauen."

Weihnachtsrede (mit Videounterstützung): So stimmen Sie Ihren Verein festlich ein

Training 10

Trainingsschwerpunkt: *Gute Körpersprache, passende Gestik und Mimik.*
Ihre Zuhörer: *Fünfzig Mitglieder eines Vereins mit ihren Partnern.*
Situation: *Sie sind ein hochrangiges Mitglied des Vereinsvorstandes. Die anderen Personen des Vorstandes haben Sie ersucht, die Rede im Namen des Vorstandes zu halten. Sie haben eingewilligt und wollen die Gelegenheit nützen, Rhetorik praktisch zu trainieren. Die Feier findet in der Vorweihnachtszeit im Saal eines Restaurants statt.*
Ziel: *Feierliche Worte zur Weihnachtszeit. Abrundung des Vereinsjahres und weihnachtliche Glückwünsche an die Mitglieder und deren Partner.*

Fragen zur Redeplanung:
Beantworten Sie folgende Fragen. Das Konzept Ihrer Weihnachtsrede ergibt sich damit fast wie von selbst.

- Welche Erwartungen haben die Vereinskollegen?
- Wie gestalte ich den Schluss?
- Welche Punkte bringe ich im Hauptteil?
- Welcher Einstieg weckt das Interesse der Anwesenden?
- Wie spreche ich meine Zuhörer an?
- Welche anreichernden Zusätze (Zitate, Vergleiche, Bilder, ...) sollen meine Worte unterstreichen?

Bausteine und Ideen:
- Eine gute Idee ist, eine Weihnachtsgeschichte oder ein Gedicht in den Mittelpunkt zu stellen und einen Bezug zum Verein herzustellen.
- Die meisten Partner der Vereinsmitglieder sind anwesend und es ist eine schöne Wertschätzung, sich für die Zeit, die sie ihren Liebsten im Verein gewähren, zu bedanken.

- Weihnachten ist eine Zeit der Ruhe und Besinnlichkeit und kann für Botschaften, die damit zu tun haben, genutzt werden. Der Bogen kann von mehr Mitmenschlichkeit mit einer Spendenaktion bis zu einem besinnlichen Abend gespannt werden.
- Ein Gedicht für einen Mitmenschlichkeitsappell beziehungsweise Spendenaufruf:

  An das Krippenkind[15]
  Du armes Krippenkind auf grobem Stroh,
  bei deinem Anblick werden alle froh,
  die hier auf der Erde schlecht gebettet sind,
  und schlecht behaust bei Frost und Wind.
  Die Welt ist noch die Welt von ehedem,
  da du geboren wardst zu Bethlehem.
  Und der Herodes tut da, was er will
  Und macht auf seine Art die Kindlein still.
  Die Reichen laden nur die Reichen ein,
  du wirst auch diesmal nicht geladen sein.
  Doch kannst du wohnen, wo es dir beliebt,
  weil´s überall auf Erden Armut gibt.

Entwickeln Sie bitte jetzt die Rede und zeichnen Sie Ihre Durchführung mit Video auf.
Trainieren Sie die Weihnachtsrede, setzen Sie Haltung, Mimik und Gestik gekonnt ein. (Wählen Sie für Ihr Training einen Verein, zu dem Sie einen Bezug haben oder wo Sie tatsächlich Mitglied sind.)

Musterlösung:

Die Musterlösung findet in einem Tennisverein statt. Es sind nahezu alle Mitglieder anwesend.

Links finden Sie den Lösungsvorschlag. In der rechten Spalte finden Sie Erklärungen zu Wirkung und Variationsmöglichkeiten. Lenken Sie Ihren Fokus des Weiteren auf das, was bei Ihrer Lösung positiv und gelungen ist!

---

15 Franz Kiesling (1955): Seht wie ihr lebt

Verehrte Gäste, liebe Sportfreunde.	Eine sportliche Begrüßung für die sportlichen Mitglieder. Wie sieht Ihre Begrüßung aus?
Im Namen des Vorstandes begrüße ich Sie herzlich zu unserer Weihnachtsfeier.	Die Rede findet im Namen des Vorstandes statt, was gleich erwähnt wird.
Weihnachten ist ein Fest der Besinnlichkeit und der Liebe. Zu Weihnachten gehören Geschenke, ein gutes Essen, Weihnachtsmärkte und Glühwein. Vor allem aber gehört eine besondere Stimmung zu Weihnachten, und diese Stimmung ist Grund für unser heutiges Beisammensein.	Am Anfang steht der Anlass. Was bedeutet Weihnachten? Wie feiern es die Menschen? Nach Grundgedanken zum Fest kann eine Weihnachtsrede verschiedene Richtungen einschlagen. In dieser Rede wird die Stimmung thematisiert und in weiterer Folge ist die Rede positiv feierlich ausgelegt. Es könnte auch darauf eingegangen werden, dass viele Menschen auf der Erde nur in großer Armut feiern können, gefolgt von einem Spendenaufruf.
Diese Weihnachtsfeier rundet ein sportliches Jahr ab, das von etlichen Erfolgen gekrönt war. Stolz sind wir auf die Erfolge unserer Damen- und Herrenmannschaften und insbesondere auf unser Nachwuchsteam. Der Tennissport soll heute aber nicht im Vordergrund stehen, sondern wir wollen dieses Vereinsjahr fröhlich-gesellig abschließen und uns auf die Weihnachtsfeiertage einstimmen. Und damit kommen wir zurück zu der Bedeutung von Weihnachten:	Als nächstes werden die Leistungen des Vereins kurz dargestellt, dann wird übergeleitet zum Beisammensein... ... und zur Bedeutung von Weihnachten.
Weihnachten ist auch das Fest der Liebe. Ich möchte an dieser Stelle allen Partnerinnen und Partnern danken, die nicht Tennis spielen. Sie gewähren Ihren Liebsten Zeit für den Sport und das Aufrechterhalten unseres Vereinslebens.	Der Dank an jene Partner, die keine aktiven Mitglieder sind, ist eine wichtige Würdigung.

Genießen wir jetzt diesen Abend, amüsieren wir uns und erfreuen uns am Beisammensein. Um unsere Unterhaltung haben sich unsere Vereinsmitglieder Julia, Tom und Franz gekümmert. Sie werden im Anschluss an das Essen für gute Musik sorgen – Tanzen ist erlaubt. Ich wünsche Ihnen ein gesegnetes Weihnachtsfest und ein glückliches Neues Jahr.	Weihnachtsfeiern sind eine gute Gelegenheit, dass Vereinsmitglieder etwas darbieten und das sollte dementsprechend angekündigt werden. Haben Sie ebenfalls den üblichen Glückwunsch an Ihr Ende gesetzt? Oder fanden Sie ein originelleres Ende?

Reflexion und Aufarbeitung

Nehmen Sie sich Zeit, Ihre Rede aufzuarbeiten. Reflexion bringt Kenntnis über Stärken und Schwächen der eigenen Leistung und ist somit ein wichtiger Schritt für persönliches Wachstum.

Betrachten Sie Ihre Lösung und beantworten Sie folgende Fragen:

	Wie habe ich das Ziel erreicht?	Wie konnte ich weihnachtliche Stimmung erzeugen?	Welche Botschaften habe ich eingebaut?
Was gefällt mir an meiner Lösung?			
Damit Sie Freude am Reden entwickeln, ist es wichtig, eigene Stärken zu kennen und zu dem zu stehen, was Sie an sich selbst mögen – bitte keine falsche Bescheidenheit!			
Woran will ich noch arbeiten, um mich zu verbessern?			
Damit Sie echte Verbesserungen erzielen, definieren Sie konkret, woran Sie noch arbeiten wollen. Überlegen Sie, welcher Teilschritt der nächste sein muss.			

Sehen Sie sich Ihre Videoaufzeichnung an und fragen Sie sich:
Was ist mir generell positiv und verbesserbar aufgefallen?
Was gefällt mir bei Haltung, Gestik und Mimik und woran möchte ich an meiner Körpersprache arbeiten?

Sollten Sie zu dem Schluss kommen, etwas verbessern zu wollen – Körpersprache-Training bietet viele Möglichkeiten, um die richtige Haltung, Gestik und Mimik zu finden. Lesen Sie folgende Seiten und machen Sie die Übungen.

Videofeedback

Die meisten Menschen sind bei eigenen Videoaufzeichnungen sehr kritisch. Vielleicht geht es Ihnen ähnlich. Das hat verschiedene Ursachen und hat sicher auch mit unserer Kultur zu tun, denn im deutschen Sprachraum lobt man sich ungern selbst. Wir verwenden daher auch Aussagen wie: „Eigenlob stinkt." Andere Kulturkreise haben weniger Hemmungen, sich selbst positiv darzustellen, eine Tatsache, die unsereins beispielsweise in den USA oft irritiert. Wenn ein Amerikaner über sich sagt: „I am the best!!! – Ich bin der Beste!!!", ist das nichts Ungewöhnliches. Hierzulande kommt das selten vor. In diesem Punkt hat uns diese Kultur etwas voraus, was wir durchaus öfter kopieren können!

Abgesehen von kultureller Bescheidenheit ist eine Selbstbetrachtung auf Video unangenehm, wenn sie davon abweicht, wie wir gerne wären. In diesem Fall holt uns die Wahrheit ein, wie in einem paradiesischen Traum, aus dem man plötzlich aufwacht. Gerade deswegen ist ein Video aber auch die große Chance, um Redeträume zu verwirklichen! Wer seine Träume verwirklichen will, muss zuerst einmal aufwachen.

> „Stell dir vor, wie toll du redest, und rede wie in deinen besten Vorstellungen."
> (Wolfgang Bilinski)

Lassen Sie sich nicht dazu verleiten, dass die Dinge, die Sie verbesserbar finden, alles andere überschatten. Erkennen Sie in der Videoaufzeichnung bewusst, was an Ihrer Rede gut ist. Als unterstützende Objektivierung starker Selbstkritik stellen Sie sich beim Ansehen des Bandes vor, einen anderen Redner zu sehen.

Tipp: Sehen Sie sich Videos anderer Redner an und achten Sie nur auf die Körpersprache dieser Vortragenden. Wenn Sie danach Ihr eigenes Video ansehen, stellen Sie sich vor, Sie seien jemand aus dem Publikum und Sie sähen „diesen Vortragenden" zum ersten Mal. Das ermöglicht ein objektiveres Selbstbild.

Achten Sie bei der Videoanalyse auf die einzelnen Bereiche Ihrer Körpersprache. Schauen Sie genau hin.

Holen Sie unbedingt andere Personen hinzu und fragen Sie, wie sie die Wirkung erleben. Je mehr verschiedene Eindrücke Sie rückgemeldet bekommen, umso aussagekräftiger wird das Feedback.

Lebendige Körpersprache

Den Fehler, nicht auf passende Körpersprache zu achten, machen auch routinierte Redner. Besonders typisch ist das bei Personen, die sachliches Argumentieren als höchstes Ziel erachten und bei Menschen, die sich von ihrem Beruf prägen lassen, wie etwa Techniker oder Steuerberater. Zuviel Zahlen und eine farblose Körpersprache machen den Vortrag monoton und langweilig. Man sollte sich immer in seine Zuhörer hinein versetzen und überlegen, wie viel Dramatik in der Körpersprache angemessen ist.

Körpersprache und Stimme vermitteln Gefühle

Die sachlich korrekte und inhaltlich überzeugende Aufbereitung ist zweifelsohne wichtig. Mindestens genauso wichtig sind jedoch Körpersprache und Sprache. Nur wer emotional gut ankommt, wird mit seinen sachlichen Inhalten bei den Zuhörern landen. Hören die Zuhörer eine Rede, die mit Stimme und Körpersprache nicht unterstützt wird, macht das jeden guten Aufbau langweilig.

Dieses Prinzip können Sie ganz einfach beobachten, wenn Sie einem Redner zuhören, der körpersprachlich monoton agiert. Selbst bei sachlich einfachen Themen werden Sie von ihm schwer zu überzeugen sein.

Was den Zuhörern auffällt

Wir sind sehr sensibel für Signale des Körpers, da die Menschheit schon lange, bevor eine Sprache entstand, über Körpersprache und Laute kommunizierte. Nonverbales Ausdrucksverhalten ist das entwicklungsgeschichtlich älteste Mittel der zwischenmenschlichen Kommunikation. Heutzutage kann man diese Kommunikationsform bei etlichen Tieren, aber auch bei Kleinkindern sehr gut beobachten.

nonverbal	paraverbal[16]	verbal
Körpersprache	Betonung und Stimme	Sprachlicher Inhalt

Unsere nonverbale Kommunikation geschieht meist unbewusst und unbeabsichtigt, unserem Publikum fällt jedoch sehr viel auf.

16 Para ist eine griechische Vorsilbe, die sich „neben" übersetzen lässt. „Neben-verbal meint, dass die Betonung eine „Neben-"Information gibt, die eine zusätzliche Aussage zu Körpersprache und Sprache liefert.

Übung:

Was Ihren Zuhörern körpersprachlich auffällt.

Sammeln Sie Details, auf die man bei der Beobachtung der Körpersprache achten kann:

Gestik: ______________________________

Mimik: ______________________________

Körperhaltung: ______________________________

Tempo: ______________________________

Rhythmus: ______________________________

Größe der Bewegungen: ______________________________

Offen oder verschlossen: ______________________________

Distanzverhalten: ______________________________

Revierverhalten: ______________________________

Lösung:

Folgende Details können körpersprachlich auffallen.

Gestik: Diverse Fingergesten (Daumen hoch, Zeigefinger deutet, Finger bilden Faust oder „Hacke", ...), Hände, Größe der Gesten, offene oder geschlossene Bewegungen, Gesten zeigen Grenzen und Distanzen usw.

Mimik: Augen, Blickkontakt, fokussierende Augen, Augenbrauenbewegungen, Mundwinkel hoch oder nieder, Kussmund, Mund offen oder zu, Naserümpfen o. Ä.

Körperhaltung: Aufrecht oder gebückt, gerade oder schief, frontal oder seitlich, fix an einem Punkt oder in Bewegung usw.

Tempo: langsame oder schnelle Bewegungen, gleich bleibendes Tempo oder wechselndes Tempo, ...

Rhythmus: gleichmäßige Bewegungen, rhythmisch oder unrhythmisch, angepasst an den Rhythmus anderer Personen o. Ä.

Größe der Bewegungen: große oder kleine Bewegungen, weite oder nahe Gesten.

Offen oder verschlossen: öffnende oder schließende Bewegungen, Handflächen sichtbar oder verdeckt, einladend oder ausladend.
Distanzverhalten: Redner sucht Distanz oder Nähe, er entfernt sich oder kommt näher usw.
Revierverhalten: Revier wird vom Vortragenden abgesteckt und vielleicht sogar verteidigt, oder es sind keine Grenzen erkennbar.

Augenkontakt

Die Augen werden häufig als Fenster zur Seele bezeichnet. Wird Blickkontakt verwehrt, kann das sehr irritierend sein: Wer einmal ein Gespräch mit einer Person hatte, die während des Gesprächs eine spiegelnde Sonnenbrille trug, kennt das. Es ist sehr unangenehm, wenn man seinem Gegenüber nicht in die Augen sehen kann.

Blickkontakt stellt Kontakt her

Für den Redner ist der Blickkontakt zu den Zuhörern das wichtigste Mittel, um Kontakt herzustellen und zu halten.

Bei freien Reden und bei Manuskriptvorträgen muss man als Sprecher darauf achten, Blickkontakt herzustellen und zu wahren. Je länger Sie als Redner Ihren Blick ins Manuskript lenken, umso weniger Blickkontakt haben Sie mit Ihren Zuhörern. Sie müssen lernen, Notizen so zu verwenden, dass man nicht den Eindruck bekommt, Sie lesen die Rede herunter. Schauen Sie sich das von jenen Politikern ab, die es gut beherrschen.

Tipp: Beachten Sie, dass Blickkontakt emotionalen Kontakt aufbaut und fehlender Blickkontakt emotionalen Kontakt verhindert!

Ein guter Blickkontakt wird manchmal vergessen, obwohl gar kein Manuskript vorhanden ist. Ohne Augenkontakt zum Gegenüber können wir wichtige Informationen nicht aufnehmen.

Tipp: Schauen Sie Ihr Publikum an – das kommt einerseits gut bei den Zuhörern an und ermöglicht Ihnen andererseits wahrzunehmen, wie Ihre Botschaft angekommen ist.

Die Augen sagen sehr viel aus. Beispielsweise deuten wir häufige Blickzuwendungen als Aufmerksamkeit, Zuneigung oder Freundlichkeit. Umgekehrt, wenn ein Gegenüber den Blickkontakt vermeidet, denken wir, der andere sei desinteressiert, gleichgültig, abwesend oder auch einfach nur ängstlich und scheu. Werden wir allerdings zu intensiv und zu lange angeschaut, empfinden wir dies als aufdringlich oder aggressiv. Wir neigen dann, uns zu fragen: „Warum starrt der mich so an?" Als Redner sollte man sich dessen bewusst sein und den Blickkontakt nicht übertreiben.

Bei kleinen Gruppen ist es sinnvoll, Augenkontakt mit allen zu halten. Weder das Übersehen eines Zuhörers (Vorsicht vor ungünstigen Randplätzen), noch das Zuviel an Blickkontakt mit einer einzelnen Person wäre günstig (Vorsicht vor „Blickvampiren", z. B. attraktiven Personen des anderen Geschlechts).

Bei größerem Publikum ist es nicht mehr möglich, mit allen Personen Blickkontakt zu halten, hier gleitet der Blick am besten in einer WMU-Form durch die Zuhörer und fesselt damit das Publikum (Merkhilfe für WMU: Wake Me Up):

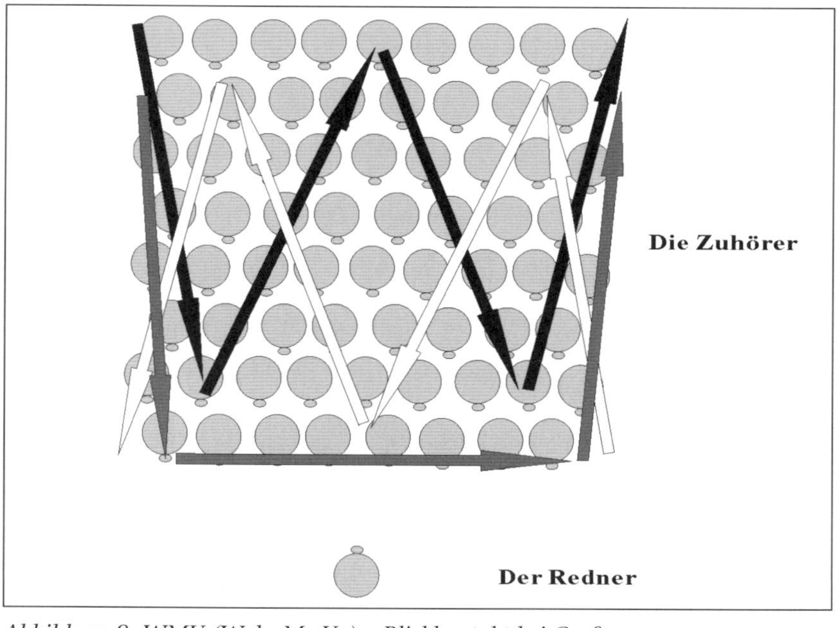

Abbildung 8: WMU (Wake Me Up) – Blickkontakt bei Großgruppen

Wohin mit den Händen?

Wenn ein Fischer beschreibt, wie groß der geangelte Fisch war, nimmt er die Hände zu Hilfe, um dessen Größe zu veranschaulichen. Wenn ein Motorradfahrer das Vorbeirauschen seines Motorrads erklärt, imitiert er ein entsprechendes Geräusch und malt mit den Händen das Vorbeizischen in die Luft. Ein Redner hat alle gestischen Möglichkeiten zur Verfügung. Er kann mit seinen Händen Größen veranschaulichen, Geräusche in die Luft malen und vieles mehr.

Die Hände dürfen nicht passiv sein oder herunterhängen und sie sollten nicht zu aktiv sein. Sie sollen in einem natürlichen Winkel angehoben sein und sich angemessen bewegen.

Tipp: Machen Sie mit Ihren Händen nicht zu wenig und nicht zu viel. Gestikulieren Sie passend zum Inhalt Ihrer Rede.

Bedeutungsgesten und Taktstockgesten

Gesten, die das Wort ersetzen, da sie eine Bedeutung haben, nennen wir Bedeutungsgesten. Ein hoch gestreckter Daumen oder ein an die eigene Schläfe klopfender Zeigefinger sind Beispiele dafür. Sie werden sofort verstanden und es ist keine weitere Erklärung nötig. Einige Bedeutungsgesten werden international verstanden, die Mehrheit ist kulturell begrenzt: So signalisiert man nicht in allen Teilen der Welt ein „Ja“ durch Kopfnicken.

Tipp: Bei internationaler Vortragstätigkeit müssen Sie lernen, was die Gesten der Region bedeuten.

Für die Rhetorik typischer sind die Gesten, die das gesprochene Wort wie ein Taktstock unterstreichen, die Taktstockgesten. Offenheit oder Verschlossenheit wird ausgedrückt. Bereiche, Möglichkeiten und Grenzen werden bei Taktstockgesten mit den Händen dargestellt und Gefühlszustände beabsichtigt oder unbeabsichtigt zum Ausdruck gebracht. Beispielsweise spielen Finger mit Gegenständen als Ausdruck von Nervosität oder sie umklammern Dinge als Ausdruck verhaltener Wut.

Gestische Wirkung

Als Redner müssen Sie auf die Wirkung folgender Gestikdetails achten:

- *Große Bewegungen* besitzen, wenn sie ruhig ausgeführt werden, Pathos und Dringlichkeit: Gebärde „eines großen Herrn“.
- Dieselbe große Gebärde – *rasch* ausgeführt – wirkt als Ausdruck eines lebhaften, eventuell unbeherrschten Gefühls, so äußert sich der Impulsive, der Begeisterte, der Wütende.
- *Kleine Bewegungen* signalisieren, dass der Redner nicht auffallen will, er ist schlicht, taktvoll zurückhaltend, stellt seine Gefühle nicht zur Schau, ist vorsichtig, aber vielleicht auch schlau und „macht auf harmlos“, möglicherweise zeigt sich damit auch geringe Motivation.
- *Arme vor Brust gekreuzt:* Für den Redner ungeeignet, da er sich gestischer Wirkung beraubt. Arme und Hände fesseln sich selbst – signalisiert daher auch Rückzugsverhalten und Inaktivität. Die Person enthält sich des Handelns und wartet ab. Diese Geste kann auch ein Barrieresignal sein. Grundbedeutung ist: sich Schutz zu geben.
- *Handflächen offen* zu zeigen kommt aus grauen Vorzeiten und signalisiert, dass man keine Waffen in den Händen hat. Offene Handflächen fördern das Vertrauen.
- *Handflächen nach oben* fordern auf, motivieren und wollen heben (Zustimmung, Aktivität, geistiges Mitmachen).
- *Handflächen nach unten* dämpfen, unterdrücken, unterbinden, bitten um Ruhe, verkleinern, bremsen.
- *Handfläche(n) entgegenhalten* bedeutet Halt und ist eine Abwehrhaltung.
- *Faust* steht für Kraft und Aggression, weil sie die älteste körpereigene Waffe ist.

Übung: Wir fahren in Urlaub.
Beschreiben Sie, wie Sie in den Urlaub fahren und untermalen Sie dies mit deutlicher Gestik. Nehmen Sie diese Übung mit Video auf und betrachten Sie sich danach.

Lösung:
Schauen Sie sich das Video an und sehen Sie, wie Sie Gestikdetails einsetzen. Sind die Bewegungen groß oder klein? Schnell oder langsam? Handflächen offen, nach oben, nach unten, Handflächen entgegenhaltend, Faust?

Warum die Körpersprache Verbales übertrifft
Ein großer Teil unserer Kommunikation geschieht nonverbal. Professor Mehrabian[17] von der University of California zeigt in wissenschaftlichen Untersuchungen, dass die Bedeutung der menschlichen Kommunikation zu fünfundfünfzig Prozent durch den Körper, zu achtunddreißig Prozent durch die Betonung und nur zu sieben Prozent durch den verbalen Inhalt definiert wird.

Mehrabians Untersuchung ist selbstverständlich ein Mittelwert, dass bedeutet, einmal wird es mehr, einmal weniger Bedeutung sein, die jede Ebene vermittelt. Bei Emotionsaussagen – wie „ich mag dich" – wird die Bedeutung nur von Körpersprache und Betonung definiert. Bei Sachthemen hat der Inhalt mehr Wichtigkeit.

Auch wenn bei Sachthemen der Inhalt mehr Gewicht hat, ist die Körpersprache und Stimmführung ein sehr wichtiger Anteil. Sie sagt etwas darüber aus, wie der Vortragende zu seinen Worten steht, ob er sein Gebiet beherrscht und ob er motiviert ist. Das sind Bewertungen, die alle Zuhörer vornehmen – manche unbewusst, einige bewusst!

Die Neuropsychologie konkretisiert diese Bewertung, sie hat herausgefunden, dass zu Beginn jeder Begegnung die Glaubwürdigkeit des Gesprächspartners eingeschätzt wird. Dies geschieht innerhalb einer Sekunde unbewusst über eine Analyse der Mimik, der Tönung der Stimme, der Körperhaltung und des Geruchs.

[17] Albert Mehrabian (1972): Nonverbal Communication

Dem Redner sind die von ihm ausgesandten Signale oft nicht bewusst und er kann sie deshalb nicht beeinflussen. Daher ist jeder Redner gut beraten, sich seiner selbst bewusst (= selbstbewusst) zu werden und die Werkzeuge Körpersprache und Stimme sehr gut zu trainieren.

Tipp: Schulen Sie Körpersprache und Stimmführung, damit Sie Ihren sachlichen Argumenten nicht die Wirkung nehmen!

Innere und äußere Haltung

Unsere innere Haltung wirkt auf die äußere Haltung und die Körpersprache. Eine bewusst eingenommene äußere Haltung wirkt ihrerseits wieder auf die innere Haltung.

Tipp: Bauen Sie als Redner die passende innere Haltung auf und die authentische Körpersprache kommt ganz von selbst!

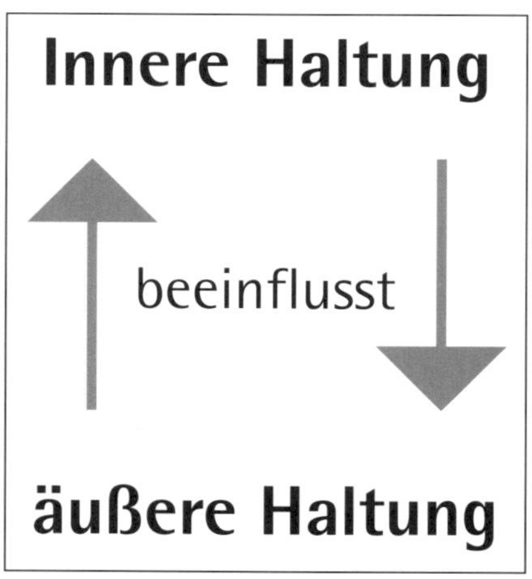

Abbildung 9: Innere Haltung und äußere Haltung

Unsere innere Haltung – Gefühle und Emotionen – drücken sich in der äußeren Haltung – unserem Körper und unserer Physiologie – aus. Körpersprache zeigt in feinsten Nuancen, wie sich jemand fühlt.

Übung: Innere Haltung und äußere Haltung

Beeinflusst unsere äußere Haltung tatsächlich die innere Haltung? Machen Sie ein kleines Experiment: Setzen Sie sich nieder und begeben Sie sich in die gleiche Körperhaltung, die Sie einnehmen, wenn Sie sehr unglücklich sind. Wahrscheinlich werden dabei die Schultern hängen, die Mundwinkel nach unten gezogen und die Atmung flach und energielos sein. Bringen Sie all diese Körperbereiche und alle weiteren, die Ihnen bewusst sind, in die Körperposition des „Nicht-Glücklich-Fühlens". Jetzt das Experiment: Während Sie all diese Körperbereiche, also die äußere Haltung, unverändert lassen, versuchen Sie, sich total glücklich zu fühlen.

Lösung:

Wenn Sie diese Übung ehrlich mitmachen, werden Sie feststellen, dass es nicht möglich ist, sich in der äußeren Haltung des „Nicht-Glücklich-Seins" glücklich zu fühlen. Unser Körper beeinflusst unsere Gefühle und Emotionen – die äußere Haltung wirkt somit auch auf die innere Haltung.

Eine Tatsache, die nicht allen Menschen bewusst ist, die aber weit reichende Möglichkeiten beinhaltet. Mit diesem Wissen können Sie Redesituationen, wo sie sich nicht so gut fühlen, schon allein dadurch verbessern, dass Sie bewusst eine gute Haltung mit Ihrem Körper einnehmen und tief durchatmen. Dieses bewusste Arbeiten mit dem Körper ist für Ihren Vortrag mindestens genauso wichtig wie gute inhaltliche Vorbereitung.

Der Körper lügt nicht

Jemand gähnt und signalisiert mit dem Körper Langeweile. Gleichzeitig sagt er mit monotoner Stimme, was Sie sagen, sei sehr interessant. Glauben Sie in diesem Beispiel dem gesagten Wort oder den Körpersignalen?

Die meisten Menschen orientieren sich stärker an der Körpersprache, was sich in diesem Spruch widerspiegelt: Der Körper lügt nicht. Der Eindruck, den der Redner hinterlässt, ist der, den sein Körper vermittelt hat.

Tipp: Achten Sie auf den Eindruck, den Ihre Körpersprache hinterlässt, denn der ist mächtig und lässt sich mit Worten kaum dementieren.

Authentisch zur Glaubwürdigkeit

Wenn man redet, unterstreicht die Körpersprache und die Betonung der Worte sprachliche Äußerungen – oder sie widerspricht diesen. Widerspricht die Körpersprache den Worten, wirkt der Sprecher nicht authentisch und die meisten Zuhörer glauben nur bedingt, was er sagt.

Unterstreicht der Körper die Sprache, ist das gut für den Redner, die Körpersignale stimmen mit dem gesprochenen Wort überein und der Redner ist authentisch und glaubwürdig. Körpersprache und Inhalt vermitteln: „Alles passt zusammen“.

Geburtstagsrede: So überzeugen Sie mit Spontaneität im Kollegenkreis

Training 11

Trainingsschwerpunkt: *Sprechdenken für spontane Redesituationen anwenden lernen. Anekdoten und Geschichten verwenden.*
Ihre Zuhörer: *Zwanzig Kollegen der Abteilung.*
Situation: *Ein Kollege hat Geburtstag. In den Büroräumlichkeiten kommt man kurz zusammen um anzustoßen. Der Teamleiter sagt spontan ein paar Worte. Es ist kein runder Geburtstag und er hält sich bewusst kurz.*
Ziel: *Geburtstagsgratulation im Namen des Teams.*

Fragen zur Redeplanung:
Folgende Fragen führen Sie mit spielerischer Leichtigkeit zu Ihrer Geburtstagsrede.

- Was muss ich vorbereiten, damit ich für spontane Redeanlässe bei Geburtstagen fit bin?
- Was erwarten Kollegen bei einer Geburtstagsfeier?
- Wie kann man ein solches Statement beenden?
- Welche Punkte passen in den Hauptteil?
- Womit kann man beginnen?
- Wie spreche ich Geburtstagskind und Kollegen an?
- Welche Geschichte bereichert die Gratulation?

Bausteine und Ideen:
- Zitat zum Thema: „Je älter man wird, desto ähnlicher wird man sich selbst."
- Man kann eine passende Geschichte aus dem Leben des Geburtstagskindes erzählen, Storys von Prominenten bringen oder auf eine geschichtliche Anekdote zurückgreifen.
- historische Begebenheiten zum Thema Geburtstag:
  - Schon die antiken Griechen und Römer feierten Geburtstage. Diese Geburtstagsfeiern gab es nur in den reicheren, hochgestellten Familien. Die einfachen Menschen wussten damals meist nicht, an welchem Tag sie zur Welt gekommen waren.

- In Deutschland waren Geburtstagsfeiern zunächst auch nur bei Adels- und Fürstenfamilien üblich. Erst im 17. Jahrhundert begannen normale Familien, Geburtstag zu feiern.
- Es gibt die Möglichkeit, das Alter in einem Rahmen zu beschreiben, der etwas Positives bedeutet. „Unser Geburtstagskind ist ein Jahrgang, der in den nächsten Jahren seine volle Qualität entfalten wird ...“.

Entwickeln Sie bitte jetzt Ihren Aufbau.
Bereiten Sie ein Standardmuster für spontane Geburtstagsreden dieser Art vor und halten Sie es fest. Überlegen Sie eine passende Anekdote dazu.

Musterlösung:

Bei der Musterlösung feiert Herr Meier seinen dreiundvierzigsten Geburtstag.

Überlegen Sie in jeder Phase der Musterlösung, welche Tipps Ihre Lösung bereichern können.
Lenken Sie Ihren Fokus des Weiteren auf das, was bei Ihrer Lösung positiv und gelungen ist!

Lieber Kollege Meier, liebes Team!	Namentlich angesprochen wird der Kollege, der Geburtstag hat, und danach das Team. Sieht Ihre Anrede ähnlich aus?
Den Geburtstag soll man mit Menschen verbringen, die einem wichtig sind. Es freut uns, dass Sie uns eingeladen haben, mit Ihnen anzustoßen.	Im Auftakt dankt der Teamleiter Herrn Meier für die Einladung.

Diese Geste ist nicht selbstverständlich und ich bin sehr froh, dass wir in unserem Team so gut miteinander umgehen. Schließlich sind wir fast ein Drittel unserer Zeit am Arbeitsplatz.	Hier wird die Bedeutung guter Stimmung im Team zum Ausdruck gebracht.
Sie waren schon immer ein Vorbild und brachten Freude in unsere Abteilung. Mir ist noch gut in Erinnerung, wie Sie die Initiative ergriffen, um gemeinsame Aktivitäten zu organisieren.	Eine reale Geschichte von Herrn Meier würdigt seinen Beitrag für guten Teamzusammenhalt.
Sie sagten damals, man muss es wie ein Farmer halten: Wenn man Weizen ernten wolle, müsse man Weizen säen und wenn man Gerste ernten wolle, müsse man Gerste säen. Wenn man Freude ernten wolle, muss man Freude säen.	Eine Anekdote, die vom Geburtstagskind stammt, ist eine besonders raffinierte Form, mit Sprache zu spielen. Wie haben Sie eine Geschichte eingebaut?
Die Geschichte vom Farmer blieb mir bis heute in Erinnerung und ich denke es ist ein guter Anlass, heute daran zu erinnern.	Die Geschichte ist nicht nur ein gelungener Rückblick auf Herrn Meiers Beitrag, sondern auch eine Erinnerung für das gesamte Team.
Wir hoffen, Sie sind mit der Ernte zufrieden und freuen uns über alles, was Sie privat und dienstlich geschaffen haben. Wir wünschen Ihnen und Ihrer Familie Gesundheit, Glück und Zufriedenheit. Lieber Herr Meier – alles Gute!	Am Schluss die besten Glückwünsche. Sie sind die zentrale Aussage der Rede. Es bietet sich an, anschließend auf das Geburtstagskind anzustoßen.

Reflexion und Aufarbeitung

Arbeiten Sie nun Ihren Entwurf auf. Nehmen Sie sich ausreichend Zeit hierfür.

Betrachten Sie Ihre Lösung und beantworten Sie folgende Fragen:

	Wie habe ich die Rede vorbereitet?	Wie habe ich Arbeit und Geburtstag kombiniert?
Was gefällt mir an meiner Lösung?		
Damit Sie Freude am Reden entwickeln, ist es wichtig, eigene Stärken zu kennen und zu dem zu stehen, was Sie an sich selbst mögen – bitte keine falsche Bescheidenheit!		
Woran will ich noch arbeiten, um mich zu verbessern?		
Damit Sie echte Verbesserungen erzielen, definieren Sie konkret, woran Sie noch arbeiten wollen. Überlegen Sie, welcher Teilschritt der nächste sein muss.		

Wie ging es mir mit Geschichten und Anekdoten?
Mir fiel leicht:
Ich bin mir nicht sicher bei:

Für weiterführende Tipps beim argumentativen Sprechdenken sowie für bessere Verwendung von Geschichten und Anekdoten lesen Sie folgende Seiten.

Argumentatives Sprechdenken

Oft ist es notwendig, spontan einen Redebeitrag parat zu haben. Es bleibt keine Zeit für schriftliche Vorbereitung. In solchen Situationen bietet es sich an, den Denkprozess mittels argumentativen Sprechdenkens zu verbalisieren.
Für die ersten Erfahrungen im Sprechdenken ist es günstig, sich drei Schritte einzuprägen:

- Was will ich sagen? Welches Ziel habe ich? (= Schluss)
- Was spricht dafür, was dagegen? (= Sachdarstellung)
- Wie steige ich ein? Warum spreche ich jetzt? (= Motivation)

Der Redebeitrag erfolgt in umgekehrter Reihenfolge.
Mit diesen Schritten hat man in kürzester Zeit ein Statement bereit, dass strukturiert und verständlich ist.

Stegreifreden mit System

Kommt man oft in spontane Redesituationen, dann ist es sinnvoll, häufige Redeanlässe als Standard vorzubereiten und durchzuspielen.

Tipp: Sollten Sie im Vorfeld den Verdacht haben, eine Rede halten zu müssen, dann durchdenken Sie die Situation und legen Sie sich einige Bausteine – wie ein gutes Beispiel und eine passende Anekdote – zurecht.

Redeprofis bringen es in der Technik des argumentativen Sprechdenkens so weit, dass sie perfekt frei reden können. Wenn sie einen Satz beginnen, wissen sie nicht, wie er enden wird, und dennoch sprechen sie klar, in kurzen vollständigen Sätzen.

Sprechdenken hat den Vorteil, dass es den Redner transparent macht, ihm Zeit gibt und authentisch ist, dass es Aussagen zulässt wie: „Jetzt haben Sie mich auf dem falschen Fuß erwischt, wenn Sie mir eine kurze Bedenkzeit gewähren, überlege ich kurz, damit ich nichts übersehe und kann festhalten...“. Solche Aussagen erleichtern den Zuhörern das Mitdenken und geben dem Redner Zeit, seine Gedanken zu ordnen und auszusprechen.

Argumentatives Sprechdenken ist antrainierbar:
1. Man strukturiert seine Gedanken (die drei Schritte von oben bieten eine gute Struktur).
2. Man spricht die strukturierten Gedanken laut aus.
3. Man bleibt subjektiv, indem man in der Ich-Form redet.
4. Ein großer Wortschatz bietet einem die nötige Flexibilität, einen Satz zu beginnen, dessen Ende man noch nicht kennt.

Storytelling und Anekdoten

Wir haben bereits Metaphern und Analogien kennen gelernt. Eine Metapher ist eine besonders kurze Anekdote, sie enthält eine Idee und wird bildhaft dargestellt. Von der Metapher zur Geschichte ist es daher nur ein kleiner Schritt. Eine Anekdote ist meist länger, erzählend ausgeschmückt und kann mehrere Metaphern enthalten.

Die Power von Storys

Geschichten und Legenden sind ein sehr alter Weg zur Weitergabe von Erfahrungen und Informationen. Ähnlich wie Analogien können Geschichten

- informieren,
- überzeugen,
- motivieren,
- erklären,
- Wissen und Erfahrungen weitergeben,
- Vergleiche anbieten.

Mit einer Anekdote werden Weisheiten und Inhalte gut merkbar weitergegeben. Entscheidend für einen Redner ist, dass die Story zum Vortrag passt und jenes Bild vermittelt, das die Worte unterstützt.

Exkurs: Storys in Geburtstagsreden
Passend zum Trainingsschwerpunkt dieser Einheit ein paar Informationen zu Geschichten in Geburtstagsreden.

Sobald man aufsteht um eine Rede zu halten, bekommen Worte einen offiziellen Charakter. Nun passen nur mehr bestimmte Geschichten zum Anlass und andere, die am Stammtisch gut und lustig ankommen, sind nicht angebracht.

Tipp: Erzählen Sie bei Geburtstagsreden keine peinlichen Anekdoten. Überlegen Sie feinfühlig, wo die Grenze zur Geschmacklosigkeit liegt, und halten Sie sich von ihr fern.

Mit Storys hat man nicht automatisch Erfolg, denn etliche Geschichten sind sehr bekannt. Kennt ein Großteil des Publikums die Anekdote, geht der Überraschungseffekt verloren.

Tipp: Erzählen Sie bei Geburtstagsreden grundsätzlich nur positive Geschichten, die gute Eigenschaften des Geburtstagskindes vermitteln, und bauen Sie die Storys in den Redefluss ein.

Geschichten als Gedankentransporter

Ein Redner kann natürlich auch ausschließlich sachliche Daten und Informationen bringen und auf Anekdoten ganz verzichten. Findet der Sprecher aber eine Geschichte, mit der sich die Zuhörer identifizieren können, hat er ungleich bessere Karten, verstanden zu werden.

Vorhandene Geschichten und Anekdoten

Geschichten und Anekdoten können selbst entwickelt werden oder man greift auf vorhandenes Material zurück. Wenn Sie auf Storys zurückgreifen, beachten Sie die wertvollen Tipps ab Seite 39.

Stellen Sie sich vor, ein Redner will vermitteln, dass Menschen einen inneren Dialog haben und er will einen Rat geben, wie innere Konflikte gelöst werden können. Spricht er mit den Worten „Innerer Dialog" oder „Konflikt", klingt das sehr trocken. Illustriert er seine Aussage mit der passenden Geschichte, klingt das so:

Ein alter Schafhirte sitzt mit seinem Sohn am Lagerfeuer. Die Flammen flackern in der dunklen Nacht und das Knacken hallt durch die Stille. Nach einer Zeit des Schweigens meint der Vater: „Manchmal fühle ich mich, als ob zwei Wölfe in meinem Herzen miteinander kämpfen. Der eine ist rachsüchtig und aggressiv, während der andere liebevoll und mitfühlend ist." Da fragt der Junge: „Welcher der beiden gewinnt den Kampf um dein Herz?" Daraufhin der Schafhirte: „Der Wolf, den ich füttere."

Sie sehen, wie „leicht" das Vermitteln komplexer Inhalte wird, wenn der Redner eine passende Geschichte statt psychologischer Fachbegriffe verwendet.

Übung: Finden Sie eine passende Geschichte.

Suchen Sie eine Geschichte, wenn Sie in einer Rede vermitteln wollen, dass Starrköpfigkeit nicht immer zum Erfolg führt.

____

____

____

____

____

____

____

Lösung:

Welche passende Geschichte haben Sie gefunden? Wo haben Sie nachgesehen? In Büchern? Im Internet? Folgende Begebenheit ist eine unterhaltsame Anekdote zum Thema Starrköpfigkeit.

Abschrift eines Funkgesprächs zwischen einem US-Marinefahrzeug und kanadischen Behörden vor der Küste Neufundlands im Oktober 1995. (Wurde am 10.10.1995 vom kanadischen Chief of Naval Operations veröffentlicht.)

Amerikaner: Bitte ändern Sie Ihren Kurs um fünfzehn Grad nach Norden, um eine Kollision zu vermeiden.
Kanadier: Ich empfehle, Sie ändern IHREN Kurs fünfzehn Grad nach Süden, um eine Kollision zu vermeiden.
Amerikaner: Dies ist der Kapitän eines Schiffs der US-Marine. Ich sage noch einmal: Ändern SIE IHREN Kurs.
Kanadier: NEIN, Ich sage noch einmal: SIE ändern IHREN Kurs.
Amerikaner: DIES IST DER FLUGZEUGTRÄGER "US LINCOLN", DAS ZWEITGRÖSSTE SCHIFF IN DER ATLANTIKFLOTTE DER VEREINIGTEN STAATEN. WIR WERDEN VON DREI ZERSTÖRERN, DREI KREUZERN UND MEHREREN HILFSSCHIFFEN BEGLEITET. ICH VERLANGE, DASS SIE IHREN KURS 15 GRAD NACH NORDEN – DAS IST EINS FÜNF GRAD NACH NORDEN – ÄNDERN, ODER ES WERDEN GEGENMASSNAHMEN ERGRIFFEN, UM DIE SICHERHEIT DIESES SCHIFFES ZU GEWÄHRLEISTEN.
Kanadier: Wir sind ein Leuchtturm. SIE sind dran.

Eigene Geschichten

Bei selbst geschriebenen Geschichten hat man den Vorteil, dass sie niemand kennt. Die eigene Geschichte ist eine Begebenheit, die man selbst erlebt hat, sie ist authentisch und lebendig. Viele Begebenheiten eignen sich als eigene Erzählung.

Große Redner beherrschen das Erzählen eigener Geschichten.

Eines der vielen Beispiele für eigene Geschichten ist folgender Redner, der vor Verkäufern auftrat. Er sollte darüber sprechen, wie man Kunden besser berät und den Umsatz steigert. Als Einstieg wählte er eine Geschichte, die ihm selbst vor zwei Wochen widerfuhr und wo er schlecht beraten wurde. Sein Verkäufer informierte sich nicht, was er überhaupt suchte. Mit dieser lebendigen Geschichte war er schnell im Thema und schilderte sehr praxisnah, wie Verkäufer und Kunden aneinander vorbeireden können.

Man kann viele Begebenheiten gelungen in selbst kreierte Anekdoten verpacken.

Um Sie dafür fit zu machen, bieten wir hier einen spielerischen Zugang mit folgender Übung.

Übung: Kurzgeschichte schreiben

Schreiben Sie eine Kurzgeschichte, bei der das erste Wort mit A beginnt, das zweite Wort mit B, bis zum letzten Wort, welches mit Z beginnt. Beispielsweise: Auch biedere Charmeure dulden ...

Rede als Statusbericht: So informieren Sie alle Beteiligten über den Baufortschritt eines Gebäudes

Training 12

Trainingsschwerpunkt: *Klare Redestruktur, Skizzen zur Veranschaulichung.*
Ihre Zuhörer: *Fünfzehn Personen, die über den Baufortschritt informiert werden wollen.*
Situation: *Ihre Firma baut ein neues Gebäude, das die bestehenden Büros ersetzen wird. Sie informieren als Verantwortlicher über den Baufortschritt. Eingeladen sind die angrenzenden Firmen, Anrainer und involvierte Abteilungen Ihres Unternehmens.*
Ziel: *Sachliche Information über den Baufortschritt.*

Fragen zur Redeplanung:

Für einen Statusbericht nützliche Überlegungen erhalten Sie mit folgenden Fragen:

- Was erwarten die Eingeladenen?
- Wie will ich den Statusbericht beenden?
- Welche Punkte bringe ich im Hauptteil?
- Womit beginne ich?
- Wie spreche ich meine Zuhörer an?
- Welche Skizzen können meine Worte unterstreichen?

Bausteine und Ideen:

- Ein Statusbericht stellt den Ist-Zustand und Schritte einer Entwicklung dar.
- Im Mittelpunkt steht die sachliche Information. Die große Herausforderung ist sachlich zu bleiben, ohne langweilig zu werden.
- Beim Statusbericht eines Gebäudes liegt es nahe, einen Plan zu zeigen und eine Baubegehung anzubieten.

Entwickeln Sie bitte jetzt Ihren Aufbau.

Entwerfen Sie einen Statusbericht, der über den aktuellen Stand informiert, und notieren Sie diesen.

Musterlösung:

Bei der Musterlösung spricht Frau Banlib, verantwortliche Projektleiterin, Führungskraft eines großen Computerkonzerns, über den Baufortschritt des Gebäudes. Mauern sind noch keine zu sehen, aber alle Genehmigungen sind vorhanden und erste Arbeiten haben bereits begonnen.

In der folgenden Tabelle finden Sie links unsere Musterrede und rechts die Kommentierung. Nutzen Sie beides für Ihre eigene Rede.

Sehr geehrte Damen und Herren, ich freue mich über Ihr Interesse und möchte kurz erläutern, was der aktuelle Stand ist.	Wenn der Redner nach der Begrüßung glaubhaft macht, dass er mit Freude an die Sache geht, vermittelt das eine gute Grundstimmung. Es enthält die Botschaft: „Ich freue mich, mir für euch Zeit zu nehmen..." und achtet den Selbstwert der Zuhörer. Das Gegenteil – keine Freude – bewirkt eine Kränkung des Selbstwertgefühls und ist kein gutes Signal. Das ist bei Sachthemen oder Informationen, die man geben „muss", sehr wichtig.
Unser Unternehmen baut das neue Bürogebäude hier im Westen des Geländes. (Eine grobe Bauskizze ist auf einem Flipchart vorbereitet und der Redner zeichnet ein, wo das neue Gebäude entstehen wird.)	Mit einer Handskizze kann man als Redner sehr effizient die eigenen Worte unterstützen. Eine vorbereitete Skizze verkürzt das Zeichnen und es kann während der Rede noch etwas dazugezeichnet werden, wodurch es sehr lebendig wirkt.

Warum ist die Notwendigkeit entstanden, ein neues Bürohaus zu errichten? Erstens wegen der Erweiterung der Europäischen Union, die von unserem Standpunkt gemanagt wird und neue Arbeitsplätze bringt. Außerdem hat unser altes Gebäude mit den Jahren ausgedient und eine Erneuerung ist nötig geworden.	Sind Sie ähnlich vorgegangen? Haben Sie auch Skizzen eingebaut? Eine Zusammenfassung, warum das Gebäude gebracht wird, gibt den Zuhörern Orientierung über Sinn und Hintergrund.
In diesem Projekt haben wir zunächst die Verantwortung gehabt, die Infrastruktur zu errichten. Man muss sich vorstellen, in diesem Bereich (Redner zeigt auf einen großen Bauplan, der auf einer Pinwand vorbereitet ist) gab es noch vor einem Jahr nur grüne Wiese. Wir haben im März mit den Bauarbeiten begonnen und kommen seither planmäßig voran.	Ein großer Bauplan an der Wand ermöglicht gute Visualisierung des Baufortschrittes. Der Hinweis, wo die grüne Wiese war, verdeutlicht, was bereits geschehen ist.
Sie werden sich vielleicht gefragt haben, was zurzeit auf der Baustelle getan wird, um das Gebäude zu errichten? Einerseits elektrotechnische Maßnahmen, Wasserversorgung, Fernwärme und Kanalanschluss. Andererseits Zufahrtsstraßen und ein neuer Parkplatz sowie Neugestaltung des Grünbereichs vor dem Gebäude. Wenn Sie zu einem der angesprochenen Punkte Fragen haben, stehe ich im Anschluss gerne mit Detailinformationen zur Verfügung.	Die rhetorische Frage, die im Anschluss selbst beantwortet wird, macht den Vortrag interessant und regt zum Mitdenken an. Da Details ausgespart werden, gewinnt der Statusbericht an Übersichtlichkeit. Das Angebot für nähere Informationen ist die logische Konsequenz dieser Kürze.

Erste Arbeiten, die an ein Gebäude erinnern, werden Sie ab August dieses Jahres sehen. Die Fertigstellung ist für April nächsten Jahres geplant.	Ein kurzer Vorausblick inklusive wichtiger Termine rundet den Statusbericht ab. Wie haben Sie den Mittelteil gegliedert?
Ich lade Sie ein, im Anschluss die Baustelle mit mir zu begehen. Für alle die nicht mitkommen, haben wir gestern noch diese Fotos gemacht, die Sie sich gerne hier ansehen können. (Fotos sind beim Ausgang an einer Wand angebracht.)	Am Ende der Rede steht die Einladung zu einer Baustellenbegehung. Eine gute Veranschaulichung des Baufortschrittes sind Fotos, die beim Ausgang angebracht sind oder an die Wand projiziert werden. Die Fotoprojektion kann auch in den Vortrag eingebaut werden.
Ich hoffe, Ihnen eine anschauliche Information gegeben zu haben und stehe für Fragen gerne zur Verfügung. Für diejenigen, die auf die Baustellenbegehung mitkommen: Wir starten in fünfzehn Minuten, das ist um vierzehn Uhr, und treffen uns bei der Einfahrt. Danke für Ihre Aufmerksamkeit!	Am Ende noch mal die Bereitschaft, Fragen zu beantworten. Die Information, wann und wo man sich trifft, wird gegeben, bevor die Rede beendet wird. Ist die Ansprache „offiziell" beendet, verteilen sich die Zuhörer und es ist schwer, alle zu informieren.

Reflexion und Aufarbeitung

Nehmen Sie sich Zeit, um über Ihre Rede nachzudenken. Reflexion bringt Kenntnis über Stärken und Schwächen der eigenen Leistung und ist ein wichtiger Schritt für Ihr persönliches Wachstum.

Betrachten Sie Ihre Lösung und beantworten Sie folgende Fragen:

	Wie habe ich über den Status berichtet?	Wie habe ich den Bericht strukturiert?	Wie konnte ich kurzweilig bleiben?
Was gefällt mir an meiner Lösung?			
Damit Sie Freude am Reden entwickeln, ist es wichtig, eigene Stärken zu kennen und zu dem zu stehen, was Sie an sich selbst mögen – bitte keine falsche Bescheidenheit!			
Woran will ich noch arbeiten, um mich zu verbessern?			
Damit Sie echte Verbesserungen erzielen, definieren Sie konkret, woran Sie noch arbeiten wollen. Überlegen Sie, welcher Teilschritt der nächste sein muss.			

Wie ging es mir mit den Trainingsschwerpunkten?
Ich kommunizierte eine klare Struktur durch:
Mit Skizzen kam ich gut zurecht, weil:

Sollten Sie zu dem Schluss kommen, etwas verbessern zu wollen, dann arbeiten Sie die folgenden Seiten durch und integrieren Sie das Wissen in Ihre künftigen Vorträge.

Den roten Faden erkennen lassen

Wenn Redner den Fehler machen, keinen roten Faden erkennen zu lassen, dann oft deshalb, weil sie den Vortrag nicht nachvollziehbar aufgebaut haben oder weil sie es zu gut gemeint und ihn mit anreichernden Zusätzen überladen haben. Das Publikum wird dann zwar unterhalten und hört den einzelnen Passagen aufmerksam zu, verliert aber den Überblick über die Bedeutung der Gesamtaussage.

Menschen, die sehr viel über ihr Thema wissen, müssen sich permanent vor Augen führen, was für die Zuhörer wichtig und nachvollziehbar ist. Experten in einem Fachgebiet laufen sonst Gefahr, zu sehr auszuschweifen und unübersichtlich zu werden.

Tipp: Ohne Struktur geht es nicht. Der Zuhörer muss Ihren Worten folgen können und einen roten Faden erkennen. Der inhaltliche Aufbau und der Vortrag müssen die Zuhörer dabei unterstützen, Ihren Gedanken zu folgen.

Den Hunger nach Struktur stillen

Die Psychologie des menschlichen Verhaltens[18] hat herausgefunden, dass der Mensch dreifach Hunger hat:

- Hunger nach Struktur,
- Hunger nach Reizen und
- Hunger nach Anerkennung.

Der Hunger nach Anerkennung wird vom Redner durch einen guten Kontakt mit dem Publikum gestillt.

Der Hunger nach Reizen wird vom Vortragenden durch anregende Zusätze, Bilder, Beispiele, Fragen, Geschichten, Metaphern, etc. gestillt.

Der Hunger nach Struktur wird vom Sprecher durch einen guten Redeaufbau, eine logische Abfolge und nachvollziehbare Argumente gestillt. Ein roter Faden ist erkennbar und die Zuhörer behalten einen guten Überblick. Bei längeren Veranstaltungen hilft Austeilen eines Programms und Visualisieren der Schritte, die der Vortrag beinhaltet.

Strukturierte Übersicht

Ein strukturiertes Format hilft dem Vortragenden und den Zuhörern, das Ziel nicht aus den Augen zu verlieren. Bei vielen Redegelegenheiten steht heutzutage ein Flipchart oder eine Pinwand zur Verfügung. Darauf kann die Struktur visualisiert werden:

[18] Vergleiche Eric Berne (2001): Was sagen Sie, nachdem Sie ‚Guten Tag' gesagt haben? – Psychologie des menschlichen Verhaltens

Vergangeheit	Heute	Zukunft

Oder:

Vorteile	Nachteile

Oder:

Problem	Lösung

Der Vortragende hat die Möglichkeit, während des Redens Stichworte zu notieren. Er kann auch Symbole oder Skizzen zeichnen und damit die Anschaulichkeit um eine Dimension bereichern.

Symbole und Skizzen

Präsentationstechniken bedienen sich schon lange der Mittel Symbole und Skizzen. Immer mehr Redner haben auf der Bühne ebenfalls ein Flipchart stehen und nutzen die Kraft der Visualisierung.

Im Unterschied zur Präsentation setzt man bei einer Rede Skizzen, Symbole oder das Festhalten von Wörtern viel gezielter ein. Wenn das Publikum größer ist, ist es bei einem Vortrag sehr wichtig, dass man größer zeichnet und nur wenige Elemente darstellt.

Visualisieren mittels Skizzen hat einerseits den gleichen Vorteil wie das Sprechen in Bildern: Es erhöht die Verständlichkeit und Merkbarkeit.

Andererseits erhöht es den Transfer des Gesagten um zwei Ebenen:

- Man hört und sieht etwas gleichzeitig. Die Lernpsychologie hat schon vor einiger Zeit bestätigt, dass man etwas besser aufnimmt, wenn man es gleichzeitig hört und sieht, als wenn man den gleichen Inhalt nur hört.
- Die Visualisierung ist dauerhaft. Wenn der Zuhörer nur bei einem Wort unaufmerksam ist, überhört er es. Die Skizze oder das gezeichnete Symbol sind hingegen sichtbar, solange sie der Vortragende nicht entfernt. Das ist deshalb ein wichtiger Vorteil, weil niemand immer hundertprozentig aufmerksam sein kann.

Jeder kann skizzieren

Skizzen können statisch oder dynamisch sein. Wenn der Redner beispielsweise die steigenden Ölpreise darstellen will, kann er ein Ölfass zeichnen (= statisch) oder eine Skizze, auf der eine über die Jahre ansteigende Kurve zu sehen ist (= dynamisch).

An diesem Beispiel sieht man, es ist nicht nötig, Zeichentalent zu besitzen. Mit wenigen Linien und einfachen Worten ist sowohl das Ölfass als auch die Kurve dargestellt. Es bleibt einzig zu klären, welche Skizze oder welches Symbol das Ziel der Rede unterstützt.

Übung:
Wie würden Sie das Beispiel mit dem Ölfass grafisch unterstützen – statisch (mit einem Ölfass) oder dynamisch (mit einer über Jahre steigenden Kurve)? Begründen Sie Ihre Lösung!

____

____

____

Lösung:
Dachten Sie an eine Mischung aus beiden? Eine über Jahre steigende Kurve, neben der ein Ölfass symbolisiert, dass es sich um den Ölpreis handelt. Hat man beide Visualisierungsmöglichkeiten zur Hand, ist die Mischung die beste Wahl!

Scheuen Sie sich nicht zu skizzieren. Es kommt nicht auf ihr Zeichentalent oder die perfekte Linienführung an. Die einfachste Darstellung ist die Beste. Um zu erleben, wie einfach skizzieren sein kann, machen Sie folgende Übung.

Übung:
Zeichnen Sie Symbole zu folgenden Begriffen.

- Gute Stimmung
- Schlechte Stimmung
- Zeit
- Missverständnis
- Kommunikation

- Crash

- Liebe

Lösung:
Welche Symbole haben Sie gewählt? Hier einige Ideen.

Gute Stimmung, schlechte Stimmung und Zeit (Abbildung 10):

Missverständnis und Kommunikation (Abbildung 11):

Crash und Liebe (Abbildung 12):

Sie sehen, es ist einfach Symbole zu verwenden. Wenn Sie dieses Mittel einige Male eingesetzt haben, werden Sie Spaß daran haben, Ihr Publikum mit Bildern zu faszinieren.

Training 13 Abschiedsrede: So gelingt Ihnen die angemessene Verabschiedung eines Geschäftsführers

Trainingsschwerpunkt: *Gekonntes Fragen in Reden.*
Ihre Zuhörer: *Fünfzig Mitarbeiter und Kollegen.*
Situation: *Eine offizielle Feier anlässlich der Verabschiedung des Geschäftsführers in den Ruhestand. Die Feier wurde vom ihm initiiert, da er den Mitarbeitern und Kollegen offiziell „auf Wiedersehen“ sagen möchte. Sie sind der zweite Geschäftsführer und planen eine Rede.*
Ziel: *Kundgabe positiver Gefühle, Erinnerung an die Leistungen des Geschäftsführers.*

Fragen zur Redeplanung:

Stellen Sie sich folgende Fragen und erleben Sie, wie einfach man mit den folgenden Überlegungen einen Bauplan entwickeln kann.

- Wie komme ich zu einem starken Schluss?
- Welche Punkte bringe ich im Hauptteil?
- Was ist das Besondere an dem Menschen?
- Womit beginne ich?
- Wie spreche ich den zu verabschiedenden Geschäftsführer an?
- Wie spreche ich die Kollegen und Mitarbeiter an?

Bausteine und Ideen:

Eine Verabschiedung in den Ruhestand hat eine traurige Seite – der vertraute Kollege verlässt die Firma und ein erfreuliche Seite – der Kollege kann seinen wohlverdienten Ruhestand genießen.

- Eine Verabschiedung beschreibt die berufliche Laufbahn, hebt Ideen und gute Eigenschaften des Ruhestandsanwärters hervor.
- Eventuell wird ein Geschenk oder eine Auszeichnung überreicht.

Entwickeln Sie bitte jetzt Ihren Aufbau.
Erarbeiten Sie – als langjähriger Kollege – ein Redekonzept zur Verabschiedung Ihres Co-Geschäftsführers. (Gehen Sie davon aus, dass Sie ihn mit der Du-Form anreden.)

Musterlösung:

Bei der Musterlösung spricht der jüngere Co-Geschäftsführer, der mit dem Ruhestandsanwärter fünfzehn Jahre gerne und gut zusammenarbeitete.

Links finden Sie den Lösungsvorschlag. In der rechten Spalte finden Sie Erklärungen zu Wirkung und Variationsmöglichkeiten. Überlegen Sie in jeder Phase der Musterlösung, wie sie Ihre Lösung bereichert. Lenken Sie Ihren Fokus des Weiteren auf das, was bei Ihrer Lösung positiv und gelungen ist! Entwickeln Sie Spaß am Gestalten verschiedener Möglichkeiten!

Lieber Markus, liebe Kolleginnen und Kollegen!	Der Redner gestaltet die Ansprache sehr persönlich, weil er mit dem Kollegen in der Du-Form verkehrt. Da er zugleich auch im Namen der Firma spricht, wechselt er in Folge mehrmals zwischen „wir" und „ich", je nachdem, ob er etwas Persönliches oder Allgemeines sagt.
Dieser Tag hat schon seit einigen Wochen ein gewisses flaues Gefühl in meinem Bauch bewirkt. Heute ist es soweit – lieber Markus, du verlässt uns und trittst deinen Ruhestand an.	Gefühle haben in einer Rede immer eine wichtige Funktion: Sie machen das Gesagte menschlich und bewegen die Zuhörer.
Ist es nicht so, als ob zwei alte Weggefährten auseinander gehen? Für mich waren die vielen Jahre der Zusammenarbeit wie eine lange Wanderung, die wir miteinander erleben durften. Ich habe dich schätzen gelernt und durfte vieles von dir lernen. Bei allem Fleiß kam die gute Stimmung in unserer Arbeit	Das Bild einer Wanderung wird als Analogie herangezogen und die positive Seite der Arbeitsbeziehung wird betont.

nie zu kurz und oftmals konnten wir herzlich lachen. Erinnerst du dich noch, als du die Wette mit dem Vertrieb verloren hast und im Ententeich schwimmen musstest?	Eine persönliche Erinnerung an oder eine Anekdote über etwas, was man gemeinsam durchgemacht hat, soll den Abschied humorvoll auflockern. Als Frage formuliert regt sie zum Mitdenken an und lenkt die Aufmerksamkeit. Wird die Frage nicht beantwortet, hinterlässt das eine gewisse Spannung.
Meine und unsere besten Wünsche für den kommenden Abschnitt deines Lebens.	Der Schwenk zum „unsere" bewirkt, dass sich die Zuhörer vom Redner vertreten fühlen und sollte bei einer Ansprache im Namen des Unternehmens nicht fehlen.
Viele hier beneiden dich, dass du jetzt länger schlafen kannst und reisen, ohne an die Verantwortung im Büro denken zu müssen. Die Frage, „müssen wir uns Sorgen machen, dass dir in der Pension langweilig wird?" – können wir, glaube ich, beruhigt mit Nein beantworten.	Eine rhetorische Frage bringt Abwechslung in einen Vortrag. Die Frage wird unmittelbar danach vom Sprecher beantwortet. Die rhetorische Frage ist besonders wirkungsvoll, wenn man sich damit identifiziert und wenn viele Zuhörer dasselbe wissen wollen.
Wie ich dich kenne, wirst du wieder mehr Zeit für deine Hobbys finden: Malen, Wandern und Skifahren. Ob du dich wohl auch wieder auf das Motorrad schwingen wirst?	Die Frage ohne Antwort hinterlässt eine Spannung und jeder Zuhörer kann sie für sich beantworten.
Du hast dir deinen Feierabend verdient und wir hoffen, du kannst ihn lange und ausgiebig genießen. Als Symbol für viele schöne Jahre darf ich dir im Namen aller Kollegen ein kleines Erinnerungsgeschenk überreichen. Wir wünschen viel Gesundheit und Glück, behalte uns gut in deinem Gedächtnis und schau hin und wieder vorbei!	Im Schlussteil wird nochmals im Namen aller („wir", „uns") Glück gewünscht und das Geschenk übergeben.

Reflexion und Aufarbeitung

Jetzt ist der Zeitpunkt da, Ihre Rede aufzuarbeiten. So lernen Sie Stärken und Schwächen der eigenen Leistung kennen – und wachsen bald über sich selbst hinaus.

Betrachten Sie Ihre Lösung und beantworten Sie folgende Fragen:

	Wie habe ich die Aufgabe gemeistert?	Wie konnte ich positive Stimmung vermitteln?	Was konnte ich dem Kollegen mitgeben?
Was gefällt mir an meiner Lösung?			
Damit Sie Freude am Reden entwickeln, ist es wichtig, eigene Stärken zu kennen und zu dem zu stehen, was Sie an sich selbst mögen – bitte keine falsche Bescheidenheit!			
Woran will ich noch arbeiten, um mich zu verbessern?			
Damit Sie echte Verbesserungen erzielen, definieren Sie konkret, woran Sie noch arbeiten wollen. Überlegen Sie, welcher Teilschritt der nächste sein muss.			

Wie setzt ein Redner Fragen gekonnt ein?
Mir gefiel beim Verwenden von Fragen:
Probleme hatte ich beim Fragen:

Wollen Sie noch mehr über Fragen erfahren? Warum sehen Sie sich nicht gleich folgende Seiten an?

Die Geheimwaffe jedes Redners: Die Frage

Haben Sie vermutet, dass in einem Vortrag die Frage eine wichtige Geheimwaffe ist? War Ihnen klar, dass Fragen zum Mitdenken anregen, Aufmerksamkeit bewirken und das Interesse halten, obwohl bei einer Rede „Einwegkommunikation" überwiegt? Ist Ihnen bewusst, dass Sie mit Fragen auch eine Rückmeldung erhalten, die Ihnen als Redner wichtige Informationen gibt?

Wie Sie sehen: Eine gute Frage beantwortet mehr als eine gute Antwort.

Aber welche Fragen empfehlen sich für welche Gelegenheit? Sie werden vielleicht schon gehört haben, das man grundlegend zwischen offenen und geschlossenen Fragen unterscheidet:

- Offene Fragen können nicht mit Ja oder Nein beantwortet werden. Sie werden auch W-Fragen genannt, da die Fragewörter „wie", „was", „warum", „wer", „wo" „weshalb", „wann" bewirken, dass man nicht mit Ja oder Nein antworten kann. Offene Fragen helfen, ein genaues Bild zu bekommen, was jemand anderes dazu meint und warum er etwas gut oder schlecht findet.

Richard wollte wissen, wie Elfriede seine Rede gefallen hat. Er fragte sie: „Hat dir mein Vortrag gefallen?" und bekam als Antwort: „Ja." Da die Frage nicht offen gestellt wurde, bekam Richard in der Antwort keine Informationen außer dem „Ja". Er wusste nicht, was ihr gefallen hat und warum es ihr gefallen hat. Er hätte offen fragen müssen, um das Gespräch in eine andere Richtung zu steuern und mehr zu erfahren.

- Geschlossene Fragen können nur mit Ja oder Nein beantwortet werden. Das Beispiel mit Richard und Elfriede zeigt eine geschlossene Frage, sie ist nicht geeignet, wenn man mehr erfahren will, sie erinnert an ein Verhör und verkürzt Kommunikation. Es gibt nur wenige Momente, wo geschlossene Fragen einen Vorteil haben: Wenn ich etwas auf den Punkt bringen will, wenn eine Entscheidung zu treffen ist oder wenn mein Gegenüber ausschweifend redet und vom Thema abkommt.

Welche Fragen hat ein Redner noch zur Verfügung? Eine ganze Reihe Variationsmöglichkeiten bieten sich dem Vortragenden. Um eine Frage in die Rede einzubauen, sollte sie an eine dramaturgisch gute Stelle gesetzt werden, klar und verständlich sein und dem Verständnis der Zuhörer dienen.

Die rhetorische Frage

Unter allen Fragemöglichkeiten ist die rhetorische Frage der Klassiker für den Redner. Die rhetorische Frage erwartet keine Antwort vom Zuhörer, sondern betont eine Aussage. Sie kann durchaus provokant sein, indem sie Behauptungen impliziert.

Da keine Antwort gewünscht ist, muss die Frage so gestellt werden, dass niemand im Publikum die Hand hebt und antworten will. Wesentlich ist dabei der Blickkontakt des Redners, er darf keinesfalls erwartungsvoll ins Publikum schauen.

Es gibt zwei Varianten rhetorischer Fragen:

1. Überhaupt kein Antwort gewünscht. Die Frage ist selbsterklärend und bedarf keiner Reaktion. Die Antwort ist sofort jedermann klar, das ist die Stärke dieser Frage.

„Wollen Sie dem Finanzminister Geld schenken?"

Eine geschlossene rhetorische Frage, auf die jeder mit Nein antworten wird. Wer verschenkt schon gerne Geld? (Anmerkung: Das war soeben die nächste rhetorische Frage.)

„Wie lange noch soll ich deine Wäschefrau sein?"

Das ist eine provokante offene rhetorische Frage, die eine Behauptung, Unzufriedenheit und einen Änderungswunsch ausdrückt.

2. Der Redner beantwortet die Frage selbst. Die Antwort ist nicht selbsterklärend und der Redner geht näher auf die Frage ein.

„Wann sind die Menschen heutzutage nicht im Stress?"

Hier wird die Aussage, dass die Menschen im Stress sind, provokant mit einer Verneinung verknüpft. Die Verneinung „nicht" leitet die Gedanken zum Gegenteil, dass die Menschen immer im Stress sind. In Folge geht der Sprecher auf die vielen Formen des Stresses ein.

„Wollen Sie sich diese Chance entgehen lassen?"

Hier wird die Aufforderung, sich die Chance nicht entgehen zu lassen, als geschlossene rhetorische Frage gebracht. Der Zuhörer kann mit Ja oder Nein antworten. Der Redner wünscht wohl, dass er mit Nein antwortet und bringt im Anschluss noch einiges, was für diese Chance spricht.

Multiple-Choice-Fragen

Multiple-Choice-Fragen sind geschlossene Fragen mit mehreren Antwortmöglichkeiten als Ja oder Nein. Sie kennen sicher Multiple-Choice-Tests, wo man verschiedene Kästchen ankreuzen kann. Parallel dazu gibt der Redner bei einer Multiple-Choice-Frage seinen Zuhörern mehrere Antwortmöglichkeiten vor.

Sie sind eine sehr schöne Möglichkeit, ein großes Publikum einzubinden und in einen „Dialog" mit vielen Menschen zu kommen. Ein Redner kann dadurch auch Informationen über seine Zuhörer bekommen.

„Welcher Bundesstaat der Vereinigten Staaten ist am südlichsten? – Wählen Sie aus, was Sie für richtig halten: Florida, Hawaii, Kalifornien oder Texas?"
Oder:
„Bitte um ein Handzeichen: Wer hat so eine Situation schon mehr als zehnmal erlebt? Wer mehr als fünfmal? Mehr als einmal? Wer noch gar nicht?"

Die Gegenfrage

Bei der Gegenfrage gibt es zwei Varianten:

1. Der Redner reagiert auf eine Frage mit einer eigenen Frage, anstatt darauf zu antworten. Ist eine Frage sehr unspezifisch, hinterfragt man mit dieser Gegenfrage, worum es genau geht.

„Wie sollen wir das mit dem Geburtstagfest organisieren?"
„Wie meinst du das?"

Oder wenn man eine Frage mit einer starken Moralvorstellung hinterfragen möchte:

„Ist die Jugend von heute nicht zu freizügig?"
„Hätten Sie das in Ihrer Jugend nicht auch gerne erlebt?"

2. Der Redner gibt die gleiche Frage, die an ihn gestellt wird, umformuliert an jene Person zurück, die sie stellte. Diese Technik eignet sich für bestimmte schwierige Zuhörer und für freche Fragen.

„Sehen Sie das nicht zu einfach?"
„Wie sehen Sie es denn?"

Oder:

„Wofür soll ich dieses Wissen nutzen können?"
„Wofür könnten Sie dieses Wissen nutzen?"

Die Ricochet-Frage

Bei der Ricochet[19]-Frage gibt der Redner eine Frage, die an ihn gestellt wird, an das Publikum weiter. Das eignet sich besonders, wenn es

- eine gute Frage ist, die für alle interessant ist,
- eine Frage ist, die der Redner sowieso stellen wollte,
- es dazu verschiedene Standpunkte gibt und der Redner diese Meinungen hören möchte,

19 David A. Peoples (1992): Presentations Plus

- wichtig ist herauszufinden, was die anderen dazu sagen oder
- für den Redner nötig ist, Zeit zu gewinnen.

„Kann ich ein Beispiel dazu haben?"
„Dazu gibt es einige gute Beispiele. Hat jemand von Ihnen – meine Damen und Herren – ein gutes Beispiel für den Kollegen in der zweiten Reihe?"

Oder:

„Wie reagiert man in einer peinlichen Situation richtig?"
„Es gibt keine einzig richtige Verhaltensweise für peinliche Situationen. Ich mache Ihnen einen Vorschlag: Sammeln wir die Ideen aller Teilnehmer und Sie nehmen diese als Anregungen für Ihre Situation. Wer hat einen Vorschlag, wie man mit einer peinliche Situation umgehen kann?"

Oder:

„Wann machen wir die erste Pause?"
„Ich möchte das von der Mehrheit abhängig machen – Frage an alle: Wann wollen Sie die erste Pause machen?"

Die direkte Frage an die Zuhörer

Schlussendlich kann ein Vortragender auch eine „echte" Frage an die Zuhörer stellen, bei der er darauf wartet, welche Antworten kommen.

In einem interaktiven Vortrag bindet man das Publikum mit Fragen sehr gut ein, bekommt einen Eindruck, was die Zuhörer zum Thema wissen und kann darauf aufbauen.

Eine Frage an die Zuhörer kann auch eine direkte Frage an eine Person sein. Das sieht man am ehesten im Schul- und Universitätsbetrieb, der Student wird angesehen, aufgerufen und die Frage wird gestellt. Diese Fragevariante kann man verwenden, um unaufmerksame Zuhörer anzusprechen und „wachzurütteln". „Herr Kollege, was sagen Sie dazu?"

Tipp: Wenn Sie Zuhörer direkt ansprechen, seien Sie sich bewusst, dass das gewisse Erinnerungen an die Schulzeit auslöst und überlegen Sie, ob das gewünscht ist.

Produktpräsentation: So überzeugen Sie Kunden

Training 14

Trainingsschwerpunkt: *Körpersprache der Zuhörer deuten und richtig auf Fragen reagieren.*
Ihre Zuhörer: *Eine fünfköpfige Familie.*
Situation: *Sie sind Kundenbetreuer in einem großen Elektromarkt (oder wahlweise in einem Autohaus, Möbelhaus o. Ä.) und präsentieren einer interessierten Familie die Vorteile eines Produktes.*
Ziel: *Produktvorteile darstellen und zum Kauf motivieren.*

Fragen zur Redeplanung:

- Was erwarten Kunden?
- Wie komme ich am Ende der Präsentation zu einer Kaufentscheidung?
- Welche Punkte bringe ich im Hauptteil?
- Welchen Nutzen vermittle ich?
- Wie spreche ich meine Kunden an?

Bausteine und Ideen:

- Eine Verkaufssituation ist ein Dialog, wo der Kundenberater in einem Gespräch herausfindet, welchen Bedarf die Kunden haben. Die Produktpräsentation, wo die Vorteile des Produktes dargestellt werden, ist ein Teil davon, und zwar jener, wo ein guter rhetorischer Aufbau den Erfolg unterstützt. Vor und nach diesem gut strukturierten Kurzmonolog findet ein Dialog mit Fragen und Antworten statt!
- Im Mittelpunkt steht der Nutzen für die Kunden, den ein guter Verkäufer gleich zu Beginn hinterfragt.
- Ein guter Kundenberater kann sich in die Welt seiner Kunden hineinversetzen, wie sich ein guter Redner in die Welt seiner Zuhörer hineindenken kann.

Entwickeln Sie bitte jetzt Ihren Aufbau.
Entwerfen Sie eine Produktpräsentation und überlegen Sie, wie Sie mit Fragen umgehen und welche Informationen Ihnen die Körpersprache der Zuhörer gibt. (Entscheiden Sie sich für eine Branche und für ein Produkt, das Sie präsentieren wollen.)

Musterlösung:

Bei der Musterlösung berät Frau Schrader die Familie beim Kauf einer Waschmaschine. Sie hat bereits hinterfragt, was die Familie von dem Produkt erwartet. Im Gespräch hat sich gezeigt, dass es der Frau wichtig ist, dass das Gerät sparsam im Stromverbrauch ist und dem Mann, dass es ein Markenprodukt ist. Die Kinder, alle drei jünger als zehn Jahre, signalisieren kein Interesse, an der Kaufentscheidung mitzuwirken. Frau Schrader beginnt gerade, der Familie zwei Produkte zu präsentieren, beide von Markenanbietern.

Unsere Musterrede in der linken Spalte ist – wie alle vorgestellten Reden – nur eine Variante von vielen möglich. Die Kommentare in der rechten Tabellenspalte sollen Ihnen als Anregung für Ihre eigene Lösung dienen.

Kommen Sie bitte kurz weiter, ich zeige Ihnen zwei Produkte, die Ihren Anforderungen entsprechen. (Frau Schrader geht mit den Kunden zu den Produkten und redet dort weiter.) Dieser Markenhersteller bietet Ihnen hohe Qualität und die Maschine hat durch ihre gusseisernen Gewichte einen sehr sicheren Stand. Sie hat in dieser Klasse die beste Energieeffizienz, was Sie an diesem Zertifikat erkennen können. Darüber hinaus hat diese Waschmaschine eine patentierte Schontrommel und benutzerfreundliche Programme sowie ein praktisches Kurzprogramm. (Die Kundenberaterin wendet sich dem nächsten Gerät zu.) Hier das zweite Markengerät, das ich Ihnen empfehle. Es hat die gleichen Vorteile wie das vorige und besitzt die gleiche Energieeffizienz. Es hat darüber hinaus einen Trockenautomaten integriert, was für Sie als Familie vielleicht von Interesse sein kann. Stellen Sie sich vor (Frau Schrader wendet sich der Frau zu) – keine Platzprobleme beim Aufhängen der Wäsche mehr. Obwohl diese Maschine als Mercedes unter den Waschtrockenautomaten gilt, ist sie gerade im Angebot und kostet nur zweihundert Euro mehr als die andere.	Die Kunden werden zu zwei Produkten geführt, die die Kriterien erfüllen, die vorher besprochen wurden. Frau Schrader erläutert ihren Kunden die wichtigsten Eigenschaften des Produktes. Die Anforderungen, die im Gespräch davor hinterfragt wurden, werden dabei in den ersten drei Punkten gebracht. Das signalisiert den Kunden, dass die Kundenberaterin bemüht ist, etwas zu finden, was dem Wunsch der Kunden entspricht. Sind Sie ähnlich vorgegangen? Haben Sie den Kundennutzen berücksichtigt? Im zweiten Abschnitt geht die Produktpräsentation einen Schritt weiter – Frau Schrader empfiehlt ein Gerät, das einen zusätzlichen Nutzen hat und gerade im Angebot ist. Mit der Tatsache, dass eine Familie oft Platzprobleme beim Aufhängen der Wäsche hat, zeigt die Kundenberaterin, dass sie sich in die Kunden hineinfühlt. Sie wendet sich der Frau zu, um diese besonders anzusprechen, da sie im Gespräch herausgehört hat, dass die Frau sich um die Wäsche kümmert. Mit dem Vergleich mit einem guten Auto startet sie den Versuch, auch den Mann anzusprechen.

Im Angebot eingeschlossen ist die Gratislieferung und Gratisentsorgung des Altgerätes.	Wie haben Sie den Mittelteil gegliedert und die Kunden angesprochen? Um die Kaufsmotivation zu erhöhen, wird noch ein Zusatzargument gebracht.
Welche Informationen kann ich Ihnen noch anbieten, um Ihnen die Entscheidung zu erleichtern? (Es folgt ein Dialog mit Fragen und Antworten.)	Die Frage filtert heraus, ob die Verkaufsberaterin noch Informationen liefern kann, die eine Entscheidung unterstützen. Diese Frage ist wesentlich geschickter als das Allgemeine: „Haben Sie noch Fragen?", da sie dazu hinführt, dass sich die Kunden klar werden, was sie noch benötigen, um sich zu entscheiden.
Falls Sie zu dem zweiten Gerät tendieren, dann entscheiden Sie sich bitte schnell, denn wir haben nur noch zwei Angebotsgeräte zur Verfügung. Was müssen Sie noch wissen, damit Sie sich entscheiden können? (Es folgt ein Dialog mit Fragen und Antworten)	Der Hinweis, dass von dem Angebot nur mehr wenige Stücke da sind, soll die Entscheidung beschleunigen. Abschließend noch eine direkte Frage, die der Kaufentscheidung auf den Grund geht. Am Ende geht das Gespräch wieder in einen Dialog über, wo der Kundenberater mehr zuhört als spricht.

Reflexion und Aufarbeitung

So arbeiten Sie jetzt Ihren Entwurf auf, nehmen Sie sich ausreichend Zeit dafür. So verbessern Sie sich immer wieder.

Betrachten Sie Ihre Lösung und beantworten Sie folgende Fragen:

<table>
<tr><td></td><td>Wie habe ich Kunden-orientierung vermittelt?</td><td>Wie habe ich Lust auf den Kauf geweckt?</td></tr>
<tr><td>Was gefällt mir an meiner Lösung?</td><td></td><td></td></tr>
<tr><td colspan="3">Damit Sie Freude am Reden entwickeln, ist es wichtig, eigene Stärken zu kennen und zu dem zu stehen, was Sie an sich selbst mögen – bitte keine falsche Bescheidenheit!</td></tr>
<tr><td>Woran will ich noch arbeiten, um mich zu verbessern?</td><td></td><td></td></tr>
<tr><td colspan="3">Damit Sie echte Verbesserungen erzielen, definieren Sie konkret, woran Sie noch arbeiten wollen. Überlegen Sie, welcher Teilschritt der nächste sein muss.</td></tr>
</table>

Wie ging es mir mit den Trainingsschwerpunkten?
Auf Fragen soll man so antworten oder reagieren:
Die Körpersprache der Zuhörer interpretiert man:

Wollen Sie noch sattelfester in den Trainingsschwerpunkten „Umgang mit Fragen“ und „Körpersprache interpretieren“ werden? Arbeiten Sie die folgenden Seiten durch und integrieren Sie das Wissen in Ihre künftigen Vorträge.

Umgang mit Fragen

Fragt jemand aus dem Publikum während des Vortrages, hat ein Redner prinzipiell drei Möglichkeiten:

- Er beantwortet die Frage direkt: In vielen Fällen ist dies die beste Reaktion. Bei Unklarheiten ist das jedenfalls die erste Wahl, weil so Verständnisprobleme sofort beseitigt werden.

Tipp: Um auf Fragen richtig zu antworten, prägen Sie sich diese vier Schritte ein:

1. Augenkontakt herstellen und den Menschen anschauen, der die Frage stellt.
2. Hören Sie die Frage an, hören Sie gut zu.
3. Wiederholen Sie die Frage. Stellen Sie sicher, dass Sie alles richtig verstanden haben und wiederholen Sie die Frage mit eigenen Worten. Kommt vom Fragenden ein Okay-Signal, fahren Sie fort. Wenn nicht, klären Sie ab, wie die Frage gemeint war. Dieser Schritt stellt das Verständnis sicher, gibt den anderen Zuhörern die Möglichkeit mitzudenken und bringt dem Redner Zeit.
4. Antworten Sie darauf oder vertrösten Sie auf später (siehe nächster Punkt).

Man kann dem Fragenden dankbar sein, dass er sich gemeldet hat. Viel zu oft sitzen Personen schweigend im Publikum, obwohl sie etwas nicht verstanden haben.

Tipp: Freuen Sie sich über jede Frage, sie signalisiert Interesse und ermöglicht es, darauf zu reagieren. (Viel unangenehmer sind Zuhörer, die nicht fragen und sich im Anschluss beschweren, dass sie nichts verstanden haben.)

- Der Redner vertröstet auf später:
  Wenn der Vortragende ohnehin auf die Frage eingehen will, wird er höflich um Geduld ersuchen. Sobald der Redner auf das Thema zurückkommt, sollte er ankündigen, dass die folgende Information auf die zuvor gestellte Frage eingeht.
  Wenn die Antwort auf die Frage den Rahmen sprengt, ersucht man als Sprecher am besten um Verständnis und bietet an, im Anschluss zur Verfügung zu stehen.

- Der Redner überhört die Frage: Im Normalfall wirkt das gegenüber dem Publikum respektlos und der Redner bringt sich damit in ein schlechtes Licht. In Sonderfällen – wie in politischen Diskussionen oder bei einem Störenfried, der offensichtlich provozieren will – kann das Ignorieren sinnvoll sein.

Die gefährlichsten Antwortfehler

Folgende Fehler sollten dem guten Redner bekannt sein, damit er nicht in die Falle tappt und unprofessionell reagiert.

- Zu viele oder zu lange Antworten: Ein guter Redner hält die Antwort kurz und aussagekräftig. Er fokussiert auf die Frage.
- Zu schnell antworten: Das passiert, wenn man sich nicht an die vier Schritte (s. o.) hält und impliziert die Gefahr zu antworten, bevor die Frage richtig verstanden wurde oder bevor die restlichen Zuhörer verstanden haben, worum es geht.
- Zu viel Aufmerksamkeit für die fragende Person: Redeprofis vermeiden es, sich in eine Diskussion mit einer Person zu begeben. Bei dieser Vorgehensweise werden die anderen Zuhörer vernachlässigt. Daher ist auch die Frage gefährlich: „Hat das Ihre Frage beantwortet?“ Sie lädt zu einer weiteren Frage ein.

Beim Antworten ist es wichtig, dass man den Fragenden ernst nimmt. Zynismus, Frechheit oder Besserwisserei sind genauso wenig angebracht, wie sich über den anderen lustig zu machen. Man darf den Fragenden nie „dumm aussehen“ lassen, auch nicht wenn man meint, das Publikum erlebe ihn negativ. Ein respektloser Redner verliert den Respekt des Publikums und hat mehr zu verlieren als ein negativ fragender Teilnehmer.

Tipp: Bleiben Sie bei unangenehmen Fragern souverän, dann wird das Publikum auf Ihrer Seite bleiben und sich eine eigene Meinung über den Fragenden machen.

Was die Körpersprache der Zuhörer bedeutet

Ein Vortragender sendet Körpersignale während einer Rede, er empfängt aber auch eine Reihe nonverbaler Signale der Zuhörer. Doch was bedeuten die?

Es gibt vieles, was ein Redner beobachten und einiges, was man an Grundtendenzen erkennen kann, aber leider gibt es kein Rezept, um Körpersprache anderer Menschen sicher zu deuten. (Oder glücklicherweise gibt es kein Rezept für die Deutung der Körpersprache?)

Kann man erkennen, was im anderen vorgeht?

Es gibt Beschreibungen gewisser Regelmäßigkeiten, abgeleitet von Beobachtungen: Ein verpresster Mund von Leopold gibt zwar mit hoher Wahrscheinlichkeit die Information des Sich-Verschließens, doch wovor er sich verschließt, können wir nicht wissen. Es kann zwar stimmen, dass er sich gegen etwas abschirmt, was sein Gegenüber sagt. Doch es kann ebenso sein, dass sich Leopold von etwas abschottet, was seine Frau sagte, bevor er das Haus verließ und was sich in seinem Körper jetzt widerspiegelt.

Der Redner kann nicht wissen, welche Ursachen und Auslöser hinter dieser Mimik des Sich-Verschließens sind. Die einzige Person, die darüber Auskunft geben kann, ist die, die das Signal sendet.

Sinnvoll ist es daher, die Körpersignale zu beobachten, ohne sie zu überinterpretieren, und falls es wichtig erscheint anzusprechen (je nach Möglichkeit während des Vortrages oder in einer Pause, abhängig von der Situation unter vier Augen oder vor der Gruppe).

Mannigfaltige Interpretationen

Körpersprachliche Informationen hängen sehr stark von unserer Wahrnehmungsqualität ab. Es ist belegt, dass wir selektiv auswählen, was wir hören, sehen, fühlen, riechen und schmecken. Wir nehmen nicht lückenlos wahr, daher sind ein Irrtum und eine falsche Interpretation immer möglich. Daraus soll sich zu unserem eigenen Nutzen ein vorsichtiges Handhaben von Wissen über Körpersignale ableiten.

Tipp: Sehen Sie einzelne Signale des Körpers immer im Zusammenhang mit anderen Signalen, sonst ist die Gefahr der Fehlinterpretation besonders groß. Im Zweifelsfall ist das Hinterfragen der sicherste Weg, um zu erfahren, ob das Körpersignal etwas mit Ihrem Vortrag zu hatte.

Übung/Spiel: Sag die Wahrheit

Trainieren Sie das Interpretieren von Körpersprache und erleben Sie in diesem Spiel, wie schwer es ist, sie zu deuten. Zwischen sechs und fünfzehn Personen können mitspielen. Das Spiel kann auch als Partyspiel verwendet werden.

Vorgehensweise: Drei Gruppenmitglieder verlassen kurz die Gruppe, tauschen sich heimlich aus und suchen ein außergewöhnliches Erlebnis, das nur einer wirklich erlebt hat. Niemand der Restgruppe soll wissen können, wer die Situation erlebt hat – es muss ein Erlebnis sein, dass jede der drei Personen erlebt haben könnte.

Die drei kommen zurück in den Raum, setzen sich vor die anderen und alle drei erzählen, wie sie das Erlebnis durchgemacht haben. Die anderen hören somit die Geschichte dreimal – von jedem der drei einmal.

Dann darf die restliche Gruppe Fragen stellen und muss herausfinden, wer diese Begebenheit tatsächlich erlebt hat. Jeder bekommt einen Zettel und wenn er glaubt, den Erzähler zu kennen, der die Wahrheit sagt, schreibt er seinen Namen auf den Zettel und legt diesen verdeckt auf den Boden.

Wenn alle Tipps abgegeben sind, werden die Zettel eingesammelt und gezählt, wer die meisten Wahrheitsvermutungen bekommen hat. Danach verraten die drei Erzähler, wer die Situation wirklich erlebt hat.

Training 15 Fachvortrag mit Beamer-Unterstützung: So gestalten Sie eine kurzweilige Informationsrede

Trainingsschwerpunkt: *Reden mit Hilfe von Folienprojektionen.*
Ihre Zuhörer: *Zwanzig Personen, die sich fachlich weiterbilden.*
Situation: *Sie sind Fachmann für ... (wählen Sie bitte ein Fachgebiet, zu dem Sie referieren wollen). Als Experte informieren Sie andere Abteilungen Ihres Unternehmens. Die Personen dieser Abteilungen bringen nur Grundkenntnisse mit.*
Ziel: *Sachliche Information über das Fachgebiet.*

Fragen zur Redeplanung:
Wichtige Überlegungen für Ihren „leichtfüßigen" Weg zum exzellenten Fachvortrag.

- Was erwarten die Weiterbildungsteilnehmer?
- Was soll am Ende des Fachvortrages stehen?
- Wie gliedere ich den Hauptteil?
- Womit beginne ich?
- Welche Folien können meine Worte unterstreichen?

Bausteine und Ideen:
- Um Fachvorträge leicht verdaulich zu vermitteln, greift man auf Präsentationstechniken zurück.
- Folien können Schlüsselstellen eines Referats anschaulich unterstützen, aber ein guter Vortrag verliert an Lebendigkeit, wenn zu viele Folien verwendet werden.
- Im Mittelpunkt steht die Fachinformation. Die große Herausforderung ist es, Fachwissen zu präsentieren, ohne langweilig zu werden.

Entwickeln Sie bitte jetzt Ihren Aufbau.
Kreieren Sie einen kurzweiligen Fachvortrag mit Beamer-Unterstützung. Überlegen Sie, welche Folien Sie vorbereiten.

Musterlösung:

Bei der Musterlösung spricht ein Betriebswirt über die Marktsituation in der Software-Branche. Es wird Fachinhalt zum Thema Markt vermittelt. Darüber hinaus folgt am Ende ein Aufruf zu innovativem Denken.

Links finden Sie den Lösungsvorschlag. In der rechten Spalte sehen Sie Erklärungen zu Wirkung und Variationsmöglichkeiten. Lenken Sie Ihren Fokus des Weiteren auf das, was bei Ihrer Lösung positiv und gelungen ist! Entwickeln Sie Spaß am Gestalten verschiedener Möglichkeiten!

Sehr geehrte Damen und Herren, ich freue mich über Ihr Interesse und möchte heute auf die Marktsituation in der Software-Branche eingehen.	Eine Begrüßung und Wiederholung des Themas bewirkt eine Einstimmung der Zuhörer.
Welche Rahmenbedingungen gibt es in dieser Branche? (Der Redner schreibt die fünf Begriffe auf den Flipchart.) Wirtschaftliche, politische, gesellschaftliche, ökologische und technologische Rahmenbedingungen wirken auf den Software-Markt.	Die Präsentation beginnt mit Rahmenbedingungen und arbeitet sich dann durch zu den Besonderheiten des Software-Marktes. Das entspricht dem Redebauplan vom Allgemeinen zum Besonderen und ist für Fachthemen ein guter didaktischer Aufbau. Der Vortragende hat die fünf Begriffe auf das Flipchart geschrieben. Er hat damit den großen Vorteil, dass er auf das Flipchart zeigen kann, während er die Folien projiziert und erläutert. Auf diese Art lassen sich Zusammenhänge sehr gut darstellen.

Betrachten wir zunächst den wirtschaftlichen Rahmen. (An dieser Stelle kommt die Erklärung der fünf Rahmenbedingungen. Zu jeder wird eine Folie projiziert. Das ist der Teil des Vortrages, in dem das Fachwissen präsentiert wird. Es wird ein Faktor nach dem anderen mit Hilfe der Folien erklärt. Das ist hier nicht abgedruckt.)	Haben Sie bei Ihrem Fachthema ebenfalls mit einer Übersicht begonnen und dann Einzelheiten präsentiert? Insgesamt werden bei dieser Präsentation sechs Folien gezeigt. Der gezielte Einsatz von Folien ist eine sehr gute Unterstützung. Zu viel Folien lenken vom Vortrag ab und daher gilt: Weniger ist mehr.
(Nach dem Hauptteil mit der fachlichen Schulung leitet der Sprecher zur Quintessenz über.) Was sind die Auswirkungen der Rahmenbedingungen auf den Software-Markt? Alle Branchen sind auf IT-Technik angewiesen und brauchen gute Software. In globalen Wettbewerbsmärkten werden Informationen, Zeitersparnis und Innovation zu den Erfolgsfaktoren für Unternehmen. Herausforderung der Software-Branche ist, das richtige Maß zwischen Nutzenerhöhung und Überforderung der Kunden zu finden. (Die sechste Folie wird projiziert.) Für Mitarbeiter der Software-Branche ergeben sich folgende Gefahren und Chancen: Arbeit wandert an billigere Standorte ab. Gleichzeitig ergeben sich neue Karrieremöglichkeiten: Internationales Management, Sicherheit, Zahlungsverkehr, Sprachen. Ausbildung und hohe Qualifikation sind wesentlich!	Wie haben Sie den Mittelteil gegliedert? Die Auswirkung auf den Software-Markt wird als Schlussfolgerung ausführlich beschrieben. Im Folgenden rüttelt der Sprecher mit Gefahren und Herausforderungen wach.

Alle genannten Veränderungen sind eine Chance. Innovative Software, welche die Zukunft lebenswert macht, wird gebraucht: Sicherheit, Vorsorge mit Online-Produkten, Befriedigung sozialer Bedürfnisse und andere Produkte rund um das Internet.	Gegen Ende zeigt der Redner die Chancen auf und lässt durchblicken, dass die Lösung in Innovationen liegt.
Danke für Ihre Aufmerksamkeit. Wenn Sie noch Fragen haben, stehen uns jetzt fünfzehn Minuten für eine Diskussion zur Verfügung. (Zeit für Fragen und anschließende Diskussion.)	Wenn der Redner eine Diskussion ankündigt, zeugt es von Professionalität, wenn er den Zeitrahmen absteckt. Die Zuhörer bekommen Orientierung – und sollte die Diskussion den zeitlichen Rahmen sprengen, fällt ein Beendigen leichter.
Ich hoffe, Sie erkennen die Herausforderungen des Software-Marktes. Ich zähle auf Sie, dass Sie den innovativen Geist in alle Ecken unseres Unternehmens tragen, damit wir in diesem Markt weiterhin eine führende Rolle übernehmen.	Abschließend motiviert er dazu, einen innovativen Geist in die Firma zu tragen.

Reflexion und Aufarbeitung

Nehmen Sie sich Zeit, Ihre Rede aufzuarbeiten. Reflexion bringt Kenntnis über Stärken und Schwächen und ist ein wichtiger Schritt für persönliches Wachstum.

Betrachten Sie Ihre Lösung und beantworten Sie folgende Fragen:

	Wie habe ich das Ziel des Fachvortrages erreicht?	Wie habe ich die Präsentation strukturiert?	Wie konnte ich kurzweilig bleiben?
Was gefällt mir an meiner Lösung?			
Damit Sie Freude am Reden entwickeln, ist es wichtig, eigene Stärken zu kennen und zu dem zu stehen, was Sie an sich selbst mögen – bitte keine falsche Bescheidenheit!			
Woran will ich noch arbeiten, um mich zu verbessern?			
Damit Sie echte Verbesserungen erzielen, definieren Sie konkret, woran Sie noch arbeiten wollen. Überlegen Sie, welcher Teilschritt der nächste sein muss.			

Wie ging es mir mit den Präsentationstechniken?
Folien und Beamer-Unterstützung sind sinnvoll:
Die Grenzen dieser Technik sind:

Auf den folgenden Seiten können Sie den Trainingsschwerpunkt detailliert aufarbeiten.

Audiovisuelle Unterstützung

Es gibt eine Fülle von Möglichkeiten der technischen Unterstützung für den modernen Vortrag: Multimedia-Computer und Produkte wie Beamer, Flipchart, Tonträger, Overhead-Projektoren, Dias, Video und vieles mehr.

Damit ist es heute einfach, ein Tondokument vorzuspielen, eine kurze Filmsequenz einzubauen oder die Folie mit Animationen aufzupeppen.

All diese Möglichkeiten ersetzen jedoch keine gute Redetechnik, sie bringen keine Struktur in einen Vortrag und sie bringen keine bessere Körpersprache. Sie sind nur eine Unterstützung, das sollte ein Redner nie vergessen. Wenn die Technik die Hauptrolle übernimmt, geht im Vortrag etwas verloren.

Tipp: Setzen Sie technische Hilfen nur als Unterstützung ein und geben Sie die Hauptrolle niemals an die Technik ab.

Dem fachlich Vortragenden ist jedenfalls anzuraten, sich Elementarkenntnisse der Rhetorik anzueignen, denn ein guter Vortrag mit schlechter technischer Unterstützung kommt besser an als gute technische Effekte – schlecht vorgetragen.

High Tech oder Low Tech

Moderne technische Unterstützung bringt den Vorteil, dass eine Rede mit Bild und Ton bereichert werden kann. Sie birgt aber auch zwei Gefahren:

- Ein Zuviel an Effekten stiehlt dem Vortragenden die Aufmerksamkeit. Wenn der Text mit Tönen hereintropft, die Bilder von links, von rechts oder in Stufen über den Bildschirm wandern und viele kleine Filme gezeigt werden, dann wirkt die übertriebene Animation wie ein Vampir, der vom eigentlichen Thema Energie absaugt.

Tipp: Verstecken Sie sich nicht hinter einem aufwendigen Beamer-Vortrag, Sie nehmen sich Lebendigkeit und Wirkung. Falls Sie Folien verwenden, lesen Sie diese nicht herunter.

Viele Bemühungen werden durch ein Zuviel an technischer Unterstützung vergeudet, eine traurige Wahrheit, die bis in die höchsten Etagen von Universitäten oder Unternehmen anzutreffen ist.

- Der Redner dreht sich um und zeigt auf die Folie oder das Flipchart und verliert den Kontakt zum Publikum. Abhilfe dagegen schafft die ZUR-Technik.

Die ZUR-Technik

Diese Technik ist eine hilfreiche Methode zum Umgang mit Flipchart, Beamer und anderen Visualisierungsinstrumenten. Sie bezieht sich auf den häufigen Fehler, dass Vortragende während des Zeigens reden und dabei vom Publikum abgewendet stehen. Sie verlieren dadurch nicht nur den Kontakt zu den Zuhörern, sondern berauben sich Ihrer Körpersprache sowie ihrer sprachlich-akustischen Verständlichkeit.

ZUR bedeutet: Zeigen – Umdrehen – Reden

Die Empfehlung, zuerst zu zeigen, sich dann dem Publikum zuzuwenden und erst dann zu sprechen, ist eine einfache und leicht erlernbare Technik für Vorträge mit visueller Unterstützung.

Folien und Handouts

Wenn ein Redner seinen Vortrag mit Folien unterstützt, muss er die einzelne Folie so gestalten, dass sie nicht zu viele Informationen enthält: Knackige Informationen, anschauliche Folien mit den wichtigsten Schlagworten und das eine oder andere Bild.

Will der Vortragende seinen Zuhörern darüber hinaus weitere Informationen zur Verfügung stellen, bietet es sich an, Handouts auszuteilen, die alles ausführlich beschreiben.

Wesentlich ist bei der Foliengestaltung die Wahrnehmungskapazität der Zuhörer – und die ist begrenzt. Wissenschaftliche Untersuchungen[20] zeigen, dass Menschen nur fünf bis neun Elemente auf einmal wahrnehmen können. Daraus leiten sich folgende Wahrnehmungsregeln ab.

Wahrnehmungsregeln für die Gestaltung visueller Hilfen

Beachten Sie diese Wahrnehmungsregeln, um die Aufmerksamkeit Ihrer Zuhörer nicht zu überfordern.

1. Als Vortragender kann man davon ausgehen, dass die Zuhörer gleichzeitig fünf bis neun Elemente verarbeiten können. Fünf sind die durchschnittliche Unter-, neun die durchschnittliche Obergrenze. Orientiert man sich an der Untergrenze von fünf, stellt man sicher, dass auch der „Schwächste" mitkommt.

Tipp: Plazieren Sie bei Visualisierungen maximal fünf Elemente auf eine Seite und Sie erleichtern die Wahrnehmung für alle Teilnehmer. (Fünf Elemente IIIII sind besser wahrnehmbar als neun Elemente IIIIIIIII.)

2. Schriften, die uns vertraut sind, sind besser lesbar:
   a. Übliche Schriftarten (Arial, Times New Roman u. Ä.) – maximal zwei Schriftarten.
   b. Gerade Schriften statt *kursive Schriften.*
   c. Normalschrift (= mit Kleinbuchstaben). Bei BLOCKSCHRIFT ist die Lesegeschwindigkeit minus 13 % und am Computer sogar minus 30 %.
   d. B r e i t g e d r u c k t e Schrift ist besser lesbar als Schmale Laufweite.

[20] Vergleiche Karl H. Beelich, Hans-Hermann Schwede (2002): Denken, Planen, Handeln

3. Gliedern Sie durch <u>**Hervorheben**</u> und funktionale Farbverwendung (beispielsweise rot für „Stopp“ und grün für „Freie Fahrt“).

4. Wählen Sie eine große Schrift, je nach Entfernung und Publikumsgröße – von Schriftgrad zwanzig aufwärts.

5. Auch bei Folien ist weniger mehr. Faustregel: Maximal fünfundzwanzig Worte pro Seite, Schlagworte statt ganzer Sätze.

Motivationsrede: So reißen Sie Außendienstmitarbeiter mit

Training 16

Trainingsschwerpunkt: *Überzeugen statt überreden.*
Ihre Zuhörer: *Hundertfünfzig Vertriebsmitarbeiter bei einem bundesweiten Außendienst-Meeting.*
Situation: *Stellen Sie sich vor, Sie sind Vertriebsleiter eines Nischenversicherers. Sie halten diese Rede bei einer Vertriebsklausur vor Ihren hundertfünfzig Vertriebsmitarbeitern. Siebzig Prozent der Verkäufer liegen in den Zahlen hervorragend, der Rest könnte besser sein. Entwickeln Sie eine Motivationsrede, die vorhandene Spitzenleistungen würdigt und alle Mitarbeiter motiviert.*
Ziel: *Die Mitarbeiter sollen stolz auf ihre Leistungen sein und Lust bekommen, weiterhin gute Arbeit zu leisten.*

Fragen zur Redeplanung:
Unterstützende Gedanken für Ihren effizienten Redeaufbau.

- Wohin will meine Firma – wohin nicht?
- Wie begeistere ich am Schluss und zwischendurch?
- Was wollen die Mitarbeiter?
- Was könnte meine Zuhörer demotivieren?
- Wie spreche ich die Mannschaft an?

Bausteine und Ideen:
- Die psychologisch wichtigsten Faktoren für Motivation sind:
  - Anerkennung der Leistung.
  - Das Gefühl, wichtig fürs Unternehmen zu sein.
  - Ein gemeinsames Ziel – etwas, wo man hin möchte (mehr Erfolg). Aber auch etwas, wovon man weg will (Konkurs).
  - Mehr Geld.
- Die beste Motivation kommt nicht von außen (vom Vorgesetzten), sondern von innen (vom Mitarbeiter selbst). Je mehr es dem Redner gelingt, die innere Motivation zu wecken, umso besser.

- Mitarbeiter zu demotivieren ist viel einfacher als sie zu motivieren, daher sollte der Redner immer überlegen, wie seine Worte auf das gesamte Publikum wirken.

Entwickeln Sie bitte jetzt Ihren Aufbau.
Entwerfen Sie eine mitreißende Motivationsrede für diese Veranstaltung, begeistern und überzeugen Sie die Mannschaft.

Musterlösung:

Die Musterrede hält der Vertriebsleiter vor seinen Mitarbeitern als Abschluss einer zweitätigen Tagung.

Links unser Lösungsvorschlag, rechts daneben Erklärungen zu Wirkung und Variationsmöglichkeiten. Überlegen Sie in jeder Phase der Musterlösung, wie sie Ihre Lösung bereichert. Entwickeln Sie Spaß am Gestalten verschiedener Möglichkeiten!

Liebe Mitarbeiterinnen und Mitarbeiter!	Die Rede beginnt mit der Ansprache der Mitarbeiter.
Diese Tagung gab uns die Möglichkeit, über die Zukunft des Außendienstes zu sprechen. Wir konnten über neue Konzepte im Vertrieb diskutieren und ein zeitgemäßes Verkaufstraining etablieren.	Zunächst wird die Quintessenz der Tagung zusammengefasst.
Gemeinsam gehen wir den Weg einer Kombination aus Internet-Verkauf und qualitativ hochwertiger Kundenberatung. Wir werden das Internet nutzen, um Ihnen die Arbeit zu erleichtern und nicht, um Mitarbeiter abzubauen! Sie sollen Zeit haben, um unsere Kunden maßgerecht und modern zu betreuen.	Der Ausblick in die Zukunft bewirkt Klarheit, wohin das Unternehmen geht und welche Ziele und Herausforderungen das mit sich bringt. Der Angst vor Stellenabbau wird begegnet, indem sie direkt angesprochen wird. Das Offenlegen einer klaren Linie vermittelt Sicherheit.

Damit wir dem Druck des Marktes standhalten und unsere Position als Nischenversicherer stärken, möchte ich Sie dafür gewinnen, sich weiterhin voll motiviert für die Firma einzusetzen.	In den folgenden Zeilen wird auf den Druck des Marktes eingegangen. Der Redner macht deutlich, dass er die Kollegen dafür gewinnen will, motiviert zu arbeiten.
Liebe Kollegen, wir haben uns mehrheitlich auf die neue Strategie geeinigt und ich weiß, dass Sie mit voller Energie dabei sein werden. Sie sind die Basis für unseren Erfolg – meine Damen und Herren – ohne Ihre Leistungen macht unser Unternehmen kein Geschäft. Ich denke, ich brauche nicht darauf einzugehen, was mit Firmen passiert, die kein Geschäft machen.	In Folge drückt er seine Zuversicht aus. Das ist ein Signal des Vertrauens in die Fähigkeiten der Mitarbeiter.
(Lobender Tonfall:) Siebzig Prozent unseres Teams hat im letzten Jahr höchst zufrieden stellende Zahlen gebracht und ich bin zuversichtlich, dass es nächstes Jahr hundert Prozent sein werden!	Der Vertriebsleiter spricht direkt an, wohin die Firma keinesfalls möchte. Die Wirkung, so etwas anzusprechen ist einerseits ein Bewusstmachen, dass der eigene Arbeitsplatz und der Erfolg des Unternehmens einander bedingen und andererseits ein Signal, dass die Unternehmensleitung nichts verdrängt. Vorsicht ist allerdings angebracht, dass diese Warnung nicht als Druck empfunden wird, das würde die Motivation empfindlich stören. Sind Sie ähnlich vorgegangen?
Ich habe bei dieser Tagung genießen können, mit Verkaufprofis zusammenzuarbeiten. Wir sind schon immer ein gutes Team gewesen und wir werden die Herausforderungen der Zukunft annehmen!	In diesem Teil wird der Teamaspekt untergestrichen. Wenn es gelingt, den Teamgedanken zu stärken, werden die Motivierten die anderen mitreißen.
Liebe Mitarbeiterinnen und Mitarbeiter, Sie sind für unsere Firma wichtig! Sie führen unsere Firma in die Zukunft! Sie sind die Basis unseres Geschäftes! Sie sind die Visitenkarte unseres Unternehmens!	Die Wichtigkeit der Mitarbeiter wird abschließend betont und höchstes Lob ausgesprochen, in dem zum Ausdruck kommt, dass die Firma den Außendienst braucht.

Unser Unternehmen braucht Sie! Ich bin stolz auf Ihre Leistungen, freue mich, Sie als Mitarbeiter zu haben und danke Ihnen für Ihr Engagement.	Vor dem Ende spricht der Vertriebsleiter noch Stolz und Dank für die Leistungen seiner Verkaufsteams aus.
Machen Sie erfolgreich weiter, bleiben Sie am Ball und unterstützen Sie auch andere, damit wir gemeinsam noch besser werden!	Im Schlusssatz ruft er dazu auf, die Erfolge fortzusetzen und Kollegen zu unterstützen, was obige Teamgedanken abrundet. Fanden Sie ein besseres Finale oder haben Sie eine ähnliche Aufforderung an Ihr Redeende gesetzt?

Reflexion und Aufarbeitung

Nehmen Sie sich Zeit, Ihre Rede aufzuarbeiten. Reflexion bringt Kenntnis über Stärken und Schwächen der eigenen Leistung und Sie ist ein wichtiger Schritt für Ihre Weiterentwicklung.

Betrachten Sie Ihre Lösung und beantworten Sie folgende Fragen:

<table>
<tr><td></td><td>Wie habe ich das Ziel erreicht?</td><td>Wie habe ich die Leistungen gewürdigt?</td><td>Wie habe ich motiviert?</td></tr>
<tr><td>Was gefällt mir an meiner Lösung?</td><td></td><td></td><td></td></tr>
<tr><td colspan="4">Damit Sie Freude am Reden entwickeln, ist es wichtig, eigene Stärken zu kennen und zu dem zu stehen, was Sie an sich selbst mögen – bitte keine falsche Bescheidenheit!</td></tr>
<tr><td>Woran will ich noch arbeiten, um mich zu verbessern?</td><td></td><td></td><td></td></tr>
<tr><td colspan="4">Damit Sie echte Verbesserungen erzielen, definieren Sie konkret, woran Sie noch arbeiten wollen. Überlegen Sie, welcher Teilschritt der nächste sein muss.</td></tr>
</table>

Wie überzeugt man mit Begeisterung?
Mir ist dabei Folgendes klar geworden:
Folgende Fragen sind für mich noch offen:

Überzeugen statt überreden

Es ist nicht Aufgabe eines Redners zu überreden, sondern zu überzeugen. Die Zuhörer zu überzeugen ist das Finale auf dem Weg der Informationsweitergabe – die Stufen davor müssen ohne Informationsverluste ablaufen, damit Überzeugung möglich ist:

> Gedacht ist nicht gesagt,
> gesagt ist nicht gehört,
> gehört ist nicht verstanden,
> verstanden ist nicht überzeugt.

Wir haben drei Säulen, auf die wir uns stützen können, um zu überzeugen:

Sachliche Argumente bringen Nutzen.	Enthusiasmus des Redners bringt Begeisterung.	Eigenüberzeugung der Zuhörer bringt Motivation.

Sachliche Argumente

Um zu überzeugen muss ein Vortragender inhaltliche Vorarbeit leisten und erkennen, was der Sache Überzeugendes zugrunde liegt und welchen Nutzen der Zuhörer hat.

Es ist nicht immer leicht andere zu überzeugen, selbst wenn man das gründlichste Wissen hat. Man muss Überzeugendes und scheinbar Überzeugendes erkennen und herausfinden, was dem Publikum nutzt. Daher muss man Argumente von allen Seiten prüfen und auch das Gegenteil thematisieren. So bleibt der wahre Sachverhalt nicht verborgen und kann sich auch nicht gegen den Redner wenden.

Tipp: Wenn Sie den Impuls verspüren, Ihre Zuhörer zu überreden, stellen Sie sich folgende Frage: Möchte ich den anderen etwas beweisen oder sie von etwas überzeugen?

Enthusiasmus des Redners

Sachlich überzeugende Argumente bedeuten wenig, wenn der Sprecher keinen Enthusiasmus mitbringt. Erst die persönliche Überzeugung des Vortragenden lässt den Funken der Begeisterung auf den Zuhörer überspringen. Wichtig ist ein enthusiastischer Redner, der glaubhaft ist und vorlebt, was er sagt – und nicht eine vorgespielte Begeisterung.

Tipp: Versuchen Sie nicht Enthusiasmus vorzuspielen! Das Publikum merkt so etwas und Sie wirken nicht glaubhaft. Wenn Sie begeistern wollen, müssen Sie sich als erstes selbst begeistern und mit echtem Enthusiasmus reden!

Enthusiasmus des Redners und Argumente, die Nutzen für den Zuhörer darstellen, sind eine starke Kombination. Wer es versteht, authentisch zu sein und aufgesetzte Verhaltensweisen zu vermeiden, unterstreicht damit seine Glaubwürdigkeit, wirkt begeisternd und überzeugend.

Motivation der Zuhörer

Man lässt sich leichter durch Gründe überzeugen, die man selbst gefunden hat, als durch solche, die einem andere vorgeben. Darauf muss der Redner Rücksicht nehmen. In einem Dialog kann man den Gesprächspartner durch Fragen zu seiner eigenen Überzeugung führen. In der Rede kann der Vortragende ebenfalls mit Fragen führen. Er muss seine Sprache so einsetzen, dass die Zuhörer innere Fragen beantworten und sich selbst überzeugen. Mit folgenden Punkten führt der Sprecher sein Publikum dazu, eigene Überzeugung aufzubauen:

- *Mit* den Menschen sprechen statt *zu* ihnen.
  Überzeugen bedeutet, die Zuhörer in ihrer Welt abzuholen und *mit* ihnen zu sprechen. Spricht man nur *zu* den Mitarbeitern, hat das mit ihrer Wirklichkeit wenig zu tun – man redet an ihnen vorbei.

- Das Publikum betroffen machen.
  Ist das Publikum betroffen, macht es sich eigene Gedanken. Nachdem man sich durch eigene Gedanken leichter überzeugen lässt, ist Betroffenheit ein guter Katalysator für Überzeugung. Der Redner muss darauf achten, dass die Energie in die Richtung steuert, wo er Überzeugung bewirken will. Die Tatsache, dass er das nie hundertprozentig in der Hand hat, muss ihm bewusst sein.

- Auswirkung auf den Einzelnen einbeziehen.
  Die Auswirkungen auf den Einzelnen erleichtern es, komplexe Materie soweit herunterzubrechen, dass die Zuhörer betroffen sind. Einzelschicksale rütteln mehr wach als allgemeine Geschehnisse. Der Redner, der erklärt, wie die schwierige wirtschaftliche Situation Auswirkungen auf den konkreten Arbeitsplatz hat, wird damit sicher mehr Einfluss auf die Überzeugung des Zuhörers haben als der Sprecher, der Zahlen der Weltwirtschaft vorlegt.

- Machen Sie die Zuhörer neugierig.
  Wenn Neugierde geweckt wird, wie Herausforderungen angenommen und Lösungen gefunden werden können, regt das dazu an, eigene Antworten zu finden.

- Fördern Sie die Eigenmotivation.
  Sie erleichtern Ihren Zuhörern, Ihren Argumenten zu folgen, wenn sie ihren Vorteil erkennen.

Überzeugung lebt vom Dialog mit dem Publikum!

Überzeugungsrede: So bereiten Sie die Einführung eines Qualitätsmanagementsystems vor

Training 17

Trainingsschwerpunkt: *Umgang mit Zwischenrufern und Störungen.*
Ihre Zuhörer: *Fünfzehn Personen, die über das neue Qualitätsmanagement informiert werden sollen.*
Situation: *Ihr Unternehmen erneuert das Qualitätsmanagement. Sie sind Mitarbeiter des Qualitätscontrollings und müssen Teamleiter anderer Abteilungen informieren. Rechnen Sie mit Widerstand, da die Neuerungen bedeuten, dass die Mitarbeiter regelmäßig ein Fehlerprotokoll erstellen müssen.*
Ziel: *Überzeugung vom Sinn des Qualitätsmanagementsystems und Motivation zur Umsetzung.*

Fragen zur Redeplanung:
Mit folgenden Überlegungen geht die Planung Ihrer Überzeugungsrede leicht von der Hand.

- Was will ich am Ende erreicht haben?
- Was erwarten die Eingeladenen?
- Welche Argumente bringen Nutzen für die Mitarbeiter?
- Womit beginne ich?
- Wie spreche ich meine Zuhörer an?
- Auf welche Einwände muss ich vorbereitet sein?

Bausteine und Ideen:
- Qualität bedeutet weniger Fehler zu machen. Fehlervermeidung kann enorme Einsparungen bringen, ohne Mitarbeiter abbauen zu müssen. Andererseits gibt niemand gerne Fehler zu. Aus diesem Grund ist ein Kern der Qualitätsverbesserung, eine konstruktive Einstellung zu Fehlern zu entwickeln.
- Im Mittelpunkt stehen sachliche Argumente und das Ziel, dass die Zuhörer einen Nutzen im Qualitätsmanagement erkennen.

- Einwänden, die sicher kommen, kann der Redner bereits vorweg begegnen. In diesem Beispiel könnte er im Vorfeld erwähnen, dass der erhöhte Dokumentationsaufwand für die Teamleiter bessere Übersicht über die Arbeitsabläufe liefert. Oder, dass weniger Fehler im Team auch eine Zeitersparnis für das Team sind.

Entwickeln Sie bitte jetzt Ihren Aufbau.
Entwerfen Sie eine Überzeugungsansprache, die eine gute Einführung des neuen Systems sicherstellt. Bereiten Sie vor, wie Sie mit Widerstand umgehen.

Musterlösung:

Bei der Musterlösung spricht ein Mitarbeiter des Qualitätscontrollings vor den Teamleitern anderer Abteilungen.

Links finden Sie seine Überzeugungsrede. In der rechten Spalte finden Sie Erläuterungen, die Ihre Rede bereichern können. Beachten Sie aber bei aller Selbstkritik auch, was bei Ihrer Lösung schon jetzt positiv und gelungen ist!

Sehr geehrte Damen und Herren, danke für Ihr Kommen und Ihr Interesse. Ich möchte kurz erläutern, was das neue Qualitätsmanagement-System für Chancen bringt.	Der Vortragende bedankt sich für das Kommen und vermittelt eine positive Grundstimmung. Der Sprecher sagt „ich möchte", obwohl er den Vortrag halten muss, aus folgendem Grund: „Ich muss Ih-

Sie haben wahrscheinlich schon von den Veränderungen im Qualitätswesen gehört. Gerüchte gehen um, dass die Neuerungen bürokratisch seien, da sie mehr Dokumentation erfordern. Ich werde heute darauf eingehen, worum es genau geht, warum der kleine Mehraufwand sinnvoll ist und welche Vorteile das neue System hat.	nen das näher bringen" wäre negativ, da diese Worte den Eindruck hinterlassen, dass der Mitarbeiter nicht hinter dem steht, was er sagt. Im folgenden Teil spricht der Redner negative Gerüchte an und kündigt an, darauf einzugehen. Damit wird eine negative Grundstimmung entschärft.
Warum ist die Notwendigkeit entstanden, ein neues Qualitätsmanagement einzuführen? Eine Kundenbefragung hat gezeigt, dass die Fehlerquote bei uns über dem Durchschnitt der Branche liegt. Eine Überprüfung unserer internen Revision ergibt, dass jeder Fehler beim Kunden viermal[21] so hohe Kosten verursacht, wie der Aufwand wäre, wenn der Fehler früher entdeckt werden könnte. Sie brauchen sich nur vorzustellen, wie viele Mitarbeiter bei jeder Kundenreklamation eingebunden sind, wie viel Zeit telefoniert oder schriftlich kommuniziert wird und was es kostet, das Produkt zu ersetzen oder zu ändern. Ganz zu schweigen von dem Imageverlust unserer Firma.	Es wird erklärt, warum Neuerungen nötig sind und was Qualität bringt. Allgemeine Aussagen werden auf einzelne Prozesse heruntergebrochen, damit sich die Zuhörer besser hineindenken können und die Auswirkungen verstehen.

[21] Diese Zahl ist Teil der Musterlösung und beruht nicht auf realem Datenmaterial.

Bei der Neugestaltung des Qualitätscontrollings steht daher das Minimieren der Fehler im Vordergrund. Leider werden Fehler nicht immer gleich entdeckt. Das liegt oft daran, dass niemand gerne Fehler zugibt. Meine sehr verehrten Teamleiter, wir müssen ein Klima schaffen, wo niemand Angst davor hat, einen Fehler zu melden! Nur so können wir verhindern, dass sich ein Qualitätsmangel bis zu unseren Kunden fortsetzt. Und nur so können wir sicherstellen, dass in der Organisation des Arbeitsablaufes dafür gesorgt wird, dass Fehler erst gar nicht entstehen. Dann haben wir zwei Fliegen mit einem Schlag erledigt: Erstens den Fehler frühzeitig erkannt und zweitens vorgebeugt, damit sich der gleiche Fehler nicht wiederholt!	Das Problem mit Fehlern wird erklärt und ein Lösungsansatz aufgezeigt. Sind Sie ähnlich vorgegangen? Haben Sie ebenfalls aufgezeigt, dass Angst vor Fehlern das System korrumpiert und Fehlerprävention zu Qualität führt?
Fehlerprävention – darum geht es beim Erreichen von Qualität. Das Einzige, was zu tun ist, um das zu erreichen, ist das Führen eines Fehlerprotokolls und einer Checkliste der positiven Abläufe. Zeitmessungen zeigen, dass diese Tätigkeit weniger als zehn Minuten monatlich ausmacht. Das Ausfüllen dieser Dokumente ist wichtig, aber noch viel wichtiger ist die neue – angstfreie – Einstellung zu Fehlern, an der Sie in Ihrer Führungsfunktion maßgeblich beteiligt sind. Sorgen Sie dafür, dass Ihre Mitarbeiter den Zusammenhang erkennen und stolz auf das Finden jeder Qualitätslücke sind.	Der zu erwartende Einwand, dass die Protokolle einen hohen Aufwand erfordern, wird vorweggenommen: Der Redner bringt Argumente, die den Einwand entkräften, bevor ihn ein Zuhörer anspricht. Damit nimmt er Einwänden den Wind aus den Segeln. Die Wichtigkeit der Teamleiter wird herausgestrichen und der Vortragende appelliert an deren Verant-

Die Dokumente, meine Damen und Herren, sind für Sie ein transparentes Führungsinstrument zur Minimierung der Fehler Ihrer Teams. Mehr Qualität wird sich auch in Ihrer Kostenstelle positiv bemerkbar machen und das können Sie mit Prämien oder Weiterbildungsgutscheinen wieder in Ihre Mitarbeiter investieren.	wortung. Zur besseren Motivation wird der Zusatznutzen Transparenz und Kosten hervorgehoben. Wie haben Sie den Teamleitern Sinn vermittelt?
Ich hoffe Sie überzeugt zu haben, dass die beste Qualität in unser aller Interesse ist und ich hoffe, Sie können Ihre Mitarbeiter motivieren, den Erfolg mitzutragen!	Eine Zusammenfassung und ein abschließender Appell runden den Vortrag ab.

Reflexion und Aufarbeitung

Jetzt brauchen Sie etwas Ruhe und auch Zeit, um Ihre Rede aufzuarbeiten. Erkennen Sie Ihre Stärken und Schwächen. Nur so kommen Sie auf Dauer voran.

Betrachten Sie nun Ihre Lösung und beantworten Sie folgende Fragen:

	Wie habe ich von Qualität überzeugt?	Wie habe ich die Teamleiter gewonnen?	Wie habe ich Einwänden vorgebeugt?
Was gefällt mir an meiner Lösung?			
Damit Sie Freude am Reden entwickeln, ist es wichtig, eigene Stärken zu kennen und zu dem zu stehen, was Sie an sich selbst mögen – bitte keine falsche Bescheidenheit!			
Woran will ich noch arbeiten, um mich zu verbessern?			
Damit Sie echte Verbesserungen erzielen, definieren Sie konkret, woran Sie noch arbeiten wollen. Überlegen Sie, welcher Teilschritt der nächste sein muss.			

Wie ging es mit den Trainingsschwerpunkten?
Mit Zwischenrufern und Störungen kann man so umgehen:
So sollte man mit Einwänden keinesfalls umgehen:

Der Umgang mit Störungen ist für viele Situationen wichtig. Deshalb gehen wir auf den folgenden Seiten näher darauf ein.

Wie Sie positiv mit Zwischenrufern und Störungen umgehen

Ein Zwischenrufer, der einen Einwand äußert oder den Vortrag anders „stört“, muss nicht unbedingt schlecht sein. Denn ein Einwand liefert dem Redner eine wichtige Information, beispielsweise, dass das Gesagte unverständlich war oder dass sein Argument nicht überzeugte. Die vermeintliche Störung wird dann positiv, wenn der Sprecher auf etwas reagiert, das ihm erst durch den Zwischenruf offenbart wurde.

Gelungen auf Zwischenrufer reagieren

Um gut auf den Zwischenrufer reagieren zu können, darf der Redner nicht jede Bemerkung als Angriff interpretieren. Allerdings: Wenn er einen Angriff in einer Bemerkung sieht, muss er auch darauf reagieren. Und wie reagiert man auf einen Angriff? Durch Ausweichen, Beschwichtigen, rationales Rechtfertigen oder Übergang zum Gegenangriff? Das sind die vier grundlegenden Reaktionsmuster, die uns die Psychologie lehrt. Allerdings bringt keine dieser Reaktionen den Redner in eine souveräne Position. Die Gefahr solcher „Störungen" besteht darin, dass der Sprecher danach selbst nicht gut dasteht. Die Abhilfe ist einfach und doch nicht immer leicht: Der Redner darf Zwischenrufe nicht automatisch als Angriff interpretieren.

Tipp: Achten Sie darauf gut dazustehen, wenn Sie auf einen Zwischenruf reagieren.

Man muss sich vergewissern, wie die Unterbrechung gemeint war. Wenn sich herausstellt, dass der Zwischenrufer auf der Seite des Vortragenden ist und zeigen möchte, dass er selbst viel weiß, kann man ihn gelungen einbeziehen.

Zwischenrufer einbeziehen

Das Einbeziehen des Zwischenrufers eignet sich besonders für Zuhörer, die mit Ihren Bemerkungen demonstrieren wollen, dass sie viel wissen.

Die schwächste Form des Einbeziehens ist ihn zu fragen, wie er das von ihm selbst angeschnittene Problem lösen würde.

Die stärkste Form des Einbeziehens ist ihn einzuladen, die Präsentation fortzusetzen. Häufig ist diese Art der Einladung auch als Drohung zu hören. Das ist hier nicht gemeint! Hier steht die Idee dahinter, ihn tatsächlich einen Teil präsentieren zu lassen. Es ist zu empfehlen, in einer Pause zu fragen, ob er einen Part übernehmen will. Wenn er einwilligt, muss das Thema eingegrenzt und ein klares Zeitlimit vereinbart werden. Will er nicht, so war das Pausengespräch eine gute Rückmeldung an den Zwischenrufer. Gelingt diese Intervention, erreicht man damit, dass

- der Zwischenrufer sein Wissen zeigen kann und die Rolle des Vortragenden erlebt,
- die anderen erleben, wie flexibel man mit der Situation umgeht,
- die Zuhörer Abwechslung erleben.

Die Gefahr ist allerdings, dass man Kontrolle aus der Hand gibt, was nicht immer gewünscht ist. Man muss daher im Einzelfall abwägen, ob man diesen Weg wählt.

Schlagfertig kontern

Entpuppt sich der Zwischenrufer als echter Gegner des Redners, ist die gelungene schlagfertige Reaktion eine sehr gute Kontermöglichkeit. Schlagfertigkeit lebt von der Überraschung[22]. Denken Sie an einen Kampf. Wenn vorhersehbar ist, wohin Sie „schlagen" werden, dann werden Sie kaum Treffer landen. Sie müssen den Gegner verblüffen. Wenn das gelingt, haben Sie schon fast gewonnen.

Tipp: Trainieren Sie Ihre Schlagfertigkeit, dann können Sie auf Zwischenrufer gelungen reagieren.

Übung:
Reagieren Sie möglichst schlagfertig auf den Zwischenruf: „Es ist unglaublich, dass die Jugend heute sexuelle Freiheiten hat, wie es das zu unserer Zeit nicht gab!"

____

____

Lösung:
Haben Sie eine überraschende Reaktion gefunden? Hier eine gute schlagfertige Antwort.
„Sie würden wohl selbst gerne ein Jugendlicher in der heutigen Zeit sein."

[22] Vergleiche Matthias Nöllke (2002): Schlagfertigkeit

Humorvoll begegnen

Schlagfertigkeit muss nicht witzig sein. Die unerwartete Antwort wird aber oft zum Lachen anregen. Man sollte nicht krampfhaft versuchen, besonders witzig zu sein, denn das ist meist gar nicht lustig. Ein trockener Kommentar, der unerwartet kommt, ist viel humorvoller als ein erzwungenes Lustigsein.

Tipp: Bleiben Sie humorvoll, dann zeigen Sie den anderen, dass Sie souverän sind und sich nicht durch Zwischenrufe unter Druck setzen lassen.

Folgende Geschichte zeigt, wie ein trockener Kommentar sehr schlagfertigen Humor liefert:

Lady Astor attackierte Winston Churchill: „Wenn ich Ihre Frau wäre, würde ich Ihnen Gift geben". Darauf er: „Wenn ich Ihr Mann wäre, würde ich es nehmen."

Umgang mit fairen Gegnern

Wenn sich herausstellt, dass sich der Zwischenrufer gegen den Redner wendet, so muss man unterscheiden, ob er fair oder unfair agiert. Wenn keine unfairen Mittel eingesetzt werden oder wenn man als Redner nicht sicher sein kann, wie die Meldung gemeint war, sollte man jede Zwischenmeldung würdigen.

Positive Seite der Zwischenmeldung würdigen

Jede Störung mit fairen Argumenten und jede konstruktive Kritik ist eine wichtige Rückmeldung für den Redner. Daher sollte der Redner dankbar sein, dass sich der Teilnehmer zu Wort meldet. Hat der Sprecher gleich ein Gegenargument bereit, so soll er jedenfalls

1. den Zwischenrufer ansehen,
2. ihm zuhören und
3. das Argument wiederholen,

bevor er mit seiner Erklärung beginnt. Falls es passt, kann er sich dabei auch für den Gedanken des Zuhörers bedanken.

„Danke, dass Sie diesen Punkt ansprechen. Ich wollte ihn auch gleich bringen, denn dazu lässt sich festhalten, ..."

„Gut, dass jemand aus der Runde darauf hinweist – das ist tatsächlich eine Schwachstelle und man kann sie vermeiden, indem ..."

Gesamtpublikum einbeziehen

Eine Einbeziehung aller Teilnehmer ist nur möglich, wenn der Redner flexibel genug ist, die Inhalte seines Vortrags zu verändern. Es bietet sich an, wenn sich jemand zu Wort meldet und vom Thema abweicht. Der Redner muss entscheiden, ob es für die Mehrheit der Zuhörer interessant ist, auf das Nebenthema einzugehen. Dabei sollte er klarstellen, dass die Zeit, die für den Exkurs verwendet wird, für das ursprüngliche Thema verloren geht.

Wenn sich ein Redner auf eine Abstimmung einlässt, muss er eine Idee haben, wie viel Zeit er für das ursprüngliche Thema reserviert und wie lange dieser Ausflug in den Exkurs dauern soll.

Umgang mit unfairen Gegnern

Gegner, die unfair argumentieren, muss man härter anpacken, ohne dabei das eigene Gesicht zu verlieren. Hat man eine schlagfertige Antwort (siehe Seite 239) für einen unfairen Gegner parat, ist das eine der besten Möglichkeiten. Was aber macht man, wenn kein schlagfertiger Impuls kommt?

Konfrontation aus der Ich-Position heraus

Sucht man die Konfrontation vor dem Publikum, so ist der beste Rat, verbal „bei sich" zu bleiben und sachlich aus der Ich-Position zu sprechen. Man gibt dabei eigene Eindrücke und eigene Gefühle in der Ich-Form preis („ich bemerke", „mir fällt auf", „mein Eindruck ist", „mich stört").

Beispielsweise: „Mir fällt auf, dass Sie bereits zum dritten Mal dazwischenreden. Mir ist das unangenehm, weil es mich im Redefluss unterbricht. Ich stehe Ihnen gerne im Anschluss zur Verfügung."

In dem Beispiel ist die Folgewirkung der Störung ein Unterbrechen des Redeflusses, was der Redner auch sagt. Folgewirkungen sollten immer angesprochen werden, da sie erklären, warum etwas stört.

Auch in einer thematischen Konfrontation ist es günstig, bei sich zu bleiben: „Ich sehe das anders, für mich bieten sich gerade deshalb Chancen, weil ...".

Wie die Beispiele zeigen, ist diese Form der Konfrontation direkt und legt klar auf den Tisch, was Sache ist. Da der Sprecher bei sich bleibt, kommt diese Konfrontation ohne persönlichen Angriff aus. Würde er sagen: „So können Sie das nicht sehen ..." oder ähnlich und damit nicht bei sich bleiben, würde sich sein Gegner persönlich attackiert fühlen.

In einer Pause unter vier Augen mit dem Betroffenen sprechen

Will man den Zwischenrufer für die Sache gewinnen, beispielsweise bei längeren Veranstaltungen, hat sich diese Vorgehensweise bewährt. Der Vortragende baut eine kurze Pause ein. In der Pause geht er auf die Person zu und sucht das Gespräch mit ihr, um zu klären, was in der Person vorgeht.

Der große Vorteil im Vergleich zur Konfrontation vor Publikum ist, dass der Gruppendruck wegfällt. Die Gruppe bewirkt in vielen Fällen, dass der Zwischenrufer sich in die Ecke gedrängt fühlt und starr agiert.

Killerphrasen und versteckte Vorannahmen

Killerphrasen sind Aussagen, die darauf abzielen, das Gegenüber schlecht aussehen zu lassen. Sie entbehren jeglicher Sachargumentation und beinhalten manipulatorische Vorannahmen – die Aussage versteckt eine rhetorisch unfaire Unterstellung in einer Nebenbotschaft.

Ein unfairer Zwischenrufer sagt beispielsweise: „Das kann man in Asien machen, aber nicht bei uns in Europa."

Darin ist diese (nicht direkt ausgesprochene) Vorannahme enthalten: Konzepte aus Asien lassen sich nicht auf Europa übertragen und das Asien-Beispiel des Vortragenden ist ungeeignet.

Bemerkungen nach diesem Muster sind manipulatorische Vorannahmen, die für jeden Redner unangenehm sind. Sagt man nichts, steht die Behauptung destruktiv im Raum und bleibt in den Köpfen der anderen Zuhörer, geht man darauf ein, kann man leicht falsch reagieren, indem man auf die Hauptaussage antwortet. Dadurch kommt man in eine Position des Rechtfertigens und die Vorannahmen bleiben erst recht im Raum stehen.

Was kann man gegen solche Attacken tun?

Die einzige Möglichkeit ist, die Vorannahme selbst aufzudecken. Man muss die nicht ausgesprochenen Unterstellungen hinterfragen und neutralisieren. Infrage gestellte Vorannahmen verlieren schnell an Wirkung.

Um das zu veranschaulichen, sehen wir uns noch einmal die Aussage von vorhin an: „Das kann man in Asien machen, aber nicht bei uns in Europa.“ Enthaltene Vorannahme: Was in Asien funktioniert, geht nicht in Europa und deshalb ist das Asien-Beispiel unqualifiziert.

So sieht das Infragestellen der Vorannahme aus: „Was spricht dagegen, dass Erfolgskonzepte aus Asien in Europa funktionieren?“ Oder: „Die Asiaten haben schon viel von uns kopiert, jetzt drehen wir den Spieß um.“ Oder: „Dieses asiatische Erfolgskonzept hat auch in den USA funktioniert und die Konzepte aus Amerika haben wiederum bei uns gut geklappt. Deshalb ist dieses Beispiel gut auf unsere Kultur übertragbar.“

Decken Sie in folgender Übung die Vorannahmen nach dem gleichen Muster auf!

Übung:
Reagieren Sie sinnvoll auf folgende Killerphrasen, indem Sie die Voranahmen in Frage stellen.

1. „Als ich in deinem Alter war, hatte ich auch immer irgendwelche neuen Ideen."

Enthaltene Vorannahme: Die neuen Ideen sind „irgendwelche" und eine Erscheinung jungen Alters und von Unreife geprägt.

Ihre Reaktion:

---

2. „Das haben wir doch nie so gehandhabt."

Finden Sie nun die enthaltene Vorannahme selbst:

Ihre Reaktion:

---

3. „Ich bin schon achtzehn Jahre in dieser Firma – glauben Sie mir, so was hat noch nie funktioniert."

Finden Sie nun die enthaltene Vorannahme selbst:

Ihre Reaktion:

Lösung:
Vergleichen Sie Ihre Ideen mit den Lösungsvorschlägen und nehmen Sie die besten Reaktionsmuster mit.

1. „Als ich in deinem Alter war, hatte ich auch immer irgendwelche neuen Ideen."

(Enthaltene Vorannahmen: s. o.)

Mögliche Reaktion: „Soll man im meinem Alter keine neuen Ideen haben?" Oder: „Was meinst du mit ‚irgendwelche'?" Oder: „Heißt das, wenn ich in dein Alter komme, gehen mir die neuen Ideen aus?"

2. „Das haben wir doch nie so gehandhabt."
(Enthaltene Vorannahme: Es funktioniert nur das, was bisher genauso gehandhabt wurde.)
Mögliche Reaktion: „So wie wir es bisher gehandhabt haben, war die Qualität nur durchschnittlich und genau deshalb müssen wir es verbessern." Oder: „Eben deswegen sollten wir es jetzt so machen! Wenn sich alles rund um uns verändert, können wir nicht alles gleich lassen." Oder: „Wenn wir wollen, dass alles so bleibt, müssen wir sehr vieles erneuern."

3. „Ich bin schon achtzehn Jahre in dieser Firma – glauben Sie mir, so was hat noch nie funktioniert."
(Enthaltene Vorannahmen: Etwas, das immer funktioniert hat, muss weiterhin so sein. Ich habe mehr Erfahrung. Lange Erfahrung ist besser.)
Mögliche Reaktion: „Wenn es früher nicht funktioniert hat, spricht das dafür, dass es heute klappt, weil sich die Zeiten radikal geändert haben." Oder: „Haben Sie nicht auch die Erfahrung gemacht, dass man Probleme von heute nicht mit Strategien von gestern lösen sollte?"

Ignorieren oder später behandeln

Wenn ein unfairer Zwischenrufer bereits wiederholt stört, bietet sich durchaus auch die Möglichkeit, ihn einfach zu ignorieren und weiterzumachen.

Die sympathischere Variante ist allerdings, ihn einzuladen, nach der Veranstaltung über seine Einwände zu diskutieren.

Beugen Sie Störungen vor

Gewissen Störungen (Handyläuten, Unpünktlichkeit nach der Pause usw.) kann man als Redner einfach vorbeugen, indem man zu Beginn ein „Setting" vereinbart. Das sind Regeln, die für ein reibungsloses Zusammenspiel zwischen allen anwesenden Menschen sorgen. Dabei muss man als Vortragender einerseits ansprechen, was einen selbst stört und warum es ein Vorteil ist, wenn sich alle daran halten. Beispielsweise könnte das so lauten:

„Meine Damen und Herren, mir ist Pünktlichkeit sehr wichtig und daher lade ich Sie ein, die Pausenzeiten genau einzuhalten. Wenn wir später anfangen, würden wir außerdem am Ende des Tages länger brauchen, was ich niemandem zumuten will."

Für thematische Einwände, die häufig wiederkehren, bietet sich folgende Möglichkeit an.

Die Technik der Vorwegnahme

Das Vorwegnehmen von Einwänden wendet jeder Redner an, dem bekannt ist, dass bestimmte themenbedingte Widerstände zu erwarten sind. Er spricht die Einwände oder Nachteile selbst an und zeigt dann Gegenargumente, Vorteile oder Lösungswege auf. Damit beugt er Störungen vor, entschärft eine negative Grundstimmung und ermöglicht eine positivere Sichtweise des Vortrages. Er verhindert, dass sich Zwischenrufer zu einem Thema melden, wofür er sowieso eine Lösung bringen wird.

Training 18 Motivationsrede: So appellieren Sie kritisch an den Teamgeist

Trainingsschwerpunkt: *Den Nutzen für die Zuhörer erkennen und darstellen.*
Ihre Zuhörer: *Zwanzig Kollegen der Abteilung.*
Situation: *Der Teamleiter hat erfahren, dass jemand aus dem Team gegenüber anderen Abteilungen schlecht über die Teamkollegen redet. Bei einer Teamsitzung spricht der Teamleiter das Thema an und hinterfragt Gründe für die Unzufriedenheit.*
Ziel: *Ansprechen einer unangenehmen Situation.*

Fragen zur Redeplanung:

Beantworten Sie folgende Fragen und bereichern Sie Ihren kritischen Appell um einige Gedanken.

- Was ist mein Ziel und wohin möchte ich am Schluss kommen?
- Welchen Nutzen bringt ein enger Teamzusammenhalt?
- Wie hinterfrage ich die Unzufriedenheit?
- Wie steige ich ein und spreche die Situation an?

Bausteine und Ideen:

- Es ist wichtig, keine Vorwürfe und Unterstellungen zu machen, sondern die eigene Position und das eigene Unbehagen darzustellen.
- Teamkollegen, die über das eigene Team schlecht reden, müssen erkennen, dass sie sich damit selbst schaden.
- Die Teammitglieder sollen einen Nutzen in guter Zusammenarbeit erkennen.

Entwickeln Sie bitte jetzt Ihren Aufbau.

Entwerfen Sie einen kritischen Appell für mehr Zusammenhalt im Team. Überlegen Sie, welchen Nutzen die Teammitglieder vom Zusammenhalt haben.

Musterlösung:

Bei der Musterlösung lädt der Verantwortliche mit der kurzen Rede dazu ein, Unzufriedenheiten direkt mit ihm zu besprechen.

Links finden Sie den Lösungsvorschlag. In der rechten Spalte finden Sie Erklärungen zu Wirkung und Variationsmöglichkeiten. Überlegen Sie in jeder Phase der Musterlösung, welche Tipps Ihre Lösung bereichern können. Seien Sie kreativ beim Gestalten verschiedener Möglichkeiten!

Liebes Team! Ich möchte bei unserem heutigen Meeting etwas thematisieren, was mir seit einigen Tagen Unbehagen bereitet. Es fällt mir nicht leicht das anzusprechen, aber ich weiß, dass es sehr wichtig ist.	Der Teamleiter steigt gleich damit ein, dass er sein Unbehagen anspricht. Weil er seine persönlichen Gefühle anspricht, greift er niemanden persönlich an. Er erleichtert sich den Umgang mit dem unangenehmen Thema, indem er verbalisiert, dass es ihm nicht leicht fällt.
Vor fünf Tagen ist mir von zwei Kollegen einer anderen Abteilung zu Ohren gekommen, dass jemand aus unserem Team ein negatives Bild nach außen trägt.	Er beschreibt neutral und sachlich, was ihn bewegt. Er nennt dabei bewusst keine Namen.
Mich hat enttäuscht, dass ich von Mitarbeitern einer anderen Abteilung hören muss, dass jemand in unserer Runde unzufrieden ist. Ich finde es schade, dass derjenige das Problem nicht mit seinen Kollegen im Team bespricht oder zu mir kommt.	Die Konkretisierung, was seine Gefühle auslöst, macht transparent, worum es geht. Die Mitarbeiter wissen, woran sie sind. Wie haben Sie die Situation angesprochen?

Was auch immer gesagt wurde, es hinterlässt ein schlechtes Bild unseres gesamten Bereichs und überlegen Sie einmal, was es bedeutet, wenn ein schlechter Ruf in andere Abteilungen sickert und wenn beispielsweise unser Vorstand davon erfährt. Glauben Sie, das stärkt meine Verhandlungsposition für Sonderzahlungen oder bezahlte Städteflüge für unser Team? Meinen Sie, so etwas erleichtert die Genehmigung eines neuen Mitarbeiters, sodass unser schädlicher Stress reduziert wird?	Die Erklärung der Wirkung beschreibt dem Team die Folge unbedachter Worte. Konnten Sie die Folgen gut vermitteln? Mit den negativen Folgen bei schlechtem Zusammenhalt wird gleichzeitig der Nutzen von gutem Zusammenhalt vermittelt.
Die Antwort liegt auf der Hand. Ein Vogel beschmutzt ja sein eigenes Nest auch nicht. Ich möchte, dass Sie sich dieser Wirkung bewusst sind und bei Unstimmigkeiten nicht nach außen gehen, sondern mit mir und den Kollegen reden.	Die Analogie des Vogels ist ein starkes Bild, das drastisch beschreibt, was zuvor sachlich erklärt wurde.
Nur wenn wir miteinander reden, haben wir die Chance, etwas zu verbessern. Ein gutes Miteinander gibt unserer Abteilung eine gute Position und es gibt uns die Möglichkeit, unseren Arbeitsalltag angenehm zu gestalten. Das Unternehmen fordert nicht, dass wir miteinander glücklich sind, sondern dass der Output passt, aber wir sind gut beraten, wenn wir mehr als das anstreben. Schließlich sind wir zirka ein Drittel unserer Lebenszeit miteinander in der Arbeit.	Neben der Botschaft an Kollegen, die Negatives verbreiten, ist der Appell auch ein Denkanstoß für alle anderen Mitarbeiter. Statt zu klagen und zu leiden, soll man miteinander reden und aktiv Positives tun.

Ich hoffe Sie verstehen, worum es mir geht und lade Sie ein, mit Problemen zu mir zu kommen – meine Türe steht immer für Sie offen! Ich kann nicht versprechen, dass sich alles ändern lässt, doch ich verspreche, dass wir alles besprechen können. Nahezu alles lässt sich gemeinsam so gestalten, dass niemand zu kurz kommt. Machen wir es gemeinsam besser! Danke für Ihre Aufmerksamkeit und Ihr Verständnis.	Der Redner lädt abschließend dazu ein, bei Problemen der Ansprechpartner zu sein und sich für Lösungen einzusetzen. Wie haben Sie den abschließenden Appell gestaltet?

Reflexion und Aufarbeitung

Nehmen Sie sich Zeit und bearbeiten Sie Ihre Rede. Reflexion bringt Kenntnis über Stärken und Schwächen der eigenen Leistung.

Betrachten Sie Ihre Lösung und beantworten Sie folgende Fragen:

	Wie habe ich die Situation angesprochen?	Wie habe ich die Folgen bewusst gemacht?
Was gefällt mir an meiner Lösung?		
Damit Sie Freude am Reden entwickeln, ist es wichtig, eigene Stärken zu kennen und zu dem zu stehen, was Sie an sich selbst mögen – bitte keine falsche Bescheidenheit!		
Woran will ich noch arbeiten, um mich zu verbessern?		
Damit Sie echte Verbesserungen erzielen, definieren Sie konkret, woran Sie noch arbeiten wollen. Überlegen Sie, welcher Teilschritt der nächste sein muss.		

Wie ging es mir mit dem Nutzen für die Zuhörer?
Mir viel leicht:
Für mich war schwer:

Mehr zu dem wichtigen Thema „Nutzen für Zuhörer“ lesen Sie auf den folgenden Seiten.

Nutzen für Zuhörer

Viele Vorträge lassen keinen Nutzen für die Zuhörer erkennen. Sie sind zu allgemein und berücksichtigen nicht die Situation des speziellen Publikums.

Manche Redner beschreiben zwar brillant, was sie selbst denken, vergessen jedoch, was der Nutzen für ihr Publikum ist.

Tipp: Wenn Sie keinen Nutzen vermitteln, dann fehlt dem Publikum ein Motiv.

Nutzen und Zusatznutzen

Überlegen Sie bereits im Vorfeld, welchen Nutzen die Zuhörer in Ihrem Vortrag entdecken. Das sichert Ihnen hohe Aufmerksamkeit und die gute Chance, dass sich die Teilnehmer motivieren lassen.

Wenn Sie nicht sicher sind, welcher Nutzen für Ihr Publikum sinnvoll ist, stellen Sie mehrere Nutzen und Zusatznutzen dar. Der Zusatznutzen ist ein Nutzen, der über den ursprünglichen Nutzen hinausgeht. Primärnutzen eines Mobiltelefons ist telefonieren. Ein eingebauter Radio ist genauso ein Zusatznutzen wie ein eingebauter Währungsrechner.

Welchen Nutzen gibt es für Zuhörer einer Rede?

Geld und Zeit

Zeit ist Geld und Geld ist knapp. Daher bietet sich Zeit- und Geldökonomie als wichtiger Nutzen an.

Geld vermehren oder sparen

Menschen wollen Geld vermehren oder Ausgaben reduzieren. Die frühe Wirtschaftspsychologie spricht vom „Homo Öconomicus“, der bestrebt ist, ökonomisch zu haushalten. Auch wenn das Konzept des „Homo Öconomicus“ nicht das Neueste ist und mittlerweile um viele Aspekte erweitert wurde, können wir diese Orientierung nicht verleugnen.

Sie brauchen sich nur in der Werbung umzusehen, die aus diesem Grund die Menschen mit Geldverdienen oder Kostensparen lockt.

Wenn Sie als Redner einen Nutzen oder Zusatznutzen bieten können, der Geld vermehrt oder Kosteneinsparungen ermöglicht, sprechen Sie das an.

Zeit gewinnen, Stress vermindern

In der heutigen Zeit gibt es in modernen Leistungsgesellschaften viele Menschen, die Arbeit haben und ausreichend Geld verdienen. Für diese Personen ist Zeit der Engpass. Durch die Globalisierung und den Kostendruck erlebt die arbeitende Bevölkerung einen bisher nicht da gewesenen Arbeitsstress. Die Freizeit nimmt ab und Stresskrankheiten nehmen zu.

Wenn Sie einen Nutzen anbieten können, der den Zuhörern mehr Zeit bringt oder den Stress senkt, erleichtert dies den Menschen das Leben, ermöglicht mehr Freizeit für sich selbst und mehr Zeit für die Familie.

Gesundheit oder Bequemlichkeit

Einerseits strebt der Menschen ein gesundes Leben an, betreibt Sport und ernährt sich gesund. Andererseits nutzt er gerne Hilfsmittel, die das Leben bequem machen. Erscheint Ihnen das widersprüchlich? Mag sein – nichts desto weniger vereinen genügend Menschen beide Seiten, wie jener Freizeitsportler, der beim Kauf seiner neuen Laufschuhe mit der Rolltreppe in die Sportabteilung fährt.

Gesundheit

Niemand ist gerne krank, daher ist die Stärkung der Gesundheit ein großer Nutzen. Die neue Wellness-Welle zielt genau auf dieses Gefühl ab und ist deshalb so erfolgreich. Gesundheit ist ein Nutzen, der weit über den medizinischen Bereich hinausreicht. Haben Ihre Argumente den (Zusatz-)Nutzen Gesundheit? Wenn ja, dann sprechen Sie ein starkes Motiv an.

Bequemlichkeit

Dieser Nutzen steht teilweise im Gegensatz zur Gesundheit, weil dadurch Bewegung vermindert wird. Nichtsdestotrotz ist Bequemlichkeit etwas, was viele Menschen wünschen.

Haben Sie schon einmal überlegt, wie viele Erfindungen aus Bequemlichkeit gemacht wurden? Die Rolltreppe, der Fahrstuhl, der Geschirrspüler, die Fernbedienung, das Auto, das Online-Shopping usw.

Wenn Sie einen Nutzen zu bieten haben, der Bequemlichkeit verspricht, so ist das etwas, womit Sie sicher etliche Zuhörer emotional erreichen.

Soziale Bedürfnisse

Der Mensch ist mit Arten verwandt, die in Gruppen zusammenleben, er ist ein soziales Wesen. Die Befriedigung sozialer Bedürfnisse ist daher ein großer Nutzen.

Freunde gewinnen und soziale Harmonie

Menschen lieben es, Freunde zu gewinnen, in Gruppen zu sein, mit Gleichgesinnten zu reden oder mit anderen einen Drink zu nehmen. Menschen sind nicht gerne allein, sonst fühlen sie sich einsam und erkranken schneller.

Anerkennung

Menschen brauchen Anerkennung von anderen. Lob und positive Wertschätzung, aber auch Bewunderung für besondere Leistungen sind die Triebfeder für viele Handlungen. Manche Autos werden nur gekauft, um damit Anerkennung zu erhalten, manche Tätigkeiten nur deshalb getan, um von jemandem gelobt zu werden.

„In" sein

„In sein" ist eine besondere Form, um von einer bestimmten Gruppe Anerkennung zu erhalten. Man kauft oder macht etwas, weil es „In" ist. Damit erhält man Anerkennung von anderen Personen oder vom anderen Geschlecht. In unterschiedlichen Gruppierungen sind verschiedene Verhaltensweisen In. Das macht diesen Punkt als Nutzen für einen Redner unberechenbar, denn was für den einen In ist, ist für den anderen Out.

Erfolg beim anderen Geschlecht

Sexuelle Anerkennung hat einen besonderen Rang, da sie das Selbstwertgefühl an einer besonderen Stelle trifft. Wer wirkt nicht gerne attraktiv und hat nicht gerne Erfolg beim anderen Geschlecht?

Wenn Sie in Ihrem Vortrag etwas anbieten können, was Nutzen in Bezug auf Bewunderung oder sexuelle Anerkennung verspricht, so haben Sie etwas in der Hand, was vielen Menschen wichtig ist.

Spaß, Lust, Freude

Die moderne Freizeitindustrie und die neue Spaßgesellschaft ermöglichen dem Konsumenten viele Zugänge zu mehr Spaß und Freude.

Das Lustprinzip als neue Lebensqualität hat sich schon vor einigen Jahren durchgesetzt. Dieser Nutzen ist interessant für Leute, die gerne lachen und Spaß haben, für die junge Generation ebenso wie für ältere Menschen.

Sicherheit, Angstfreiheit

Eines der Grundbedürfnisse der Menschheit ist das Bedürfnis nach Sicherheit. Wir unternehmen viele Anstrengungen, um uns sicher zu fühlen. Wir bauen Zäune und Gitter, schützen Häuser mit Alarmanlagen und bringen unser Geld zur Bank. Wir sorgen für unser Alter vor und genießen es, möglichst angstfrei leben zu können.

Angstfreiheit ist ein Nutzen, der dadurch entsteht, weil etwas nicht vorhanden ist. Insofern unterscheidet er sich von den anderen und hat einen anderen Charakter, wenn Sie ihn im Vortrag einsetzen. Er zeigt nicht auf, wohin man möchte, sondern wovon man weg will.

Festansprache als Zweitredner: So leiten Sie als Arbeitnehmervertreter das Firmenjubiläum ein

Training 19

Trainingsschwerpunkt: *Umgang mit Lampenfieber und das Sprechen mit Mikrofon.*
Ihre Zuhörer: *Vierhundert Personen bei einer Feier zum Firmenjubiläum eines großen Konzerns.*
Situation: *Verschiedene Redner halten eine Rede zur Feier des Jubiläums. Der Betriebsrat ist als Vertreter der Arbeitnehmer dazu aufgefordert, ebenfalls ein paar Worte an die Teilnehmenden zu richten.*
Ziel: *Glückwünsche an Mitarbeiter und Unternehmensleitung.*

Fragen zur Redeplanung:

- Wie komme ich zu einem starken Schluss?
- Wie baue ich den Hauptteil auf?
- Welcher Einstieg ist angemessen?
- Wie spreche ich die Kollegen an?

Bausteine und Ideen:

- Erfolg und Fleiß der Mitarbeiter und Führungskräfte loben.
- Zusammenfassung der Firmengeschichte.
- Leistungen und Erfolge des Unternehmens (aus Sicht des Betriebsrates inklusive sozialer Errungenschaften im Betrieb).
- Zitat von Goethe zum Thema Arbeit: „Nur der Mensch, der mit Leib und Seele gearbeitet hat, kann sagen: Ich habe gelebt."

Entwickeln Sie bitte jetzt Ihren Aufbau.
Bereiten Sie eine Festansprache des Betriebsratsvorsitzenden vor. Halten Sie Ihr Konzept schriftlich fest.

Musterlösung:

Bei der Musterlösung ist der Betriebsratsvorsitzende der zweite Redner. Vor ihm hat bereits ein Vorstandsmitglied gesprochen und die Firmengeschichte ausführlich dargestellt. Daher geht der Betriebsratsvorsitzende nur auf jene sozialen Errungenschaften ein, die noch nicht erwähnt wurden.

Unser Lösungsvorschlag steht – wie stets – links. Mit den Kommentaren aus der rechten Spalte können und sollen Sie arbeiten. Entwickeln Sie auch unterschiedliche Varianten durch.

Verehrte Damen und Herren, liebe Kolleginnen und Kollegen,	Die Ansprache beginnt mit einer offiziellen Begrüßung, wo der Redner sagt, für wen er spricht.
als Vertreter der Arbeitnehmer und im Namen des Konzernbetriebsrates darf ich sehr herzlich zum Firmenjubiläum gratulieren.	
Unser Unternehmen ist das Musterbeispiel eines ausgezeichneten europäischen Unternehmens. Ausreichende Finanzkraft für den internationalen Wettbewerb und klein genug, dass der Mensch noch zählt.	Die Vorzüge des Unternehmens werden hervorgehoben. Der Betriebsrat ist natürlich bestrebt, die eigenen Leistungen einfließen zu lassen. Der erste kleine Hinweis ist der Mensch, der zählt.
Wir waren Vorreiter am europäischen Markt, wie wir von Herrn Vorstandsdirektor Meier in seinen Ausführungen über die Unternehmensgeschichte hören konnten. Trotz schärfster Konkurrenz haben wir einen Marktanteil von bis zu sechzig Prozent. Firmenleitung und Betriebsrat haben in den vergangenen Jahren eng zusammengehalten und wir wissen, dass der wirtschaftliche Erfolg ein Erfolg aller Arbeitnehmerinnen und Arbeitnehmer ist.	Der Vorredner hat bereits die Unternehmensgeschichte erwähnt, weshalb der Betriebsratsvorsitzende dazu nichts mehr sagt. Ein guter Redner sollte diese Flexibilität mitbringen, da man nicht immer weiß, worauf andere Vortragende eingehen. Geht man starr nach Plan vor und wiederholt Teile des Vorredners, langweilt man sein Publikum. Haben Sie einen geschichtlichen Rückblick eingebaut? Sehr gut!

Als Vertreter der Arbeitnehmerschaft setzen wir uns dafür ein, dass der Mensch im Mittelpunkt steht und sorgen dafür, dass der Mensch nicht zum Mittel wird. So können wir stolz darauf verweisen, dass die Firmengeschichte auch eine Erfolgsstory sozialer Errungenschaften ist. Das angenehme Arbeitsklima und die Zufriedenheit der Mitarbeiterinnen und Mitarbeiter sind ein wesentlicher Faktor für Motivation und Erfolg.	Die gute Zusammenarbeit mit der Firmenleitung wird betont und die Vorteile für alle Mitarbeiter aufgezeigt. Das Jubiläum ist eine gute Gelegenheit, auf die Wichtigkeit der eigenen Tätigkeit in der Geschichte der Firma hinzuweisen.
In diesem Sinne hoffe ich, dass wir mit den Plänen für die neue Sportsektion auch auf offene Ohren der Firmenleitung stoßen werden.	Nachdem die motivierende Wirkung sozialer Errungenschaften genannt ist, lässt der Redner noch eine Bemerkung einfließen, die ein neues Projekt ankündigt. Er bittet mit dieser Bemerkung die Firmenleitung um Zustimmung, erzeugt aber auch einen leichten Druck.
Lieber Vorstand – alles Gute und weiterhin eine gute Hand beim Abschluss neuer Geschäfte, denn Ihr Geschick steuert unseren Erfolg. Liebe Mitarbeiter – Danke und weiterhin gutes Schaffen. Wir wünschen uns allen, dass die Zusammenarbeit so gut bleibt und wir gemeinsam noch viele Erfolge und Zufriedenheit für alle Mitarbeiter erreichen.	Abschließend Glückwünsche an Firmenleitung und Mitarbeiter. Dabei wird ausgedrückt, dass es dem Betriebsrat sehr bewusst ist, dass die Erfolge der Unternehmensleitung Basis für Erfolge der Firma sind. Durch das Wort „weiterhin" weist er darauf hin, dass der Vorstand schon länger erfolgreich Geschäfte abschließt, wodurch diese Bemerkung eine Anerkennung beinhaltet.

Reflexion und Aufarbeitung

Wachsen Sie: Arbeiten Sie Ihren Entwurf auf und bewerten ihn so objektiv wie möglich.

Betrachten Sie Ihre Lösung und beantworten Sie folgende Fragen:

	Wie habe ich die Aufgabe gelöst?	Wie ist meine Ansprache aufgebaut?	Wie konnte ich die Arbeitnehmer vertreten?
Was gefällt mir an meiner Lösung?			
Damit Sie Freude am Reden entwickeln, ist es wichtig, eigene Stärken zu kennen und zu dem zu stehen, was Sie an sich selbst mögen – bitte keine falsche Bescheidenheit!			
Woran will ich noch arbeiten, um mich zu verbessern?			
Damit Sie echte Verbesserungen erzielen, definieren Sie konkret, woran Sie noch arbeiten wollen. Überlegen Sie, welcher Teilschritt der nächste sein muss.			

Was denke ich über den Trainingsschwerpunkt?
Lampenfieber besiegt man am besten durch:
Beim Reden mit Mikrofon muss man beachten:

Umgang mit Lampenfieber

Selbst ein bestens vorbereiteter Redner, der schon viel Erfahrung mitbringt, erlebt Lampenfieber, Spannung und Nervosität vor dem Auftritt. Ein großer Showmaster hat einmal gesagt: „Wenn ich vor einem Auftritt kein Lampenfieber mehr habe, höre ich auf, Showmaster zu sein."

Wie entsteht Lampenfieber?

Das Gehirn der Menschen ist so alt wie die Menschheit selbst. Die Struktur unseres Denkens hat sich weiterentwickelt und angepasst. In einem Punkt aber greifen wir bis heute auf alte Denkmuster zurück: Wenn wir Gefahr oder Lust erleben.

Stress schaukelt sich auf

Erlebt ein Redner den Moment, vor die Gruppe zu treten, als Gefahr, dann werden in Bruchteilen von Sekunden körperliche Höchstleistungen ermöglicht. Hormone (Adrenalin und Noradrenalin) werden ausgeschüttet und stellen dem Körper Energie zur Verfügung. Der Blutdruck erhöht sich, die Atmung wird schneller, der Körper schwitzt – alles Funktionen, die man braucht, wenn körperliche Leistung erforderlich wird. Einmal ausgelöst – sind die alten Gehirnanteile sehr mächtig und bewirken leider auch eine Reduktion der logischen Denkfähigkeit.

Für einen Sprecher, der starkes Lampenfieber hat, bedeutet das, er ist bereit für körperliche Anstrengung, aber er tut sich schwer, vernünftige Worte zu finden. Er hat schwitzende Hände, schnellen Herzschlag und eine kurzatmige Stimme und weiß nicht mehr, was er sagen wollte.

Warum sagt der oben erwähnte Showmaster dann, er brauche Lampenfieber, um gut zu arbeiten? Die Antwort liegt darin, dass eine kontrollierbare Dosis Lampenfieber wichtig ist, um Energie auszustrahlen, sonst verkommt der Vortragende zu einem Phlegmatiker, der weder sich selbst noch andere mitreißt. Zuviel Stress ist hinderlich, aber eine gewisse Anspannung ist positiv und wichtig!

Überwindung von Lampenfieber

Lampenfieber überwindet man, indem man

- sich gut vorbereitet (siehe Seite 16),
- oft Reden hält, sich schrittweise steigert, mehr Redepraxis bekommt und eine Lampenfieber-Sicherheit aufbaut,
- etwas unbedingt mitteilen möchte,
- von etwas spricht, bei dem man sich auskennt und von dem man überzeugt ist,
- sich den Raum und die Bühne vorher ansieht und einrichtet.

Alle Punkte zielen darauf ab, im „Flow“ zu reden, das Ziel eines jeden Redners.

Flow – das Gegenteil von Verkrampftsein

Wenn Sie sich verkrampfen, wird Ihre Redeleistung nicht optimal zur Geltung kommen. Anfänger sind besonders gefährdet, aber auch Profis können ein Lied davon singen. Wenn Sie nervös sind und Angst davor haben, sich zu versprechen oder wenn Sie keine Fehler machen wollen, laufen Sie Gefahr, dass genau das passiert, wovor Sie am meisten Angst haben – Sie verhaspeln sich oder machen Fehler.

Je mehr man sich auf das konzentriert, was man am meisten befürchtet, umso eher wird es eintreten. Kein Wunder, wenn man sich genau auf das konzentriert, was man nicht will. Unser Gehirn macht keinen Unterschied, ob ein „nicht" davor steht oder nicht.

Freude und positive Einstellung

Profis nutzen Lampenfieber als Energiespender, lassen alles Destruktive beiseite und entwickeln Spaß am Vortragen.

Tipp: Malen Sie sich nicht Ihre Ängste aus, sondern denken Sie an das Positive, was Sie erreichen wollen, und lassen Sie dies vor Ihrem geistigen Auge groß und mächtig werden!

Entwickeln Sie bei dem, was Sie ändern wollen, entspannte Konzentration und eine spielerische Leichtigkeit. Seien Sie locker, entspannt und voll konzentriert.

Reden im Flow

In Anlehnung an Mihaly Csikszentmihalyi[23], der das Flow-Phänomen weltweit bekannt machte, definiert sich „Flow" wie folgt: Das Gefühl, dass die eigenen Fähigkeiten ausreichen, eine gegebene Herausforderung in einem zielgerichteten System zu bewältigen und die deutliche Rückmeldung bietet, wie gut man dabei abschneidet. Man spürt Kontrolle über die Situation und die Konzentration ist dabei so intensiv, dass keine Zeit für unwichtige Gedanken bleibt. Das Selbstwertgefühl schwindet und die Zeit wirkt verzerrt. Eine Aktivität, die Flow herbeiführt, ist so lohnend, dass man bereit ist, sie um ihrer selbst willen auszuführen, ohne an mögliche Gefahren oder Vorteile zu denken.

[23] Vergleiche Michael Csikszentmihalyi (1992): Flow, Das Geheimnis des Glücks

- Der Büroangestellte ist im Flow, wenn die Zeit schnell vergeht und er dabei locker ein Maximum leistet, während er das Gefühl hat: „Es geht weiter“,
- der Manager ist im Flow, wenn er scheinbar mühelos und spielerisch seine Zeit optimal nutzt,
- der Musiker braucht den Flow, um eins zu sein mit seinem Instrument,
- der Spitzensportler ist im Flow, wenn er entspannt konzentriert zu seiner Höchstform aufläuft und
- der Vortragende ist im Flow, wenn ihm wie von Geisterhand im richtigen Moment die richtigen Dinge einfallen und wenn das Vermitteln seiner Inhalte mit eleganter Leichtigkeit geschieht.

Flow ist ein „im Fluss sein“, ein Einssein mit sich und seiner Umwelt, ein meditativ-entspannter Zustand höchster Konzentration. Fast nebenbei, quasi als Zusatzprodukt, ist Flow die Voraussetzung für persönliche Höchstleistungen. Diese positive hohe Energie bringt nicht nur Spitzensportler an ihre Maximalwerte, sie ist Garant für ein Leistungsmaximum und Glücksgefühl in allen Lebensbereichen.

Unter-, Über- und Herausforderungen

Ein angenehmes Gefühl und höchste Redeleistung – wie ist das möglich?

Es ist die Natur des Flow, die optimale Balance zwischen Unterforderung und Überforderung zu sein. Flow ist die Herausforderung, die wir alle brauchen – der Bereich zwischen zu wenig und zu viel, die goldene Mitte zwischen Langeweile und dem Zuviel. Abbildung 13 zeigt diesen Zusammenhang von Herausforderung, Flow und maximaler Leistung.

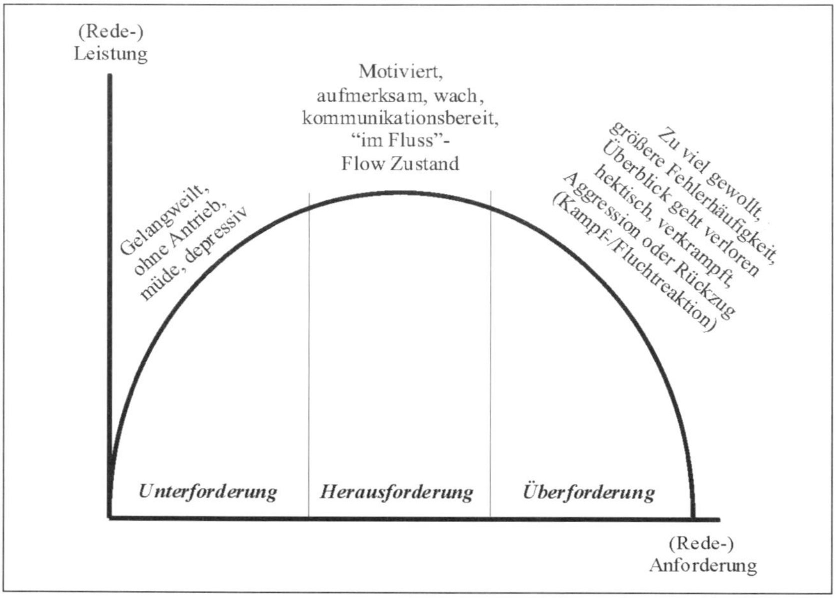

Abbildung 13: Flow als Herausforderung zwischen Unter- und Überforderung

Erfreulicherweise streben wir von selbst in den Bereich der Herausforderung und sind somit automatisch auf Flow programmiert. In der Unterforderung fühlen wir uns nicht wohl – wie dies bei einem Redner zu beobachten ist, der sich in einer Vortragssituation langweilt, weil er sie schon so oft erlebt hat. In der Überforderung fühlen wir uns ebenfalls nicht wohl – wovon Sprecher zu erzählen wissen, die sich zuviel zugemutet haben.

Wie kommt ein Redner in den Flow?

Um im Flow zu agieren, entwickeln Sie die richtige Einstellung und helfen Sie sich mit mentaler Stärke.

- Verwenden Sie positive mentale Bilder früherer Erfolge.
- Verzichten Sie darauf, perfekt sein zu wollen.
- Orientieren Sie sich an positiven Zuhörern.
- Atmen Sie bewusst mit Bauch und Brust (Vollatmung).

Tipp: Unterfordern Sie sich nicht – überfordern Sie sich nicht – fordern Sie sich heraus!

Sprechen vor Mikrofon und Kamera

Mikrofon und Kamera verstärken die Wirkung der Stimme und der Körpersprache. Ist man den Umgang mit diesen Medien nicht geübt, kann das zunächst stark irritieren.

Sprechtechnik für Mikrofon

Die verstärkte Stimme ist bei größeren Gruppen wichtig, damit man von jedem verstanden wird und nicht schreien muss. Der Redner kann mit angenehmer Stimme sprechen und seine volle Stimmvielfalt entwickeln, wenn er es beherrscht, das Mikrofon zu nutzen.

Tipp: Wenn Sie wissen, dass Sie mit Mikrofon sprechen werden, dann üben Sie die Rede unbedingt auch mit Mikrofon. Die eigene Stimme zu hören, während man redet, ist sehr ungewohnt und verwirrt den Mikrofon-Neuling.

Die wichtigsten Schritte bei der Verwendung eines Mikrofons sind:

1. Testen Sie das Mikrofon oder bringen Sie Ihr eigenes Mikrofon mit. Es gibt verschiedene Mikrofone, die alle eine andere Distanz zum Mund brauchen. Kondensatormikrofone sind empfindlicher, sie darf man nicht nahe zum Mund führen, und dynamische Mikrofone muss man näher halten. Testen Sie, welche Distanz optimal ist, bevor Sie beginnen, und halten Sie dann die Entfernung zu Ihrem Mund konstant. Sollten Sie lauter werden, müssen Sie sich etwas vom Mikrofon entfernen und wenn Sie leiser sprechen, müssen Sie näher herangehen.
2. Die Stimm- und Sprechprobe ist wichtig, da sie sich so selbst hören. Probieren Sie bei der Probe verschiedene Tonhöhen und Lautstärken aus.
3. Falls das Mikrofon Batterien braucht, sorgen Sie dafür, dass Reservebatterien bereitliegen.
4. Bevor der Vortrag beginnt, räuspern Sie sich und putzen Sie sich gegebenenfalls die Nase, da auch alle unangenehmen Geräusche durch das Mikrofon verstärkt werden.
5. Atmen Sie geräuschlos, da man das durch die Verstärkung ebenfalls stark hört.

6. Beachten Sie die Faktoren der Stimme (siehe Seite 124f.), da jede einzelne Wirkungsgröße verstärkt wird.

Keine Angst vor der Kamera

Sollte Ihre Rede mit einer Kamera aufgezeichnet werden, bietet Ihnen das die großartige Chance, im Anschluss zu sehen, was Ihnen gefällt und wo Sie sich noch weiterentwickeln wollen.

Vor der Aufzeichnung ist es wichtig, die optische Erscheinung nochmals zu überprüfen und auf Details zu achten, die eine Kamera heranzoomen kann.

Aufzeichnung einer Rede vor Publikum

Abgesehen vom Überprüfen der optischen Erscheinung vergisst man in der Situation vor Zuhörern die Kamera am besten gleich wieder und konzentriert sich auf das Publikum. Gelingt es, in den Flow zu kommen und die Zuhörer zu überzeugen, wird auch die Videoaufzeichnung gut sein. Wäre man die ganze Zeit bemüht, vor der Kamera vorteilhaft auszusehen, wären die Natürlichkeit und der Kontakt zum Publikum gestört.

Aufzeichnung einer Fernsehrede

Bei Fernsehreden, wo der Redner kein Live-Publikum vor sich hat, gelten andere Gesetze. Hier die wichtigsten Punkte:

- Durch den Blick in die Kamera baut man Augenkontakt mit dem Zuschauer auf, der vor dem Fernsehgerät sitzt.
- Verwendet man ein Manuskript, so soll man es so halten, dass man es gut lesen kann, aber die Kamera nicht stört und keine Schatten wirft.
- Kopf möglichst gerade halten, Kopfneigungen zur Seite, nach vorne oder nach oben vermeiden.
- Gesten nicht weit vor dem Körper und nahe an der Kamera machen, sonst wirken die Hände überproportional groß.
- Wird stehend gesprochen, die Hände oberhalb der Gürtellinie angewinkelt bewegen und nicht herunterhängen lassen.

Trauerrede für einen Mitarbeiter: So gehen Sie angemessen mit starken Gefühlen um

Training 20

Trainingsschwerpunkt: *Umgang mit starken Gefühlen.*
Ihre Zuhörer: *Fünfzig Personen eines Begräbnisses.*
Situation: *Ein Arbeitskollege ist unerwartet verstorben. Man ersucht Sie, beim Begräbnis eine Grabrede zu halten, da das Team ein sehr freundschaftliches Verhältnis hatte.*
Ziel: *Ausdruck von Mitgefühl, Anteilnahme und Trauer.*

Fragen zur Redeplanung:
Beantworten Sie folgende Fragen, um diese schwierige Redeaufgabe zu strukturieren.

- Wie verabschiede ich mich von dem verstorbenen Kollegen?
- Was sage ich am Schluss?
- Was zeichnete den Kollegen aus?
- Wie drücke ich Anteilnahme gegenüber den Angehörigen und seiner Frau aus?
- Was sage ich als Einleitung?

Bausteine und Ideen:
- Eine Grabrede ist sicher die schwierigste Redesituation, die es gibt. Sie muss sorgfältig vorbereitet werden.
- Eine Traueransprache widerspricht in vielen Punkten dem, was bei anderen Reden gilt. Beispielweise das Kontaktherstellen mit dem Publikum, das Vermitteln eines Nutzens, der Aufbau rund um ein Ziel oder der Blickkontakt mit den Zuhörern sind hier nicht wesentlich.
- Im Mittelpunkt stehen der Abschied vom Verstorbenen und der Ausdruck der Gefühle. Ein kurzes und ehrliches „Lebwohl und ruhe in Frieden“ ist manchmal besser als eine eloquente Ansprache.

Entwickeln Sie bitte jetzt Ihren Aufbau.
Entwerfen Sie eine Traueransprache für den Kollegen. Erstellen Sie ein Redemanuskript.

Musterlösung:

Bei der Musterlösung spricht der Vorgesetzte, der den Verstorbenen gut kannte, im Namen des Teams.

Links finden Sie den Lösungsvorschlag. In der rechten Spalte stehen unsere Erklärungen zu Wirkung und Variationsmöglichkeiten. Überlegen Sie immer wieder, wie Sie Ihre Lösung noch weiter verbessern können.

Sehr geehrte Familie und Freunde, verehrte Trauergemeinde,	Die Familie wird extra angesprochen.
unerwartet und viel zu früh musste uns ... verlassen. Wir sind gekommen, um gemeinsam zu trauern und uns von ihm zu verabschieden.	Dass der Tod unerwartet kam, wird angesprochen.
Er war einer unserer zuverlässigsten Kollegen und hat das Team mit aufgebaut. Er war engagiert und immer bereit, anderen zu helfen. ... hinterlässt eine große Lücke in unserer Abteilung.	Ein Manuskript, auf dem die gesamte Rede niedergeschrieben ist, erleichtert den Umgang mit starken Emotionen während des Redens.
Wir haben ... beruflich und menschlich hoch geschätzt und jeder von uns hat ihm ein angenehmes Rentnerdasein gewünscht. Das war ihm leider nicht mehr möglich, plötzlich und unvorbereitet ist er von uns gegangen.	Die Stärken des Verstorbenen werden hervorgehoben. Es können auch persönliche Erlebnisse einfließen. Mit den Angehörigen sollte vorher besprochen werden, ob etwas nicht genannt werden soll.

Lieber ..., wir müssen uns viel zu früh verabschieden und wir wollen uns für alles bedanken. Wir werden dich vermissen – auf Wiedersehen und ruhe in Frieden.	An dieser Stelle wendet sich der Redner dem Sarg zu und verabschiedet sich von dem langjährigen Kollegen. Eine persönliche Form des Abschieds.
Verehrte Angehörige, liebe Frau ..., wir nehmen Anteil an Ihrer Trauer. ... lebt in unserer Erinnerung und in den Herzen vieler Menschen weiter.	Der Familie gegenüber wird Anteil genommen und angesprochen, dass der Verstorbenen in der Erinnerung weiterlebt.

Reflexion und Aufarbeitung

Versuchen Sie jetzt in Ruhe, Ihre Rede aufzuarbeiten. Reflexion bringt Kenntnis über Stärken und Schwächen der eigenen Leistung und ermöglicht Ihnen, auf diese besondere Redesituation vorbereitet zu sein.

Betrachten Sie Ihre Lösung und beantworten Sie folgende Fragen:

	Wie habe ich Mitgefühl ausgedrückt?	Wie habe ich an den Kollegen erinnert?	Wie habe ich den Verstorbenen verabschiedet?
Was gefällt mir an meiner Lösung?			
Damit Sie Freude am Reden entwickeln, ist es wichtig, eigene Stärken zu kennen und zu dem zu stehen, was Sie an sich selbst mögen – bitte keine falsche Bescheidenheit!			
Woran will ich noch arbeiten, um mich zu verbessern?			
Damit Sie echte Verbesserungen erzielen, definieren Sie konkret, woran Sie noch arbeiten wollen. Überlegen Sie, welcher Teilschritt der nächste sein muss.			

Wie kann man mit Trauer umgehen?
Meine Ideen:
Meine Bedenken:

Umgang mit starken Gefühlen

Am Grab eines Menschen die passenden Worte zu finden ist nicht einfach. Die sprachliche Umsetzung starker Gefühle ist vorher schwer trainierbar und es kann schon vorkommen, dass Tränen die Worte unterbrechen. Zahlreiche berühmte Vortragende, die bei Traueransprachen redeten, hatten ebenfalls Tränen in den Augen.

Trauer – Herausforderung für jeden Redner

Der Redner soll bei einer Traueransprache den Schmerz nicht vergrößern, sondern ehrlich Anteil nehmen. Er muss zwischen Emotionen und sachlichen Überlegungen, zwischen Trauer und Hoffnung schwanken. Seine Worte sollen unterstützen und hinführen zu einer trostreicheren Zeit.

Der Redeaufbau zwischen diesen Extremen spricht für die Verwendung eines Manuskriptes. Es ist bei einer Grabrede kein Problem, wenn der Text über weite Passagen abgelesen wird und dadurch der Blick gesenkt ist, da ein gesenkter Blick zu der Stimmung passt.

Im Falle großer Emotionen hilft ein Manuskript, das die Rede Wort für Wort abbildet, über einen Gedankenaussetzer hinweg.

Bei starker Trauer das zu sagen, was man sagen möchte, ist durchaus eine Herausforderung. Wichtig ist dabei, die Angst vor eigenen Tränen abzulegen, denn es ist normal, in dieser Situation traurig zu sein. Niemand wird einem das vorwerfen.

Überwältigen die eigenen Gefühle, macht man eine kurze Pause, verwendet ein Taschentuch, atmet tief durch und spricht dann weiter.

Transferlektion: Weiterhin besser werden

Wenn Sie hier angekommen sind, haben Sie schon einiges an Leistung hinter sich, aber noch viel mehr vor sich. Nach jedem Training kommt die Umsetzung in die Praxis, der Transfer in die Realität.

Das Trainingsbuch ist zu Ende, der Lernfortschritt geht weiter

Dort, wo ein Training endet, muss die Praxis anschließen. Hier setzt die Eigenverantwortung jedes Lesers und jeder Leserin ein. Jeder muss sich selbst darum kümmern, was er von dem vermittelten Wissen im Bewusstsein behält und wie er dafür sorgt, dass es verfügbar ist, wenn er es braucht.

Tipp: Vergessen Sie nicht dafür zu sorgen, dass Sie das Gelernte zur Verfügung haben, wenn es benötigt wird und nützlich ist.

Eine wichtige Maßnahme, um die eigene Weiterentwicklung laufend voranzutreiben, ist das Einholen von Rückmeldungen.

Durch Rückmeldung besser werden

Für uns als Vortragende ist Feedback eine der wertvollsten Informationen überhaupt: Was denken die Zuhörer über uns? Oft glauben wir zu wissen, was andere denken – ohne über die echte Meinung Bescheid zu wissen. Vermutungen werden als Tatsachen empfunden.

Wenn wir merken, dass andere uns anders sehen, als wir gedacht haben, zeigt das blinde Flecken auf.

Exzellente Redner holen sich regelmäßig Rückmeldung und Feedback. Sie fragen Zuhörer nach deren Meinung und zeichnen ihre Vorträge mit Video auf, um sie gemeinsam mit einem Coach anzusehen. Das Verständnis für eigenes Verhalten wird damit verbessert, blinde Flecken verkleinert und Änderungsmöglichkeiten aufgezeigt.

Wer ist verantwortlich dafür, dass man Rückmeldung bekommt?

Der Redner selbst ist dafür verantwortlich, regelmäßig Feedback einzuholen. Wenn er sich nicht darum kümmert, wird er nur zufällig Rückmeldung erhalten.

Wie holt man sich Feedback?

Die offene Frage ist eine gute Einladung, um andere zu einer echten Meinungsäußerung zu bringen. Beispielsweise: „Wie hast du meinen Vortrag erlebt?“ Oder: „Mich interessiert, was Ihnen an meiner Rede gefallen hat und was ich noch verbessern sollte.“

Stärken ausbauen und aus Fehlern lernen

Entdecken Sie Ihre blinden Flecken – akzeptieren Sie sich so, wie Sie sind, oder leiten Sie ein persönliches Änderungsprogramm ein. Verstärken Sie Stärken, lernen Sie aus Fehlern und verbessern Sie Schwachstellen mit folgenden Schritten:

1. Kopieren Sie das folgende Formular einige Male. Nehmen Sie nach Ihrer Rede eine Kopie zur Hand und füllen Sie aus, was Ihr Selbstbild ist – wie Sie sich erlebt haben.
2. Falls Sie ein Video aufgezeichnet haben, sehen Sie es sich an und überlegen Sie, ob sich dadurch Ihre Einschätzung auf dem Formular ändert.
3. Setzen Sie sich mit Ihrem Coach oder mit jenen Personen zusammen, die bereit sind, Ihnen Feedback zu geben. Es ist besser, wenn Sie mehrere Personen dazu einladen können. Mehrere Eindrücke ergeben ein realistischeres Bild. Die Personen müssen Ihre Rede oder zumindest das Video gesehen haben. Ersuchen Sie diese Personen als Feedbackgeber, das Formular ebenfalls auszufüllen. So entstehen mehrere Fremdbilder.
4. Vergleichen Sie Ihr Selbstbild mit den Fremdbildern. Überlegen Sie, ob diese Erkenntnis ein Anlass ist, etwas zu ändern oder ob es eine Gelegenheit ist, sich so anzunehmen, wie Sie sind. Diskutieren Sie das mit Ihren Feedbackgebern. Wenn Sie etwas ändern wollen, dann überlegen Sie genau, was und wie.

Rhetorik-Feedback für permanente Verbesserung	
	☺ ☹
Selbstbewusste Haltung	7 – 6 – 5 – 4 – 3 – 2 – 1
Tempo und Rhythmus passend	7 – 6 – 5 – 4 – 3 – 2 – 1
Gestik unterstützt Inhalt	7 – 6 – 5 – 4 – 3 – 2 – 1
Guter Blickkontakt	7 – 6 – 5 – 4 – 3 – 2 – 1
Gute Betonung	7 – 6 – 5 – 4 – 3 – 2 – 1
Passende Lautstärke	7 – 6 – 5 – 4 – 3 – 2 – 1
Angenehme Stimme	7 – 6 – 5 – 4 – 3 – 2 – 1
Klare inhaltliche Struktur	7 – 6 – 5 – 4 – 3 – 2 – 1
Verständlich	7 – 6 – 5 – 4 – 3 – 2 – 1
Klares Ziel	7 – 6 – 5 – 4 – 3 – 2 – 1
Nutzen für Zuhörer erkennbar	7 – 6 – 5 – 4 – 3 – 2 – 1
Kurz und prägnant	7 – 6 – 5 – 4 – 3 – 2 – 1
Unterstützende Bilder	7 – 6 – 5 – 4 – 3 – 2 – 1
Bildhafte Sprache	7 – 6 – 5 – 4 – 3 – 2 – 1
Vorhandene Stärken:	
Verbesserungsvorschläge für die Zukunft:	

Literatur

Balser-Eberle, Vera: Sprechtechnisches Übungsbuch. Wien 2002.
Bandler, Richard: Veränderung des subjektiven Erlebens. Paderborn 1995.
Beelich, Karl H.; Schwede, Hans-Hermann: Denken, Planen, Handeln. Würzburg 2002.
Bilinski, Wolfgang: Rhetorik und Präsentation – Seminarunterlage. Wien 1998.
Berne, Eric: Was sagen Sie, nachdem Sie „Guten Tag“ gesagt haben? – Psychologie des menschlichen Verhaltens. Frankfurt am Main 2001.
Birkenbihl, Vera F.: Freude durch Stress. Landsberg am Lech 1998.
Birkenbihl, Vera F.: Story Power. Landsberg am Lech 2001.
Csikszentmihalyi, Michael: Flow, Das Geheimnis des Glücks. Stuttgart 1992.
Coblenzer, Horst; Muhar, Franz: Atem und Stimme. Wien 2002.
Erickson, Milton H.: Meine Stimme begleitet Sie überall hin. Stuttgart 1992.
Geissner, Hellmut: Rede in der Öffentlichkeit. Eine Einführung in die Rhetorik. Stuttgart 1982.
Gramm, Christof: Argumentieren – So behalten Sie in Diskussionen die Oberhand. Freiburg im Breisgau 2005.
Güll, Friedrich: Kinderheimath in Liedern und Bildern. Stuttgart 1836.
Jendral, Hansjürgen: Musterreden für alle Anlässe. München 2002.
Kiesling, Franz: Seht wie ihr lebt. Wien 1955.
Mehrabian, Albert: Nonverbal Communication. Chicago 1972.
Molcho, Samy: Körpersprache im Beruf. München 2001.
Nöllke, Matthias: Schlagfertigkeit. Freiburg im Breisgau 2002.
Peoples, David A.: Presentations Plus. Atlanta/New York 1992.
Ulsamer, Bertold: NLP in Seminaren. Bremen 1994.
Watzlawick, Paul: Menschliche Kommunikation. Bern 2000.

Stichwortregister